U0750743

编委会

主　编：颜　敏
副主编：朱淑仪
成　员：闫占士　陈　楠　孙会强
　　　　张继荣　冯爱琳　陈送文

本书为省级特色专业汉语国际教育专业建设成果

多维视野下的
汉语国际教育发展研究

本科优秀论文选编

| 颜敏　主编

暨南大学出版社
JINAN UNIVERSITY PRESS
中国·广州

图书在版编目（CIP）数据

多维视野下的汉语国际教育发展研究：本科优秀论文选编/颜敏主编. —广州：暨南大学出版社，2023.2
ISBN 978 - 7 - 5668 - 3583 - 3

Ⅰ.①多… Ⅱ.①颜… Ⅲ.①汉语—对外汉语教学—发展—中国—文集 Ⅳ.①H195.3 - 53

中国国家版本馆 CIP 数据核字（2023）第 014838 号

多维视野下的汉语国际教育发展研究——本科优秀论文选编
DUOWEI SHIYE XIA DE HANYU GUOJI JIAOYU FAZHAN YANJIU——
BENKE YOUXIU LUNWEN XUANBIAN
主　编：颜　敏

出　版　人：张晋升
责任编辑：曾鑫华　彭琳惠
责任校对：刘舜怡　王燕丽
责任印制：周一丹　郑玉婷

出版发行：暨南大学出版社（511443）
电　　话：总编室（8620）37332601
　　　　　营销部（8620）37332680　37332681　37332682　37332683
传　　真：（8620）37332660（办公室）　37332684（营销部）
网　　址：http：//www.jnupress.com
排　　版：广州市天河星辰文化发展部照排中心
印　　刷：广州市金骏彩色印务有限公司
开　　本：787mm×960mm　1/16
印　　张：20
字　　数：300 千
版　　次：2023 年 2 月第 1 版
印　　次：2023 年 2 月第 1 次
定　　价：69.80 元

（暨大版图书如有印装质量问题，请与出版社总编室联系调换）

汉语国际教育的未来

（代序）

汉语国际教育专业的发展正处在转型期。从大的层面来看，世界正处在前所未有的大变局之中，中国经济社会包括教育的发展均由于面临外部环境的挑战而在做出调整。从高等教育自身情势来看，寻求高质量发展的时代主题正在引领高等学校从规模效应走向内涵发展，对专业建设提出了新的要求。在教育改革的深水时代，作为历史较短的应用型新专业，汉语国际教育适时而变，不断寻求新定位与发展路径也成为必然。从其历史沿革来看，30 多年的专业发展历程是汉语国际教育与时代同频共振、不断自我革新的过程。我们知道，虽然面向外国人的汉语教学活动源远流长，但汉语国际教育作为一个本科专业出现，则是在中国改革开放之初。1978 年，北京语言学院开设了现代汉语专业，主要培养汉语教师、汉语翻译和其他汉语工作者，这是汉语国际教育专业化发展的尝试。经过四年探索，1983 年，北京语言学院五年制"对外汉语教学"专业正式设立，汉语国际教育的专业化发展进入新阶段。2012 年；为更好地传播中华优秀文化，促进中外文化交流，对外汉语教学在教育部专业目录中更名为汉语国际教育，其目标也从单纯的汉语教学转变为全面的文化交流。2012 年至今，根据国家文化战略和国际汉语教学需求的特点，汉语国际教育在不断调试中稳步前进，渐成脉络纵横的复杂系统，在新情势下虽遇到了不少新问题，但也意味着有了新的发展机遇，进入了转型发展期。

　　处在转型期的汉语国际教育，因挑战与机遇同在，不免会引起某些疑惑，有些从事高等教育管理与研究的人员也做出了消极反应，有些学校停止了本科专业的招生计划，有些准备申报硕士点的学校也开始观望。人们不禁会问，汉语国际教育的未来到底会怎样？在笔者看来，任何专业都可能面临各种挑战与危机，但教育面向的本就是未来，而非当下。从认识的角度来看，基于文化自信的立场，基于对世界文化交流趋势的认知，我们相信汉语国际教育有着广阔的前景。从实践的角度来看，我们必须在正视外部形势变化、理顺学科发展趋势、优化专业内涵建设的基础上，协同各方力量，方可赢得真正的发展。

　　我们必须清醒地认识到，汉语国际教育专业的发展得益于中国日益深化的改革开放大局，世界各国对汉语与中华文化的需求与兴趣是其得以存在与发展的基础。那么，汉语国际教育的需求正在发生怎样的变化？从区域视角来看，在当前世界政治经济形势下，一方面，以美国为首的西方阵营在政治、经济上对中国的打压一定程度上影响了中外人文交流的深度和广度，欧美的汉语国际教育规模有所萎缩；另一方面，在"一带一路"倡议之下，与中国建立了更为密切广泛的经济文化交往的亚洲、非洲等沿线国家与地区，汉语国际教育的人才需求有所上升。从服务人群来看，国外高等学校和研究机构学生的汉语学习者不占主流，中小学和社会从业者的汉语学习需求正在拓展。服务区域与人群发生的深刻变化势必成为引领汉语国际教育发展的风向标，我们应在认真研究情势的基础上进行顶层设计，进而在教材编排、课程设置、实习实践与就业导向等方面做出深度调试。从顶层设计的角度来看，以下三个层面的专业建设思路将能够较好地回应危机与挑战。第一，形成"汉语＋技术"的专业建设思路，贴合"一带一路"国家与中国各种经济文化合作项目的实际需求，培养复合性应用型汉语教学人才。第二，进一步建立和完善本土化师资培养体系，在"一带一路"国家培养一批热爱中华文化、具备交际能力的母语非汉语的本土教师，使他们成为当地传播汉语知识、技能与文化的主体。第三，凸显建立在学科交叉基础上的"对外汉语专业＋"新结构，对外汉语教学专业与社会学、法学、经济学、旅游学、医学等专业形成融合发展的新型跨学科专业方向与结构，如对外汉语旅游专业、对外汉语经济专业等。

学科与专业的关系可简化为根与叶的关系，学科研究的深度和广度能为专业发展奠定基础。与很多应时而生的应用型专业相似，汉语国际教育专业虽常被归属于语言学，但实际涉及的学科领域范围极为广泛，与文学、教育学、心理学、传播学、政治经济学、人类学、社会学、统计学等多个学科门类交叉融合。正因为其形成的学术研究领域具有综合性、跨越性和融通性，属于专业自身的学科理论研究反而相对薄弱，在实际运作中其在学科归属上还存在争议，从其本科与硕士学位的不同学科归属可见一斑。2021年12月23日，国务院学位委员会发布的《博士、硕士学位授予和人才培养学科专业目录》中"国际中文教育"归属于教育学学科门类，而2020年颁布的《普通高等学校本科专业目录（2020年版）》中，汉语国际教育属于中国语言文学类专业，授予文学学士学位。同一专业在本科与硕士阶段的不同学科归属，构成了一个姜身未明的学术身份问题，该问题更在本科与研究生课程体系设置时被凸显出来。诸如师范性课程、专业性课程与学术性课程的比例与轻重关系，常难以权衡，左右为难。名实之争，虽小也大，为了以厚实的学术研究带动专业的转型发展，迫切需要理顺支撑汉语国际教育专业发展的学科认知。在当下有关教育学与语言学的争执中，渗透着一种非此即彼的学科思维，但立足基于现实需求而出现的汉语国际教育专业印证了跨学科或者学科融合的整体学术观念，这未尝不是当下学术与专业发展的方向。就教育学本身而言，教育观经历了从教的技艺到教的内涵、从方法论到学术深度的改变，20世纪80年代已超越技道之争而形成了新的整体观。学者们遵循认知科学主义的原则，不再以学科为中心构建教育理论与实践，而是从培养优秀教师的现实性出发，探寻各类知识技能在个人身上融合发展的可能性,教育学本身已经成为开放性的大学科。同样,汉语国际教育的学术研究一旦从单一学科理念中解放出来,走向基于田野形式和问题导向的综合研究,就有望建构出基于多学科和跨学科视野的前沿学术理论,专业的学术基础也有望得以拓展生长。

从专业综合改革、重点专业、特色专业到一流专业,由教育部主导的专业建设进程不断加快,形形色色的建设策略令人眼花缭乱,然而究其根基,不过是从师资培养、教材建设、课程体系、人才培养模式等方面入手,形成环环相扣的整体发展思路。汉语国际教育的专业建设,在借鉴一般经验的基础上,应具有更多维的开放视野,从解决专业发展的现实问题入手,走不断优化专业内涵的发展之路。

在师资结构上,由于缺乏专业师资的整体规划与结构意识,一些高校的汉语国际教育专业师资结构不够合理,且不够稳定。基于新专业常有的困境,除语言学或汉语国际教育的博士、硕士组成的核心师资外,多数课程的师资均从其他专业借用或与之共用,难以形成具有粘合力的师资队伍,无法满足培养优秀汉语国际教育专业人才的需要。为了适应汉语国际教育当前的发展趋势,形成国际化、复合型、多元化的师资队伍,可从以下几个方面入手改善师资结构。第一,增加具有行业企业经验的专任教师,提升具有海外教学经验的任课教师比例,适当增加熟悉网络汉语教学和文化素质教学的教师比例,形成较为合理的师资结构;第二,引导教师形成"汉语+"的知识结构与能力,如"汉语+医学","汉语+国学","汉语+音乐",形成知识内涵与能力个性化的师资队伍;第三,紧贴时代发展需求,加强教师跨文化教学、跨学科能力、网络教学能力与融媒体创新能力的培训培养力度;第四,引导教师创新教学理念,持续改进教学方法,将混合式教学模式、导师制教学模式、项目组教学模式、情景式教学模式纳入常规教学方法之中,培养出更为优秀的学生。

当下有关汉语国际教育专业的本科、硕士教材虽已呈现系统生产之趋势，主干课程均有权威版本，但总体来看个性化教材和校本教材占比较少，可选择性不大，其中一些文化素质课程和选修课程缺乏合适的教材，教师选用的文献著作较为随意，缺乏统筹规划。基于各类学校所在区位和培养目标的差异性，为了促进专业的分层分类发展，未来可在教材编写思路和编写内容上遵循实用性、科学性的基本原则，同时大力倡导个性化的教材建设，提高教材的针对性与区域适应性。

课程体系是影响专业人才培养的关键，汉语国际教育专业的课程体系已经形成了较为成熟的模式，或依据学科知识内容分为语言、文化、教育三大模块；或依据学生能力培养分为知识、技能和素养三大类别。但基于本专业特有的应用型、复合型人才的培养目标，也基于海外汉语教学的实际情况，课程体系应该从注重知识学习向注重能力培养转型，不断强化技能型、素养型课程的建设。在能力型课程的建设中，需重视四个问题。第一，在理论与实践的融合视野中进一步优化实践类课程的整体设计，将学科竞赛、实习实训、创新创业等实践链条与专业课程的学习无缝对接，形成人才培养的合力。第二，要创造条件让每一位学生都有参加校内外技能大赛的机会，发挥学科竞赛在能力培养中的引领作用。教学技能大赛与文化素质比赛对学生技能培养非常重要，由于专业技能赛事较少，可将视野适当拓展，组织学生积极参与中文微课大赛、教学案例大赛等一般性师范技能大赛和英语、文史、演讲口才类的人文类学科竞赛。第三，努力构建课上课下、校内校外、国内国外、线上线下的多维实践平台，为学生提供充足的实践机会，从而不断提升自我的专业能力。第四，鉴于海外汉语教学走向中小学的现状，应该重视操作型文化素质课的设置，增设中国剪纸、中国结、太极拳、传统音乐、烹饪、书法等广受国外学生喜爱的特色课程，培养出一专多能的汉语国际教育人才。

师资、教材和课程的改革趋势既是汉语国际教育专业人才培养模式转型的体现，也是其重要依托与保证。如何打破学科与专业壁垒，培养满足新时代发展需求的复合型人才，对专业人才培养模式提出了新的要求，我们应该围绕培养具有具体职业内涵的汉语国际教育师资的目标，在实践中探索"融媒体加双语、科技加文化、知—行—研加国际化、微型化加动态化"等人才培养新模式的可能性，使专业培养的人才在知识内涵与传播特性上更加个性化，更能适应具有挑战性的岗位，在语言培训、文化交流、经济合作等更多领域发挥作用。

汉语国际教育是一个专业，更是一项事业，它是国家相当重视的一项连通中国与世界的重要事业，能为我国新一轮对外开放和国际合作提供语言与文化支持。回顾四十多年的专业发展历史，从语言学习到文化平台建设，再到新时代的"国际中文教育"①，汉语国际教育走的是一条不断创新的发展之路；而今，我们同样相信，只要我们不回避现实问题，积极弘扬语言与文化交流的正能量，在多维视野中不断优化专业的内涵建设，不忘初心，汉语国际教育的未来必将无限美好。

颜敏

2022 年 11 月

---

① 宋晖. 论国际中文教育的"师范性"［J］. 中国大学教学，2022（5）：69－74.

目

录 CONTENTS

第四编　文学与文学教育研究

第一编
汉语国际教育专业发展总论

"一带一路"视野中的汉语国际教育专业发展路径研究

汤梓文（2017 级汉语国际教育）

指导老师：颜敏

一、引言

随着大规模"共商、共建、共享"建设项目的加速拓展，"一带一路"沿线国家之间联系更加密切，人们对于学习汉语的需求将呈现爆发式增长。目前海外汉语国际教育专业发展趋势大好，作为汉语教学和传播中国文化载体的孔子学院、孔子课堂深受人们的青睐，在部分与中国交往较为密切的国家和地区，汉语学习还呈现从高等教育领域向初等教育领域、幼儿教学扩展的趋势。田学军在 2020 国际中文教育交流周启动仪式上指出，当今世界上已经有 70 多个国家将中文纳入其国民教育体系，4 000 多所国外大学开设了中文课程。除中国以外正在学习中文的人数约 2 500 万，累计学习和使用中文的人数近 2 亿。这些逐年增长的数据表明，中文教育在国际已经奠定了广泛而坚实的基础。① 但正如徐晶、赵丽、韦宏的观点："汉语国际教育专业作为新兴专业，无论是专业建设、培养目标，还是课程建设、实践教学都处于探索阶段。地方院校的汉语

---

① 人民网．新项目、新伙伴、新发展——2020 国际中文教育交流周正式启动 [DB/OL]．[2020 – 12 – 14]．http：//www. chinese. cn/page/#/pcpage/article？id = 382.

国际教育专业建设更是面临着诸多难题。"① 作为"一带一路"倡议的发起国，中国需要顺应信息时代潮流，加强汉语国际教育师资队伍建设，寻求专业发展的新路径，培养适应新时代要求的汉语国际教育专业人才。

目前已有研究的观点普遍比较零散，关于"一带一路"沿线国家和地区汉语国际教育专业发展的研究，谢皓、黄芳（2017）认为解决"一带一路"沿线国家和地区孔子学院的师资问题必须在国内加强汉语国际教育专业学生的培养；黄蕾提出推进"一带一路"背景下"互联网＋"模式与汉语国际教育人才培养的结合，通过创新性的网络信息科技，对教学模式、教学内容、师资队伍、教学平台等进行整合和更新。② 汉语国际教育人才的培养可以从专注于语言的学习或文化的传播向经济、法律、物流、交通等方面拓展。在关于汉语国际教育师资的培养上，大部分学者从"三教"（即教材、教师、教法）的角度提出了不同见解。

据本文所掌握的文献资料，目前尚未发现从实践和理论两个层面进行系统分析的研究成果。为了探索我国汉语国际教育专业发展的新路径，本文通过问卷调查进行调研，最后回收有效问卷410份，包含了104名汉语国际教育专业的人员以及306名非汉语国际教育专业的人员。样本学历中，"高中及以下"占11.22%，"本（专）科"占84.15%，"硕士"占4.15%，"博士及以上"占0.48%。样本包括了所有年龄阶段，具有一定的代表性，但"18—25岁"年龄的样本比重偏高，"35岁以上"的比重略低，部分指标可能在一定程度上被高估，但并不会对整体的判断造成太大的影响。期望通过问卷调查，借鉴专业建设理论进行研究，分析以往研究的成就与不足，在可操作的层面探讨未来在"一带一路"视野下汉语国际教育专业的发展环境对其发展路径带来的转变，包括由整体面向的转变引起的专业建设顶层设计的转变，最终决定人才培养方式的转变，以此为我国未来的汉语国际教育专业的发展提供参考意见。

---

① 徐晶，赵丽，韦宏．"一带一路"视角下汉语国际教育专业人才培养改革探析——以大庆师范学院汉语国际教育专业为例［J］．大庆师范学院学报，2016，36（3）：97-99.

② 姚喜明，张丹华．"一带一路"背景下的汉语国际教育［M］．上海：上海大学出版社，2019.

二、整体面向的重新定位

(一) 服务区域从欧美大国转向沿线国家和地区

通过问卷中关于影响汉语国际教育专业建设因素的相关调查可以得知，超过 80% 的人员认为国家发展方针是对汉语国际教育专业的建设与发展影响最大的因素。"一带一路"作为国家级顶层合作倡议，汉语国际教育专业的发展必须以国家战略实施的人才需求为导向，推动构建人类命运共同体，服务新时代对外开放新要求，促进汉语在"一带一路"沿线地区的传播。

截至 2020 年 11 月，中国已经与 138 个国家、31 个国际组织签署 201 份共建"一带一路"合作文件。整体布局贯穿亚非欧大陆，连接中亚、南亚、东南亚、西亚等次区域，以经贸产业全球化合作为发展方向。其中"一带一路"经过西部通向西亚和欧洲，调整了中国对外开放的地理格局，更重要的是改变了中国经济发展对欧盟、美国、日本等发达国家和地区的路径依赖，转而对"一带一路"周边地区给予更多的关注。因此，在沿线国家和地区的汉语传播方面，我国与泰国、匈牙利、希腊、埃及等国家都有着密切的合作，包括开展高校中文院系专业、网络中文课堂以及中小学中文教育等。其中泰国班凯技术学院院长巴缇·朱拉勒在致辞中高度肯定了中泰合作开展"中文 + 职业技能教育"的特色项目。[①] 这也体现了汉语国际教育专业在"一带一路"视野下整体面向的一个重新定位，服务区域主要转向了沿线国家和地区。

从现实的角度来说，与沿线国家和地区语言文化融通是保证"一带一路"倡议顺利实施的一个重要因素。沿线国家涵盖发展中国家和发达国家、英语和非英语国家，每个国家都有本国的官方语言，通用语言差异性极大，其中涉及国家通用语言有 50 多种，加上民族或部族语言就远远超过 200 种。但是由于我国对外汉语教育事业的服务区域大多还是在欧美大国，以英语为主，日语、法语和德语等为次。总体上对"一带一

---

① 人民网. 新项目、新伙伴、新发展——2020 国际中文教育交流周正式启动 [DB/OL]. [2020 - 12 - 14]. http：//www. chinese. cn/page/#/pcpage/article？id = 382.

路"区域的语言缺乏关注,高校教学更是只有小范围覆盖"一带一路"官方语种,精通沿线国家主体语言和相关地区语言的人才也远远不够。[①]但事实上东南亚地区才是海外汉语国际教育覆盖面最广、效果最明显的地区,各地区都设有一定数量的华文学校。未来汉语国际教育专业在国际上的发展方向需要做出改变,服务区域从欧美大国转向沿线国家和地区,明确"一带一路"倡议的实施需要,以语言为基础,必须加强关于"一带一路"沿线语种的外语教学政策与规划研究。[②] 高校以"多语种教育"为目标,逐渐改变"单一语种教育"的局面,鼓励更多的汉语国际教育专业学生掌握一到两门关键语言,为汉语汉字和中华文化实现"走出去"提供师资力量的支持。

(二) 教学对象从单一化到多样化

近几十年以来,我国汉语国际教育的教学对象以周边地区或发达国家的留学生、孔子学院专门学习汉语的学生为主。学习人群大多是有组织、有计划地按照班级形式组织起来的,且同一班级中不同学习个体也拥有一致的学习动机及兴趣要求,便于汉语教师选用恰当的教学内容、教学材料和教学方法。[③] 但在"一带一路"视野下,教学对象日益多样化,沿线国家和地区的汉语学习者来自不同母语环境、文化背景和年龄层次,涵盖从幼儿、中小学生、高校学生和社会人士等不同人群,兼具个性化和多元化的学习需求。例如,有的是出于求职工作的需要,主要学习商务汉语、法律汉语、医用汉语等职业汉语,希望留在中国发展或者回国后进入中资企业;有的则纯粹是兴趣使然,以汉语考级,感受中华文化为目的,未来或许会到中国旅游。他们的行为习惯和思维方式存在明显的差异,学习能力和接受程度不同,因此教学模式也应该针对不同的教学对象进行选择性使用。从使用讲授法、练习法的"听、说、读、

---

① 赵世举."一带一路"建设的语言需求及服务对策 [J].云南师范大学学报(哲学社会科学版),2015(4):36-42.

② 张日培.服务于"一带一路"的语言规划构想 [J].云南师范大学学报(哲学社会科学版),2015(4):48-53.

③ 魏红,伊理,段从宇.高校汉语国际教育发展研究 [M].北京:科学出版社,2013.

写"阶段到学术辩论、研讨的方法，关注教材针对性和教学方法适用性。汉语国际教育专业正积极应对学生学习阶段的提高、学习动机的变化及时代的变迁等挑战，对于专业未来发展的整体面向进行重新定位，汉语教师根据多样化的教学对象对教学方法进行适当调整，力求让学生学有所成。

（三）教学形式从系统化到自由化

2020 年下半年以来，尽管世界各国都在众志成城抗击疫情，但汉语国际教育也没有放慢发展的脚步，中外各级各类学校和专业机构积极应变、主动转型，利用互联网、人工智能等技术开拓新模式、打造新平台，推动汉语国际教育进入线上线下融合发展的新时代。① 与此同时，社会力量参与孔子学院等汉语学习机构的建设，推进汉语在线学习平台的建设与发展，推动线上线下汉语国际教育实现高质量融合发展。随着"互联网＋"新兴网络媒体的普及，教学形式也在教育信息化的基础上不断进行革新，广泛开发了慕课、微视频、翻转课堂等学习渠道，整合汉语国际教育网络建设资源。汉语教师以"网络平台＋移动终端＋微信"作为教学工具，和学生进行面对面教学及课堂互动，能够在一定程度上打破时间与空间的限制，逐步实现汉语国际教育"网络化""在线化""智能化"。②

除此之外，因为现实的需求，与孔子学院等专业机构学校式的教学方式相比，外国学习者选择短期针对性培训的情况会越来越普遍。例如，在与"一带一路"有着经贸与产业合作的中资企业中，会专门安排时间为当地员工集中开办汉语培训班，主要是教授汉语和传播中国文化。③

---

① 人民网. 新项目、新伙伴、新发展——2020 国际中文教育交流周正式启动 [DB/OL]. ［2020 - 12 - 14］. http：//www. chinese. cn/page/#/pcpage/article？id =382.
② 刘耘溪，周薇，房阔."互联网＋"智能化时代汉语文化推广方式的创新研究［J］. 国际公关，2020（1）：143.
③ 安亚伦，段世飞."一带一路"倡议下的汉语国际教育：现状、问题及对策 ［J］. 湖南师范大学教育科学学报，2018，17（6）：45 - 52.

三、顶层设计的思路创新

作为整个汉语国际教育专业发展路径的理论指导，顶层设计包括教育政策、教育资源配置、相关的标准以及语言政策等，主要运用系统论的方法，不仅需要兼顾某项任务或者某个项目的各方面、各层次、各要素，更要求从全局的角度进行相应的统筹规划，以集中有效资源高效快捷地实现目标。在"汉语＋技术"兴起、全球化时代、新文科建设的背景下，汉语国际教育专业未来将会逐渐形成三种新的专业建设顶层设计的思路。

（一）"汉语＋技术"：满足实践要求

目前，"一带一路""六大经济走廊"建设已经在沿线各国取得实质性进展，完成了许多标志性项目。我国与沿线国家互助共赢的模式包括直接投资、项目竞标、合作建立工业园、对外承包工程项目以及在国内从事跨境电子商务。① 问卷调查的结果显示，超过90%的人认为"一带一路"倡议的提出对于汉语国际教育事业的影响很大或较大，并为汉语国际教育专业的发展带来了许多未知的挑战，未来"一带一路"沿线国家或地区对于高层次复合型专业化人才的需求更高。因此，汉语国际教育专业建设必须从以学科为导向转成以需求为导向，从适应服务转向支撑引领。

"一带一路"沿线国家地质、能源、生态等支柱型产业发展迅速，带动我国对外承包工程业务的规模不断扩大，合作领域不断拓宽，越来越多中资企业走出国门，在沿线国家市场发展壮大。② 因此需要一大批精通汉语的专业技术人才作为支撑，正如《国务院关于加快发展现代职业教育的决定》明确提出的"推动与中国企业和产品'走出去'相配套的职业教育发展模式，注重培养符合中国企业海外生产经营需求的本土化人

---

① 文秋芳."一带一路"语言人才的培养［J］.语言战略研究，2016，1（2）：26－32.

② 舒菁英，左根林."一带一路"倡议下建筑类专业来华留学生培育路径探究［J］.安徽建筑，2021，28（3）：98－99.

才"。2020 年底，中泰双方正式达成了合作，将共同启动建设全球第一所语言与职业教育学院，推动中文教育和职业教育融合发展。中外语言交流合作中心将以此次合作为契机，在做好中文教学服务的基础上，联合教育部门、职业院校、行业组织与相关企业，进一步支持泰国职业院校高质量中文教学和专业人才培养，为深化中泰人文交流与职业教育合作贡献力量。① 由此可见，"一带一路"沿线国家和地区的汉语教育应该倾向于以直接服务于基础设施建设为重点，汉语教师从培养单一的汉语学习者到复合的"汉语 + 技术"人才，即服务沿线国家经济带"语言通、专业精、能力强"的国际化人才。当掌握专业技术、熟悉中国文化的他们未来选择来到中国发展，或者进入沿线国家中资企业工作的时候，不仅能够最大限度地消除语言障碍，还能避免发生文化冲突。而汉语教材与教法也应随之进行更新与改革，将语言学习与职业教育进行有机结合，开发一批专业汉语教材，使其对于不同行业的汉语学习者更加富有针对性，最终有利于实现中国与"一带一路"沿线国家和地区达成全面战略合作伙伴的关系，实现各种意义上的互利共赢。

（二）全球化时代：从走出去到引进来

自 1978 年党的十一届三中全会确立改革开放开始，我国一直向西方发达国家学习先进的教育理念、科学技术和管理经验，不断提高自身综合国力，迅速扩大汉语的世界影响力。在传播汉语和推广中华文化的相关工作方面，主要采取外派国家汉办志愿者到各国的孔子学院任教的方式。

随着经济一体化和高等教育全球化的发展，我国作为"一带一路"倡议的发起国，在追求本国利益的同时，积极为更多国家的发展提供便利，发起多项对外援助项目，从而促进各国的共同发展。"一带一路"倡议的提出加深了我国与他国的联系，体现了我国从参与全球化到塑造全球化的转变。不仅为对外汉语教学建设了更多的国际化平台，使其能够通过不同形式的交流和合作与沿线国家建立教育共同体关系，还为汉语

---

① 人民网. 新项目、新伙伴、新发展——2020 国际中文教育交流周正式启动 [DB/OL]. [2020 – 12 – 14]. http：//www. chinese. cn/page/#/pcpage/article？ id = 382.

国际教育专业提供了更为广阔的实践探索空间，必须牢牢把握住国际化合作与交流的新机遇。① 汉语国际教育专业需要顺应时代变化在新的发展阶段开新局，适应国家经济建设、科技进步和社会发展的需要，立足于培养更多高水平的师资和文化使者。从汉语国际教育被我国公派汉语教师带出国门，到如今被其他国家汉语国际教育专业的学生引进他们的国家，特别是与我国经济贸易往来密切的"一带一路"国家或地区。由世界上其他语言的推广经验可以得出，传播语言的主体是本土化教师。而"一带一路"建设沿线各国学习汉语的人数众多，个别国家还把汉语教育融入当地外语教育体制，与实际国情背景相结合注入本土元素，并制定相关的教学标准，争取达到最佳的教学效果。最重要的还是建立完善的本土化师资培养体系，培养一批热爱中华文化、具备交际能力的母语非汉语的本土教师来作为当地汉语教育的主体，让没有条件到中国学习汉语文化的人都拥有学习汉语的机会。有能力者更可以提拔成为"种子教师"，以学习者母语为媒介语教学，进一步培养更多能胜任当地汉语教学的本土教师。与此同时，我国相关高校及机构应该扩大接收海外汉语教师来华培训的规模，致力于提升海外汉语教师的质量，共同构建经济一体化、教育全球化的人类命运共同体。全球化时代汉语国际教育新的顶层设计决定了未来的发展理念和发展路径，虽然汉语是母语使用者总数最多的语言，也是联合国的 6 种工作语言之一，但是，目前汉语国际教育本土化程度在"一带一路"国家还处于由浅层向深层过渡的阶段。今后需大力推广汉语走向世界，提高中华文化输出，促进本土化的汉语教育的可持续发展，这才有利于加快汉语真正成为国际语言的步伐。②

（三）新文科建设背景：跨学科专业的融合与交流

在新经济发展、全球新科技革命、中国特色社会主义进入新时代的背景之下，教育部高等教育司司长吴岩指出，高等教育创新发展势在必

---

① 马万华."一带一路"倡议与中国高等教育国际化转型 [J].北京航空航天大学学报（社会科学版），2021，34（1）：134 – 142.

② 张新生，李明芳.汉语国际教育的终极目标与本土化 [J].语言战略研究，2018，3（6）：25 – 31.

行，必须通过专业优化、课程提质、模式创新"三大重要抓手"来全面推进新文科建设，立足新时代，培养有专业理论基础、有应用技术能力的复合型文科人才，推动人文社会科学新发展，为政治发展、经济建设和生产实践等领域提供新思路、新方法。因此有学者认为，新文科建设强调整合学科专业，让不同专业的学生打破专业课程界限，进行综合性的跨学科学习。

　　自 2019 年初新文科建设系统工程全面启动以来，各高校一直积极探索中国高等教育改革的实践路径。汉语国际教育作为一门涉及语言、文学、外语、教育学等专业的综合交叉类学科，必须顺应经济社会发展需求，把握新文科建设的理念和特征，培养出具备专业能力、创新意识和综合素质的新时代人才。具体表现为积极转变研究思路，优化人才培养目标，探索构建课程内容，提高授课教师水平，调整创新教学方法，改变专业可能存在的理论与实践脱节的局面。① 未来汉语国际教育的顶层设计关键在于融合性和发展性，始终遵循"质量第一"的原则。既要重视基础专业理论，培养学生的思辨能力；更要促进学科交叉拓展与深度融合，把现代信息技术融入本专业课程，即在学科边界上形成与拓展新的知识领域，包括向人文社会科学与自然科学交叉融合形成的文理交叉、文医交叉、文工交叉等新兴领域推进。② 例如，未来在对外汉语教学专业基础上，与社会学、法学、经济学、旅游学、医学等学科交叉，构建新的学科专业结构或跨学科研究领域，如向对外汉语旅游专业、对外汉语经济专业等领域逐步发展。在新文科建设背景下，汉语国际教育顶层设计的思路创新不仅要进一步探索汉语教学与文化传播内部转型升级，还要将其与人才培养和社会服务交叉融合，服务于国家战略、城市发展、新生业态等方面，实现"新文科"人文性与工具性的辩证统一。

　　目前，"新文科"虽然已经成为革新高等教育中传统文科的一种新理

---

① 郑登元. 新文科建设背景下对外汉语教学探析［J］. 文化学刊，2021（1）：150 − 152.

② 陈凡，何俊. 新文科：本质、内涵和建设思路［J］. 杭州师范大学学报（社会科学版），2020，42（1）：7 − 11.

念，但其建设研究还大多停留在理论层面，对于如何更好地实现汉语国际教育专业与其他学科的交叉、传统文科与现代技术的融合等将长期处于探索期。①

四、人才培养模式的转型升级

在高校汉语国际教育专业的发展现状方面，问卷针对正就读或者毕业于汉语国际教育专业的人员设置了相关问题，被调查对象主要来自惠州学院和昆明理工大学等院校的本科生与研究生。仅 10.58% 的人是因汉语国际教育专业发展就业前景好而选择，28.85% 是出于个人兴趣，将近一半的人员是非第一志愿调剂。大部分人清楚本专业的授课内容和培养方案，但是对未来就业方向并没有详细规划。此外，认为自己在就读专业中发展得很好，能够充分发挥自己的才能，并通过学习有了良好的知识和技能的储备的仅占 5.77%，甚至有超过 30% 的人认为自己发展得一般或不好，对于学习到的知识和技能并不满意。从就业方面来看，虽然86.54% 的人赞同了他们在汉语国际教育专业所学的课程对未来想要从事的工作有一定帮助，但 72.12% 的人对未来的就业前景持有不太乐观的态度，认为对口岗位较少。汉语国际教育专业在迎来崭新发展机遇的同时，人才培养模式急需进行更新与改革。

（一）培养目标从专业型转向复合型

结果显示，只有不到一半的汉语国际教育专业学生认为整个专业的培养方案是合理的，加上非专业学生有 48.78% 的人认为该专业的培养目标不够明确，培养模式科学性不强。过去汉语国际教育专业人才除了要求掌握扎实的汉语基础知识，具有较高的人文素养外，重点在于具备中国文学、中国文化、跨文化交际等方面的能力。职业方向聚焦在国内外各类学校、外贸机构及企事业单位等从事汉语教学、语言文化传播交流相关工作的中国语言文学学科应用型专业人才上。

未来在"一带一路"视野下，汉语国际教育专业的人才培养目标应

---

① 刘利. 新文科专业建设的思考与实践：以北京语言大学为例 [J]. 云南师范大学学报（哲学社会科学版），2020，52（2）：143-148.

该面向沿线国家和地区，服务"一带一路"建设的能源、交通、商贸、物流等企业与行业，以对外汉语为主，工作领域得到更广的拓展，适应文秘、各类语言教师、语言技术人员、语言研究人员等岗位。更重要的是，汉语国际教育专业需要对人才培养模式进行转型升级，培养出一批具备语言基础知识、中华文化知识、职业道德素养、专业教学能力、外语交流能力和跨文化交际能力的高层次复合型专业化人才，实现既掌握专业教学能力又深谙不同职业技能，为"一带一路"倡议提供人才支持，更好地承担对外宣传中华文化，促进其他国家了解中国的任务。①

（二）课程内容从传统型转向特色型

课程内容是人才培养目标的基本保证，充分反映本专业发展的需要。目前仍有35%左右的人认为汉语国际教育专业的课程内容不符合时代变化的要求；46%左右的人认为课程设置缺乏应用性是"一带一路"视野下汉语国际教育专业值得重视的问题之一。我国高校开设的汉语国际教育专业在课程设置方面，仍然以"语言技能学习（汉语、英语）＋语言学知识＋文化知识（中、西文化）＋实践技能"为主，暂未具备鲜明的与"一带一路"倡议相关的特色。

今后应根据"一带一路"倡议的总体要求，以培养学生的应用能力为导向，注重课程内容的转型发展。汉语国际教育专业的课程体系应包括四大模块：汉语和中华文化模块、跨文化交际模块、教法模块和特色模块。为了优化整合课程内容，打破原有课程之间的界限，需要应用"合并—删减—增加"等手段，对整合后的模块进行有机搭配，构建专业"模块化课程体系"。② 例如李雪松（2019）提出的增加一些沿线国家国情文化、教育体制、政治经济、宗教信仰、文化禁忌、风俗历史等相关内容，体现了以"一带一路"背景为导向，使课程设置更加实用化，扩展了教学资源涉及的范围，包括倡议相关的最新政策法规、文化活动、

---

① 张向辉，张莹."一带一路"建设背景下地方院校汉语国际教育专业的发展［J］.玉林师范学院学报，2020，41（5）：131 – 135.

② 过国娇."一带一路"背景下汉语国际教育专业人才培养改革探析［J］.教育观察，2019，8（7）：35 – 37.

贸易往来等。① 此外,增设非通用语课程,如为学生开设韩语、俄语或蒙古语等第二外语课程,以选修课的形式给学生提供学习第二、第三外语的机会,这样学生在掌握英语交际技能之余,也能够具备一定程度的外语优势,有助于学生提高就业竞争力。

(三) 师资力量从本土化转向国际化

对于目前高校的师资力量和配套实施满意的专业学生比例还不到一半,汉语国际教育在我国大部分高校尚未形成极其完备的学科体系,专业化的师资队伍发展仍旧存在不足,需要根据学校师资的整体规划和专业发展的前景进行师资队伍建设。在新时代"一带一路"视野下,必须突破固有的传统教师观,对教师队伍的学历背景、研修经历进行调整,使其教学能力能够应对新时代、新形势,重点在于从内部培养和外部引进两个方面来建设一支具有国际化视野的教师队伍。从内部培养来看,汉语国际教育专业的教师既要具备全球化的教育思想,又要拥有国际化教学实践能力,并坚持研究和探索国际化人才的培养模式,力求使自身教学能力满足新时代发展的需求。②

从外部引进来看,应当通过中外联合培养,整合优化教学资源。沿线国家充分发挥孔子学院和华文学校等相关机构的环境优势,提供有针对性的语言适应性培训,既有利于提高人才对不同语言文化下社会环境的适应能力,更有利于建成联系中国与沿线国家语言文化的"一带一路"师资队伍,并以此推动当地汉语教师的培养。③ 此外,还可请沿线国家的外籍教师、汉学家、归国人员、各个领域的专家等"一带一路"沿线国家的人才,通过举办讲座等丰富的形式,分享"一带一路"建设的成果,推动汉语国际教育学科向纵深发展。

---

① 李雪松."一带一路"背景下汉语国际教育专业复合型应用人才培养模式 [J].西部素质教育,2019,5(16):166-167,171.

② 林艳琼.基于扎根理论的"一带一路"国际化师资培训体系研究 [J].佳木斯职业学院学报,2021,37(3):36-37.

③ 周艳芳."一带一路"战略下"以需求为导向"的汉语国际教育专业人才培养问题探索 [J].太原城市职业技术学院学报,2017(3):149-151.

（四）教学方法从以课堂输入为主转向课堂输入和实践输出并重

一直以来，我国高校教师倾向于知识的传授，通过课堂输入的方法使学生获得相关知识内容，且高校中提供的汉语国际教育专业教学实践课程未能使学生满意，机会少，就业范围狭窄，仍停留在说课训练、课堂教学观摩、微格教学设计等，海外教学实习和文化实习的实践机会还比较欠缺，无法让学生发挥主观能动性，在实践中学会运用所学的知识，并通过自身思考将其转化为文化修养。汉语国际教育专业的教师在自身方面应更新教育理念，在教学方法方面急需改革和创新，重视课堂输入和实践输出相辅相成的作用。

课堂输入方面，教师要通过灵活运用信息化的教学平台，包括微课、慕课等新兴的"互联网＋教育"模式，提倡翻转课堂和对分课堂，真正做到以学生为中心，培养学生自学意识和自学能力，强化他们提出问题并尝试寻找答案的意识，以及训练他们的辩证思维，为该专业的可持续发展和国际化奠定坚实的基础。

实践输出方面，"一带一路"建设对汉语教师等语言人才具有复杂化的需求，传统的培养模式和专业格局在新时代已经不适用了。因此除了教师重视实践应用能力的培养以外，高校也应该加强沿线国家和地区合作平台的建设，发动相关社会组织和专业机构参与国际中文教育①，加强汉语教学实践平台建设。在当地的中资企业、职业学校等建立实践基地，让汉语国际教育专业的学生有机会在公司、企业等进行语言教学实习或其他工种的实习，联合培养出人工智能、旅游管理、能源动力与材料等专业领域的语言人才，真正实现与沿线国家的对接。②

五、结语

目前，我国汉语国际教育专业必须不断探索多样化的发展路径，抓

---

① 人民网．新项目、新伙伴、新发展——2020 国际中文教育交流周正式启动 [DB/OL]．[2020－12－14]．http：//www.chinese.cn/page/#/pcpage/article？id=382.
② 周谷平，阚阅．"一带一路"战略的人才支撑与教育路径 [J]．教育研究，2015，36（10）：4－9，22.

住"一带一路"的机遇将自身建设成为具有影响力的专业,有利于推动汉语成为国际语言,真正实现"走出去"。首先,在专业建设的整体面向上,必须根据世界形势和国家战略重新进行定位,包括服务区域从欧美大国转向沿线国家和地区、教学对象从单一化到多样化以及教学形式从系统化到多样化。进而结合"汉语+技术"、全球化时代和新文科建设背景的要求,创新专业发展顶层设计的宏观思路。其次,高校应以此为目标积极对人才培养方式转型升级,致力于培养出符合时代要求的高层次复合型专业人才。因此,未来在"一带一路"视野中,汉语国际教育需要继续把研究成果作为发展方向,指导本专业向国际化、信息化和特色化方向发展,实现其最大效能。

我国对外汉语教学的教材编写现状分析

陈李萍（2016 级汉语国际教育）

指导老师：颜敏

一、引言

按照刘珣教授的观点，对外汉语教材是课堂教学的基础和主要依据，它作为教师教学和学生学习所依据的材料，与教学计划和教学大纲构成学校教学内容的有机组成部分，在教学活动的四大环节中，教材占有相当重要的地位。[①] 在第二语言教学中，因其纽带角色，教材的编写状况也直接关联和影响教学的实施与效果。那当前我国对外汉语教材的编写现状是怎样的呢？与理想的对外汉语教材有着怎样的差距呢？

教材作为教学活动实现的载体，通过研究教材编写现状，可了解当前的学科发展动态，并提升学科认识。本次研究集中于近十年即 2011—2020 年再版的教材，包括《博雅汉语》《新实用汉语课本》《成功之路》《发展汉语》《汉语教程》《HSK 标准教程》《拾级汉语》《当代中文》《环球汉语》《体验汉语》等热门教材，从教材的类型、编写原则、练习设置等方面进行全面而深刻的剖析。

根据论文主题，笔者将以往关于我国对外汉语教材方面的相关研究成果主要分为两类。第一类为关于对外汉语教材的编写及研究的宏观评

---

① 刘珣．对外汉语教育学引论［M］．北京：北京语言文化大学出版社，2000．

述类；第二类为在教材的编写过程中的具体微观类，主要讨论教材的国别化、"稚化"及创新等相关问题。

第一类是关于对外汉语教材的编写及研究的宏观评述类研究，李泉在 2002 年撰写的《近 20 年对外汉语教材编写和研究的基本情况述评》①一文中指出，20 世纪 90 年代以来，形成了全新的教材体系，且教材编写的理论研究和经验总结也在不断地深入，但真正被众人接受的教材还是处于匮乏状态。之后，朱志平等在 2008 年的研究报告《1998—2008 十年对外汉语教材述评》② 中通过对近十年出版的汉语第二语言教材进行分析整理得出：对外汉语教材在总体框架上呈现一种"多层次化""系列化"的趋势，对中国文化的呈现也逐渐方式多样。再者，杨小彬于 2011 年在《我国对外汉语教材编写的成就与问题》③ 一文中，通过对 20 世纪 50 年代以来对外汉语教材编写的简要回顾，认为我国对外汉语教材逐渐具备了关注教学语法和交际能力的特色，同时也指出对外汉语教材的编写存在着几个突出问题，包括各类对外汉语教材的比例失衡，国别化教材存在缺口，基础理论研究方面亟待突破，汉语作为第二语言的理论创新偏少。接着，耿直分别于 2011 年和 2017 年的《改革开放以来对外汉语教材编写研究综述》④ 和《"汉语国际教育"十年来对外汉语教材编写研究综述》⑤ 两篇论文中通过对近 40 年来对外汉语教材编写研究发现，对外汉语教材不断处于发展变化之中，主要集中在研究类型、研究比例、国别化教材及具体教材个案四方面上，不可否认的是，我国对外汉语教材编写上存在着一些问题，耿直也对论文中提到的问题进一步提出了相关的

---

① 李泉．近 20 年对外汉语教材编写和研究的基本情况述评［J］．语言文字应用，2002（3）：100－106.

② 朱志平，江丽莉，马思宇．1998—2008 十年对外汉语教材述评［J］．北京师范大学学报（社会科学版），2008（5）：131－137.

③ 杨小彬．我国对外汉语教材编写的成就与问题［J］．湖北大学学报（哲学社会科学版），2011，38（4）：31－34.

④ 耿直．改革开放以来对外汉语教材编写研究综述［J］．河南社会科学，2011，19（4）：176－179.

⑤ 耿直．"汉语国际教育"十年来对外汉语教材编写研究综述［J］．河南社会科学，2017，25（4）：112－115.

解决建议。之后刘弘和蒋内利于 2015 年在《近十年对外汉语教材研究特点与趋势分析》① 一文中对近十年来对外汉语教材研究的重心转移提出了他的观点，与此同时，刘弘等人认为在对外汉语教材评估以及对外汉语教材与其课程关系等方面，仍有较大的研究空间，对外汉语教材的研究仍存在缺口。直至 2017 年，邵明明在《近二十年对外汉语教材研究综述》② 一文中指出学界对作为汉语国际教育热门话题之一的教材问题的研究还是处于相当薄弱的状态，目前教材研究主要集中在具体教材的编写实践上，这和教材目标的实际运用密切相关，同时对于教材编写微观研究也在不断深入，包括理论探讨逐渐由宏观转向微观，且研究热点逐渐转化为对国别化教材的研究，内容要素的探讨仍然是教材研究的重点，从当前的研究结果来看关于这两方面的研究都有待深入。

第二类是在教材的编写过程中的具体微观问题，通过研究教材的国别化、"稚化"及创新等相关问题，以小见大，使得对外汉语教材的研究更加饱满，这类微观研究也是近年来的研究热点。

2016 年，王媛媛在《海外孔子学院的教材编写现状分析》③ 一文中指出海外孔子学院所使用的汉语教材存在着诸多问题，且针对这一系列问题，王媛媛认为汉语教材要有针对性，应根据不同国别学习者编写具有国别特色化的汉语教材，且立体化教材的运用，包括多媒体新兴网络等，都应该在当今对外汉语教材中得到实现。2018 年，牛园园和王林在《对外汉语教材中"稚化"问题类别及成因分析》④ 一文中指出，对外汉语教材中的语言表达、内容方面都存在"稚化"问题，主要表现在一是编写角度固化；二是传统教材编写要求的束缚；三是缺乏平等意识。牛

---

① 刘弘，蒋内利. 近十年对外汉语教材研究特点与趋势分析 [J]. 国际汉语教学研究，2015（1）：55 – 62.

② 邵明明. 近二十年对外汉语教材研究综述 [J]. 国际汉语教育（中英文），2017，2（1）：100 – 107.

③ 王媛媛. 海外孔子学院的教材编写现状分析 [J]. 齐齐哈尔大学学报（哲学社会科学版），2016（1）：179 – 181.

④ 牛园园，王林. 对外汉语教材中"稚化"问题类别及成因分析 [J]. 现代语文，2018（5）：162 – 169.

园园和王林认为教材编写者应该从学生角度出发编写教材，且在教材内容选用上应具有一定深度，突破原有文化素材的选材框架。同年，姜丽萍在《汉语教材编写的继承、发展与创新》① 一文中通过研究汉语教材的发展历史，总结出当今汉语教材编写对于以往教材的优秀继承和新颖创新。她认为对外汉语教材的编写理念继承了"结构、功能、文化相结合"的路子，在创新方面，姜丽萍认为应基于对外汉语教材的编写理念和教材的立体化开发去突破汉语难的问题，以"真实"为核心要素。教材在进一步深化发展的过程中追求教材的本土化、教材的"一纲多本"和教材的数字化和智能化。

综上所述，以上文献主要选取了关于对外汉语教材编写状况中较有代表性的研究，主要通过简要回顾对外汉语教材研究的基本情况，总结对外汉语教材编写思路及取得的成就，发现教材编写的新特点、新变化，同时指出对外汉语教材编写存在的问题，并提出相对中肯的解决建议，充分表达对对外汉语教材发展的期待之情。但是，由于第一类关于对外汉语教材的编写及研究的宏观评述类论文的发表时间距今过长，某些结论因其自身的老旧性确需新观点、新理念来支撑；第二类研究的问题在于，对教材编写过程中的问题的探讨过于局限，并未进行综合论述。本文试图通过深入分析，分析对外汉语教材的编写状况，并结合当前关于教材的热点问题进行综合研究。

二、对外汉语教材的编写思路研究

我国对外汉语教材编写事业经过长期的探索，自 20 世纪 50 年代起出版了一套又一套的教材，在基本满足国内对外汉语教学需要的同时，也积累了丰富的经验，逐渐形成了独具特色的对外汉语教材编写思路，下面就当前热门的对外汉语教材突出的编写原则做相关简述。

（一）以学生需求为导向的编写原则

进入 21 世纪，第二语言教学的理念已经进入"后方法时代"。"后方

---

① 姜丽萍. 汉语教材编写的继承、发展与创新［J］. 华文教学与研究，2018（4）：12 – 18.

法时代"是指在全球化、科技化的影响下，自然科学与社会科学领域迅速发展。由于"后方法时代"带有强烈的时代特征，它实际上涵盖着多方面的内容，在第二语言教学这一方面，"后方法时代"中的汉语课堂教学观不同于传统课堂教学观，它不仅注重学生汉语水平的提高，还强调学生独立自主学习能力与合作学习能力的培养，使得学生成为合乎 21 世纪需要的一代新人，主要以学生的需求为导向。因此在"后方法时代"，以人为本，强调小组学习、合作学习，交际法、任务型语言教学、主题式教学成为教学的主流，培养学习者的语言综合运用能力也成为教学的总目标。

语言教材的编写着重要体现的是"以学习者为中心"的原则，即教学内容要适合学习者的需要，有利于促进学习者创造性地学习，使学习者不断地增强学习的动力并获得成就感，注重培养学生听说读写综合运用的能力。在我国对外汉语教材的编写中，"以学习者为中心"已经成为一种自然自觉的态度，以使用者为中心，将人放在首位，是设计思维的核心精神。教材作为教学必不可少的环节，教本来就是为了学而存在的，这也意味着在教材中的教学设计必须要具有鲜明的、自觉的为学习和学习者服务的意识，从学习和学习者的角度编写教材，这也是对外汉语教材编写过程中不可避免的专业挑战。

关于教材中学习目标的实现需要尽力说服、优化和改变学生，但这并不意味着教师否定学生选择自己擅长、喜欢的方式去做。在我国目前的对外汉语教材的编写过程中，课文设置除了主课文外，还存在着选读课文；在练习部分，也有学生可以选做的课后习题。可见，当前我国对外汉语教材的设计思维始终是围绕着"以学习者为中心"展开的。且对外汉语教材的教学对象是把汉语作为第二语言学习的学生，所以从学生角度出发的教材也将创造出更多的可能性，有利于吸引更多的汉语学习者。

当前的热门教材的内容设置上隐含着编者对于汉语教学的方式方法，从经典的语法翻译法的少量运用，再到用交际法贯彻整个汉语教学过程，包括任务型教学法在情景交际练习中的运用，处处都体现着编者的用心。同时，当今仍然流行的教学法都是具有共通性的，它们都强调语言表达过程中所体现出来的得体性和现实性，通过营造一个接近真实的表达场景，激发学习者的表达欲望，也更有利于培养学生的语言能力。在对外汉语教材的编写过程中，学生对语言要素的掌握和交际能力的提高都是编者不可忽视的内容。一般情况下，学习者只能通过海量的操练来达到此目的，主要的操练对象为语音和汉字的拼写、语法知识的掌握程度以及组词造句。故不同的教学方法在课堂上都可以相应使用，教学方法使用的综合化也使得教材在编写的过程中，拥有了更多对同一语言点的不同处理方式，包括讲授和运用，都可以从多角度剖析教学。

当然，教材的趣味性原则也是每本教材在编写时所不能遗忘的，因为学习汉语的学生不限年龄，所以"稚化""低龄化"或"过于成熟化"的教材在出版之后受欢迎程度并没有很高。追根溯源，一本教材趣味性的来源根本在于教材的内容必须是学生想要学的或想要了解的，与培养交际能力紧密相关，如此才能够长足地吸引学习者，并且让学习者保持对汉语的热情。一般情况下，在初级阶段的汉语学习者接触到的语言材料都是富有交际性和实用性的，即在日常生活中使用频率高的。在练习的设置上一般是以多种方式训练同一语言点，通过高强度的重复，让学生学会语言点。而在中高级阶段的汉语学习者将会把目光更多地放在了解中国文化及中国的社会动态上，尤其是年轻人，他们喜欢在某些热点问题上发表看法，试图真正地融入中国社会之中。因此，教材不应再单纯地把学生看作对中国文化零了解、对中国人的思维模式零接触的外国人。趣味并非童趣，把汉语作为第二语言来学习的群体多为成年人，在成年人的世界里，过多地出现幼稚及低龄的"趣味"只会适得其反。

（二）阶梯化编写原则

当前我国热门的对外汉语教材一般是进阶式教材，一系列教材基本涵盖初级汉语、中级汉语和高级汉语。各篇之间的关系如同阶梯，具有依存性和关联性，通过配套使用，紧跟学生的学习进度。

例如《博雅汉语》① 系列，共分为四个级别——初级、准中级、中级和高级。四个阶段的教材分别名为《起步篇》（Ⅰ、Ⅱ）、《加速篇》（Ⅰ、

---

① 李晓琪.博雅汉语［M］.北京：北京大学出版社，2013.

Ⅱ）、《冲刺篇》（Ⅰ、Ⅱ）和《飞翔篇》（Ⅰ、Ⅱ、Ⅲ）。全套书共九本，既适用于本科的四个年级，也适用于处于不同阶段的长、短汉语进修生。《新实用汉语课本》[①] 系列全书共六册五十课，前四册为初级和中级以前阶段，共三十课，后两册为中级阶段，共二十课。《HSK 标准教程》[②] 经国家汉办授权，全套教材对应 HSK 考试的 6 个级别，1 ~ 3 级每级一册，4 ~ 6 级每级两册，共九册。每册分课本、练习册、教师用书三本，共二十七本。《汉语教程》[③] 是为来华留学的汉语学习者编写的一套综合汉语教材，包括 6 个分册，可供设有本科学历教育的教学单位使用一年。《发展汉语》[④] 是一套针对来华长期进修留学生的分课型系列教材，是迄今为止对外汉语界规模最大的一套国家级系列教材，可满足初（含零起点）、中、高各层次主干课程的教学需要，且此系列教材采取综合语言能力培养与专项语言技能训练相结合的外语教学及教材编写模式：全套教材分为三个层级、五个系列，即纵向分为初、中、高三个层级，横向分为综合、口语、听力、阅读、写作五个系列。其中，综合系列为主干教材，口语、听力、阅读、写作系列为配套教材，如此丰富的内容安排满足了大多数外来学生的学习需求。《成功之路》[⑤] 是一套母语非汉语学习者编写的对外汉语教材，共计二十二册，全套以组合式的设计，按进阶式水平序列分别设计为《入门篇》《起步篇》《顺利篇》《进步篇》《提高篇》《跨越篇》《冲刺篇》《成功篇》。其中《入门篇》为一册；《进步篇》综合课本为三册，《进步篇·听和说》《进步篇·读和写》各两册；《提高篇》《跨越篇》综合课本各两册，《提高篇·听和说》《跨越篇·听和说》各一册，其余各篇均为两册。篇名不但是教学层级的标志，而且蕴含编者对学习者的期待，同时因为各篇名的设计有对应层级和对应水平，有利于学习者选择适合自己的教材，选择不同的台阶起步。

当然也存在从内容到形式，都适合做专项技能训练的独立教材，可

① 刘珣. 新实用汉语课本 ［M］.北京：北京语言大学出版社，2013.
② 姜丽萍. HSK 标准教程 ［M］.北京：北京语言大学出版社，2019.
③ 杨寄洲. 汉语教程 ［M］.北京：北京语言大学出版社，2016.
④ 么书君. 发展汉语 ［M］.北京：北京语言大学出版社，2011.
⑤ 杨楠. 成功之路 ［M］.北京：北京语言大学出版社，2008.

以单独使用，不过进阶式教材在我国对外汉语教材的编写中占有主流地位。同时也存在关联与独立相结合的教材，例如《发展汉语》与《成功之路》，使教材既能保持配套教材的系统性，又有独立教材的灵活性，免除捆绑式教材的羁绊，为学习者提供更多的选择。

　　每个系列的教材都具有其各自的教学目标，作为教材编写的指南，不仅指导着编者对教材内容的设置，还包含着学生知识和能力的提高方向，引导教师教学方法的运用及学生情感、态度与价值观的养成。这不仅是教材编写的出发点，也是其最终的编写目的。一套优秀的教材不可缺少编写目标，其确立影响着整套教材的设计及编写。经过总结分析，我国对外汉语教材编写的总体目标可以概括为全面发展和提高学习者的汉语语言能力、汉语交际能力、汉语综合运用能力和汉语学习兴趣、汉语学习能力。力求通过规范的汉语、汉字知识及其相关文化知识的教学，以及科学而系统的听、说、读、写等语言技能训练，全面培养和提高学习者对汉语要素（语音、词汇、汉字、语法）形式与意义的辨别和组配能力，在具体文本、语境和社会文化规约中准确接收和输出汉语信息的能力，运用汉语进行适合话语情境和语篇特征的口头和书面表达能力。借助教材内容及其教学实施，不断强化学习者汉语学习的动机和自主学习的能力。

　　由于教材的编写着重注意衔接性，每本教材所设定的具体目标不尽相同。例如《发展汉语》高级口语篇Ⅰ[①]的教材目标具体包括，一是能恰当地选择相关的词汇和言语方式来表达自己的思想感情；二是能使用较为地道的口语表达方式来表达自己的思想情感；三是能就社会生活中的广泛话题进行对话、交流，能完整、自然地表达自己的想法，有较强的话语表达能力；四是初步形成汉语思维习惯。而《发展汉语》高级听力篇Ⅰ[②]的教材目标具体包括，一是能够听懂复杂的交际用语和工作用语，

　　[①]　王淑红.发展汉语·高级口语（Ⅰ）[M].北京：北京语言大学出版社，2011.

　　[②]　么书君.发展汉语·高级听力（Ⅰ）[M].北京：北京语言大学出版社，2011.

一般适用于社交场合或工作环境；二是在较难理解的讲话或多人讨论中能听懂话题熟悉、日常频繁出现的语句，也可以对基本事实进行梳理，对于要点及细节把握到位，最终达到理解说话人的主要意图、观点和论据的目标；三是对常用成语、俗语意思的理解，着重提高从独具目的语特色表达中领悟说话人话语中所含意思的能力；四是针对略带口音的普通话，学生要逐渐具备洞悉的能力；五是能听懂语速较慢的新闻类或专业类访谈节目，加强听懂专业表达的能力。

进阶式教材的出现是学生阶段性特征决定的，随着学生学习需求和学习阶段的改变，可适当转变学习目标，这有利于学生进行有规律性的连贯式学习。从整体视角上看，当前在对外汉语教材中，进阶式教材仍占主流，在教学目标上不断细化，在汉语四要素当中，语音、语法、词汇、汉字各有所侧重，其制定也从认知、情感和技能三方面进行把握，进而培养学习者运用汉语进行交际的能力。

（三）特色化编写原则

吕必松先生曾针对对外汉语教材发表过相关意见，他认为我国当前的对外汉语教材类型较少，大多都是千篇一律、大同小异，真正具有创新价值的对外汉语教材并不多，而在我国当前热销或呼声较高的对外汉语教材中，每一系列的教材都具备自己的亮点，即特色化。

《HSK 标准教程》系列以汉语水平考试大纲为依据，逐级编写"教程"，且根据真题统计结果，归纳出每册的重点、难点、语言点、话题、功能、场景等，在遵循 HSK 大纲词汇要求的前提下，系统设计了各级别的范围与课时等，且每册教材练习册中练习的形式与 HSK 题型吻合；单独设置交际练习，紧密结合 HSK 口试内容。这有利于学习者更快地通过汉语水平等级考试，更具有针对性。《新实用汉语课本》作为一部经典的对外汉语教材，以异常扎实的内容和编写方式取胜，可谓是对外汉语教材界的常青藤。《发展汉语》改变以往语言点的描述角度，变立足于教师的规则性语言为面向学习者的使用性语言，便于学习者理解和运用。《博雅汉语》系列教材开设了"语音"部分和对"汉字笔画表"的集中讲解，有利于零起点学生进行学习。且该书在每一个单元前有单元热身活动，在每一个单元后有单元练习，单元练习有利于学习者回顾、总结已有的语言知识或技能，在生词之后，还特别增加了"用刚学过的词语回答下面的问题"的板块，有利于巩固和运用新知识，这些闪光点都彰显着编者的创新理念。再如《环球汉语》①，与当今国内市面上的对外汉语教材相比，它展露出了巨大的创新之处，《环球汉语》是耶鲁大学与华语社联合推出的，以欧美人从小学习英语和其他外语的习惯入手，主要在于运用 DVD 连续剧剧情上。在众多对外汉语教师的反馈中，《环球汉语》不到一年已经覆盖全美 150 所高中及大学，也将成为未来汉语教学的一大方向。在以上教材的举例中可以看出，当前我国热门的对外汉语教材编写的创新之处除了应对考试外，还有精心设计的教学内容、教学方式等。

与此同时，国别化教材也成为一大热门。由于当前我国存在一小部分国际学校采用单一语种生源的招生制度，且汉语热在全世界不断升温，越来越多的孔子学院开始在世界各地建立，这也对教材国别化的实现提出了迫切要求，国别化教材也成为众多出版社出版对外汉语教材的不二之选。针对不同国别的学生，当前呈现多元文化特色的对外汉语教材逐渐生根发芽，例如为日本的汉语学习者编写的《走向中国》，为泰国的汉语学习者编写的《泰国人学汉语》，为阿拉伯的汉语学习者编写的《汉语 100》，为韩国的汉语学习者编写的《对韩汉语口语教程》，还有在汉语教材界鼎鼎有名的由李晓琪编著的《快乐汉语》是为母语是英语的海外学生编写的系列汉语教材。这些国别化教材的出现，改善了以往对外汉语教材不足的状况，同时国别化教材的创新也可以提升汉语教材的海外传播力。

三、对外汉语教材的编写内容研究

学生学习汉语知识的根本立足点在于教材内容，教材编写内容的设置不仅可以体现知识结构，还能从中知晓编者对于学习者能力培养的结构方式。结合当今热门对外汉语教材的编写内容，其突出特点可概括为以下三个方面，分别对应语言要素、言语技能训练及目的语文化知识

---

① 韩晖. 中美合作项目《环球汉语》的启示［J］. 对外传播，2013（10）：19 – 20.

拓展。

（一）以课文为基本线索，实现汉语四要素的平衡学习

当前我国对外汉语教材在语言要素的编排方面以严谨、实用为宗旨，且需平衡语音、词汇、语法及汉字四要素。课文作为语法和词汇的语用场，语法作为一条暗线贯穿始终。离开课文，语法将无所依凭。初级阶段的汉语课堂教学，多借助语法从易到难的有序性和渐进性，把句子的结构、语义和语用三者结合起来。与此同时，语音语调训练也贯穿初级阶段课堂教学的全过程。在汉语教学的初期，语音训练较为单一集中，到了句型、短文阶段，语音教学也多结合课文的朗读和背诵来进行。

在各教材关于语言要素的编排中，放在首位的应是语音方面的学习。拼音在汉语中的地位不可小觑，但不能和英语音标的学习混为一谈。汉语拼音除了声母、韵母的学习之外，还有独具特色的四声调，这也是学生学习汉语拼音时的难点，无法掌握声调就等于不会说汉语，故关于拼音的学习，各对外汉语教材都把其放在初级阶段进行深入学习。例如在《HSK 标准教程》系列教材的第一套有专门的语音学习部分，除了常规的声母、韵母和声调的学习外，还配有发音时的舌位图，方便学生理解，同时关于句重音等也有专门的学习。在每一套系列教材中的生词部分都附带有拼音注解，且在课文学习中安排了一对一的拼音注解，这都有利于学生更准确地掌握正确的发音。在后期随着学生学习的深入和汉语水平的提高，此版块也会逐渐删去。独具特色的《新实用汉语课本》中，从第二册起虽删去了拼音，但在课文中仍保留着声调，这也显示出编者的用心。

关于语法方面，一般以课文中的例子作为引子引出语法点，通过中英文对规则的简单描述，进行造句或对话练习。当今大多数教材采取了少知识性讲解而多实操性练习的方式，过多的汉语语法讲解在再版的教材中有所删减，转换成以实例为中介，加深学生对某一特定语法的理解，且例子具有现实性，这也能在课堂上增加趣味性。

在词汇方面，大多数教材都在课文之后设置生词栏，且生词栏中包含了四大要素，分别是生词、词性、拼音及英语注解，当然，有些教材还包括生词的组词板块。随着学生的深入学习，高级版汉语教材对生词

的解释也将换成汉语。

关于汉字部分，除了常规的课堂训练外，在教材本身的编写中，也存在少数的教材不够重视汉字书写的现象。例如在《博雅汉语》中，在练习的最后添加了"模仿书写下列汉字"的练习，且汉字笔画并没有标明先后顺序，也没有选择田字格的背景，不利于学生模仿和学习，这也间接说明了编者弱化了汉字书写的地位。但采取相似做法的教材较少，大多数教材在汉字书写方面，特别是在识记辨析等方面给予了充分的重视。为实现汉语四要素的平衡学习，编者在编写教材时不仅需要考虑语音、词汇、语法及汉字这四要素在汉语中的重要程度，还要考虑学生的认知水平和学习顺序的合理性来安排教学内容。

（二）以理解性练习及交际性练习为中心

对外汉语教学不同于母语教学，其中一点就是语言要素的教学不能孤立进行，语言要素教学过程应是言语技能和言语交际训练的过程。所以对外汉语教材的练习编写应该要尤为关注，通常情况下，教材中的练习多可分为两部分，分别是理解性练习及交际性练习。

当前居多的对外汉语教材中的练习项目包括：回答课文问题、语音训练、词语题、选词填空、完成句子、完成对话、连句成段、改错句、情景表达、综合填空和交际会话等。回答课文问题作为一项传统练习项目，多放在每篇课文之后，也有少数教材为了激发学生的阅读兴趣，把"回答课文问题"这一题型放在课文之前；关于语音训练，这一部分多包括两项内容，一是听音辨调，目的是让学生掌握本课中学到词汇的正确读音；二是朗读或背诵，通过读出声来加强学生对汉语的语感，也能够通过强式记忆记住汉语中的成语、谚语和诗句等。词语题、选词填空题、用括号里的词语完成句子、用括号里的词语完成对话等的设置都是为了起到认读汉字、分辨近义词、在相应的语境下表达完整意思的作用。从本文的观点出发，回答课文问题、语音训练、词语题、选词填空、完成句子、完成对话、连句成段、改错句为理解性练习，主要是检测学生是否掌握了当堂的学习内容，而情景表达、综合填空和交际会话等为交际性练习，其目的在于检测学生是否真正吸收了所学内容，并举一反三地运用到实际的交际过程中。

当今的对外汉语教材的练习设计多注重遵循理解、模仿、记忆、熟巧、应用，且练习项目都可以概括为理解性练习和交际性练习，这些练习既考虑到了课堂教学的实际需要，也考虑到了自学者自学的需要，教师也可以根据自己的教学实际灵活运用。例如在《发展汉语》（中级综合）中的练习，多采用词语分类、选词填空、词语辨析、根据语境完成句子和在理解课文的基础上填写表格等形式检验学生的学习成果；《博雅汉语·飞翔篇》的综合练习主要采取了分版块练习，包括词语练习、课文理解练习。词语练习主要通过"用画线的字组词""填入合适的名词""填入合适的形容词""填入合适的量词""写出下列词语的近义词或反义词""选词填空""解释句中画线词语的意思""选择正确的答案""补语填空"和"从所给的词语中任选6个写一段话"等方式来实现教学目标；而课文理解练习是通过"根据课文内容判断正误""根据课文内容，用指定的词语回答问题或进行讨论"及"思考与表述"等方式；《成功之路·起步篇1》中的练习则采用"选择合适的词语填空""选择正确的答案""给括号里的词选择适当的位置"和"根据下面的提示词复述课文内容"等四种题型来检验学生的学习成果，其中理解性练习和交际性练习居多，在课堂中通过师生互动，讲练结合，精讲多练，以便于学习者对语言技能的掌握和自然运用。

实际上，语言知识的学习不是孤立进行的，在语言技能训练的全过程中也可加深学生对知识的理解，从而更好地记住知识点，在教材中过多的知识性描述往往会适得其反。相反，更加直观的插图或表格更能起到辅助作用，包括交际性练习等。教材通过这样的设置可以引导教师最大限度地避免单纯的知识讲授；也通过将语言知识蕴含在课文和练习中，多设置理解性练习及交际性练习，使得学习者能通过有计划的练习和活动来实现对知识的理解与运用；也通过编者精心设计并处理语言知识和语言技能的关系，帮助学习者在技能训练中学习知识，进而以知识学习提高技能水平，最终达到全面提高汉语交际能力的目的。

（三）文化要素选择层次化，文化内容编排多样化

语言和文化是密不可分的，对外汉语教师除了教授汉语外，还需要对中国文化的传播做出应有的贡献。故在当前我国对外汉语教材的编写

过程中，文化要素的编排也是一大内容。在当前我国对外汉语教材编写过程中所追求的文化要素要求从学习者的需求、兴趣和能力出发，通过选取当代社会生活的热门话题和热点话题，广泛涉及社会生活、人文科学、社会科学的各个方面。既注重中国国情、中国文化，也注意选择具有人类文化通感的话题，力求多角度、多方面地呈现同一话题的不同观点，为表达创造条件和氛围，激发学习者的表达欲望。

对外汉语教材试图通过使用有限的语言材料，包括在词汇的选择上，在课文内容的选择上，或者在特定的文化栏中尽可能多地展现文化点，使学习者在学习语言的同时，自然地感受和了解中国文化。以语篇理论为原则，以内容深刻、语言优美的原文为范文，重在体现人文精神、突出人类共通文化。当前热门的对外汉语教材一般情况下对文化因素的编排多集中在词汇上、课文中及文化栏中。

在词汇设计上，大多数对外汉语教材都在课文的生词栏中加入关于文化的词汇，配以英文解释。例如《新实用汉语课本》的文化知识版块利用全英注解，有利于激发学生对中国文化的兴趣，同时在课文设置上，包含了中国的饮食文化、语言文化、衣食住行、文化遗产和独属于中国人的兴趣爱好等。它虽作为一本对外汉语教材，但也把我国中小学的课文《孔乙己》等列入学习范围，有助于学生进一步了解中国文化，并且和我国的学生"打成一片"，增加共同话题；同时也有部分汉语教材把文化因素独立设置在文化栏中。例如在《HSK 标准教程》系列教材中，文化知识并非渗透在课文内容中，而是另设版块进行重点介绍，此类做法也有利于学生集中学习中国文化。

对外汉语教材的选文多注重其中的文化含量，为学习者提供丰富多彩的文化内容。选文讲究，力求文质兼美，具有典范性。例如在《博雅汉语·中级冲刺篇》中，增添了中西文化对比的内容，从本质上说，将文化内容寓于语言学习之中，语言提升与文化理解二者相得益彰。

四、对外汉语教材的运用效果分析

编写一套对外汉语教材并非易事，出版后的教材也面临着市场的考验。笔者通过调研当前热门的对外汉语教材及访谈某些对外汉语教师等方式，对当前对外汉语教材进行运用效果分析。结果显示，当今多数对外汉语教材已得到市场肯定，同时也存在着可提升的空间。

（一）多数对外汉语教材得到肯定

直至今日，我国对外汉语事业已发展有七十年之久，对外汉语教材的出版不断更新迭代，在当今出版对外汉语教材的出版社中，现在主要出版对外汉语产品的主要有四家出版社：北京语言大学出版社（以下统称为"北语社"）、北京大学出版社（以下统称为"北大社"）、高等教育出版社（以下统称为"高教社"）、华语教学出版社（以下统称为"华教社"）。当前在众多高校中用得比较多的也是这四家出版社出版的对外汉语综合课教材，这四家出版社在当今对外汉语教学界可谓是各有千秋，由这四家出版社所出版的对外汉语教材也得到了市场的肯定。

独占鳌头的为北语社，北语社出版教材最多，用户最多，市场的占有率也最高，原因在于北京语言大学特有的优势，其主要业务就是对外汉语教学，故北语社的主要出版物就是对外汉语教材。且对外汉语学界的一线教师、学术专家、各种类型的学生都集中在北京语言大学，因此也造就了北语社专注出版对外汉语教材三十年的神话。在教材编写上，北语社可以算是开宗立派。北语社的教材品种众多，综合的大系列就有五六套，包括《汉语教程》系列、《发展汉语》（第二版）系列、《成功之路》系列、《拾级汉语》系列、《新实用汉语课本》系列等，市场上对这些教材都有着较高的评价。第一套《汉语教程》系列作为经典的汉语综合教材，基本上确立了北语社的教材风格，属于众多教材研究者必看的教材，但问题也很突出，那就是话题稍显过时；第二套《发展汉语》（第二版）系列为北语社集大成之作，共28册34本，也为众多高校使用的教材，亮点突出，主要原因是配套齐全，有听力、口语、阅读分册，属于一站式解决方案，而且话题较为新颖，并加入了任务型教学法的内容；第三套教材为《成功之路》系列，这是一套秉承北语社风格的教材，全套共21册，在《汉语教程》的基础上做了适当的简化，且普适性较强，极大程度上满足了汉语教学与学习者学习多样性的要求，它同样在众多高校负有盛名；第四套就是《拾级汉语》系列，每节课的内容做到丰富的同时，趣味性较高，且技能训练方面全面展开，课后练习的方式虽然传统但是有效，有助于学生更好地消化课堂知识；第五套系列教材为《新实用汉语课本》系列，是非常经典的教材，且编者刘珣在对外汉语学界极具知名度，《新实用汉语课本》的编写思路虽然老派，但是在教材编写方面异常扎实，对于对外汉语教师教学脉络的形成极具影响力。

与北语社相比，其他出版社的对外汉语产品线并不算多，但是以下出版社仍旧有极具特色的对外汉语教材：

北大社的汉语教材市场占有率仅次于北语社，最具代表性的教材为《博雅汉语》，属于老牌的汉语教材，共 9 册，其中《初级起步篇》尤其重视基础语法，在基础语法的铺排和课文的对应上颇具匠心；《准中级加速篇》重在训练学习者在不同的情景中使用所掌握的语言知识进行交际的能力；《中级冲刺篇》共两册，以话题为中心组织课文，同时呈现词汇、语言点、功能项目和相关文化因素；《高级飞翔篇》以语篇理论为指导，在选文上注重语言优美、内容深刻、人文共通等特点，以此展现汉语的丰富性和多样色彩。众多调查表明《博雅汉语》的总体难度较大，但胜在课文内容非常具有可读性，众多汉语教师反馈其值得一用。

华教社所出版的对外汉语教材多是面向海外的，例如《当代中文》，从编写理念上看较偏向传统，但胜在内容扎实，比较突出文化性；再如《环球汉语》，与当今国内市面上的对外汉语教材相比有非常大的创新之处。《环球汉语》是耶鲁大学与华教社联合推出的，以欧美人从小学习英语和其他外语的习惯入手，主要在于运用 DVD 连续剧剧情上。在众多对外汉语教师的反馈中，《环球汉语》不到一年已经覆盖了全美 150 所高中及大学，深受西方语言学习者的欢迎，它也将成为未来汉语教学的一个大方向。

高教社所打造的对外汉语教材是小而精的，主打的对外汉语教材为《体验汉语》。这套教材在理念上有大幅度的更新，以任务型教学法作为主线，与众多对外汉语教材的风格有很大的不同，甚至跟现行高校的教学风格也很不一样，因为它主打的是从生活所见、所得去学习汉语，通过打车、问路、点餐、买东西等真实的生活场景来进行编写，且它有多种教学版本，教师可以根据教学对象来选择语种，甚至有人评价道："学完《体验汉语》的外国学生可以基本上解决在中国实际生活中的大部分问题。"因此，即使这套教材并没有在高校中广泛使用，也广受好评，在教材的细节中也彰显了编者的用心。

（二）对外汉语教材需进一步完善

随着我国综合实力的不断提高，汉语的受欢迎程度也随之上升，当今我国已在全世界162个国家（地区）设立了541所孔子学院和1 170个孔子课堂，学员总数达百万。展望未来，前路仍然颇具挑战，为助力汉语走向世界且被世界拥抱，人们对对外汉语教材的研究仍在深入。总体来说，当今的对外汉语教材出版虽有一定成就，但学界对汉语教材更高一层的发展仍抱有期待。编者们虽然在传统的对外汉语教材中，无论是在编写思路还是在编写内容上都取得了新的提高，但当前对教材的针对性、实用性、科学性、趣味性和系统性五个方面目标的实现仍处于困境，这五个方面的特性也从侧面暴露出了当今我国对外汉语教材建设的问题。

第一是由于"针对性"的特性，首先是国别化教材的缺口较大，大部分教材以英语作为学习汉语的媒介语，这忽略了某些国家的汉语学习者并不精通英语的情况，且在进行英汉互译的情况下，存在无法一一对应的情况；其次是少儿版教材及成人版教材的区分度不明显，当今我国对外汉语教材中仍存在成人版教材"稚化"的现象或少儿版教材晦涩难懂的情况；再次是由于学生的学习目的不同，通用版教材缺乏针对性，汉语言专业学习者、商务汉语学习者或来华旅游者的教材应该有所不同；第四是由于世界各地、不同学校对汉语课堂的时限不一，当前已出版的对外汉语教材大多出现了"内容学不完"或"重点无法把握"的问题。

第二是"实用性"的存在，要求对外汉语教材编写过程中选用真实语料，避免无实际意义、无使用价值的内容出现在当今的对外汉语教材中，并且还应顺应时代潮流，删减过时的表达，尽可能地接近真实生活的语言场景，并且在教材的始末能够使得教学过程交际化，同时应对正式场合和普通场景下使用的汉语进行区分。但当今很多教材并没有对这个问题做细致的区分，使得众多外国学习者无法说出"得体"的表达。

第三是要符合"科学性"的要求，当今越来越多的对外汉语研究人员已经在对外汉语教材的编写研究中取得一定的研究成果，众多学者一致强调这些关于第二语言教学的研究新成果应该进入教材，教材的理论建设不应让研究停留在文本中，与实践脱节，而应运用高层次的教材编写理论指导编写工作。

第四是"趣味性"和"系统性"的要求，首先要明确的是"趣味"不等同于"低龄"，刘颂浩①（2008）认为语言教材的趣味性应分为产品趣味性及过程趣味性。产品趣味性包括了印刷趣味性及语言趣味性，印刷趣味性主要体现在教材版面的设计和插图的运用上。过程趣味性主要指现实化趣味性和创造性趣味性，二者不仅有赖于教材本身，还关涉对外汉语教师的素养。现实化趣味性来源主要是学习者所关注的话题和多样化的教学形式，这要求当今对外汉语教材的编写需落实教材的趣味性。"系统性"的要求涉及以上所提及的内容要素的编排，学生用书、教师用书及练习册的合理使用，专项教材的配合等。以上的教材编写原则的落实与当今时代对对外汉语教材的编写期待始终挂钩，这些也是评估一份对外汉语教材是否合格的标准。

目前对于这一系列问题，对外汉语教材的编者并没有给予足够的重视，或者说未解决这一系列问题。得到学界的一致好评并非易事，以至于当今对外汉语教材仍有缺憾。笔者认为关于对外汉语教材的很多问题都需要更加深入的探讨，一时的急躁也没有办法改变当今我国教材编写的现状，通过时间的考验和编者的努力，尽快补齐短板，实现汉语教材质的飞跃，才能更好地促进我国对外汉语教育事业的发展。

五、结语

对外汉语教材在汉语作为第二语言的教学中起着纽带的重要作用。目前，对外汉语教学界对汉语教材的研究也在不断地深入。本文在前人对对外汉语教材的发展研究基础上，着重地对对外汉语教材的编写思路、编写内容和教材的运用效果三个方面进行总结研究。研究发现，首先，当前我国热门的对外汉语教材一般都是进阶式教材，且每一本教材的教学目标逐步细化，无论是在听、说、读、写上还是在学、思、讲、练上。

---

① 刘颂浩. 关于对外汉语教材趣味性的几点认识［J］. 语言教学与研究，2008（5）：1 – 7.

其次，在编写内容上，编者主要以课文作为基本线索，在不同的版块对语音、词汇、语法和汉字进行平衡，并以理解性练习和交际性练习巩固所学知识。同时在中国文化的传播上，针对不同层次的学习对象设置了不同的文化内容，且在实际的编排上采用多样化的形式。最后，就当今我国对外汉语教材编写的实际运用效果，可以肯定的是部分对外汉语教材已得到市场认可，但教材的针对性、实用性、科学性、趣味性和系统性五个方面目标的实现仍处于困窘状态。总体来说，当前我国对外汉语教材的编写仍有较大的发展空间。

更进一步的结论是，我国现今对外汉语教材的编写与当今现代化教学理念、我国对外汉语教学发展趋势紧密相连。由于强调学生在课堂中的主体作用，学习目标的设置及教学方法的选用都始终以学生的需求为导向；且因为我国对外汉语教育事业的发展，为适应学习者年龄层次的多样化和学习能力的差异化，我国对外汉语教材的设置走向阶梯化及特色化；同时，为了实现汉语学习者短期内掌握汉语听说读写及深入了解中国文化的目标，教材内容的设置在体现汉语知识结构的同时，也嵌入了多样化的练习及丰富的文化内容。多数对外汉语教材得到肯定即是对我国对外汉语教学事业的肯定，教材的发展和教学的动态发展密切相连。随着我国国力的增强，孔子学院在全世界落地开花，我国对外汉语教材的编写既向着阳光，也面临着诸多挑战。

限于笔者水平及其他原因，本文还存在诸多不足。第一，由于时间和能力的局限，本文涉及的调查对象即对外汉语教材偏少，没有进行大范围的调研；第二，本文的调查方式比较单一，以查看文献和翻阅教材为主，调查方式不全面。这些既是本文存在的不足，也是本文可扩展的研究空间，希望后续能对我国对外汉语教材的编写现状做进一步深入研究。

疫情背景下汉语国际教育就业分析
——以惠州学院为例

习汝华（2018 级汉语国际教育）

指导老师：颜敏

一、引言

根据新浪财经①报道，2022 年我国高校毕业生创下了两个历史：毕业生人数最高和毕业生人数增长最快。2022 届高校毕业生规模预计 1 076 万人，同比增加 167 万人。自 2020 年新冠疫情席卷全球以来，各国经济发展陷入低迷困境，我国也不例外，经济发展态势必然会影响就业市场。对于刚走出大学步入社会的汉语国际教育专业大学生来说，找工作原本就是一件不太乐观的事情，这场疫情无疑是雪上加霜。

自新冠疫情以来，社会各界对大学生就业态势十分关注。根据知网现有的文献，不少专家学者对高校毕业生就业进行了调查及研究，并形成了丰富的研究成果。总的来看，学者的关注点主要集中在以下几个方面：

第一，疫情以来经济发展对就业的冲击。陈诗一、郭俊杰（2020）认为新冠疫情使得劳动力资源配置效率下滑，进而导致劳动力供需矛盾

---

① 21 世纪经济报道．高校毕业生 2022 年人数破千万：一年增长 167 万"推后就业"效应叠加［EB/OL］．https：//baijiahao．baidu．com/s？id=1721249985997009675&wfr=spider&for=pc．

突出。① 沈国兵（2020）认为疫情对我国的外贸、就业产生巨大冲击，使我国经贸环境陷入困境。② 张夏恒（2020）认为疫情对中小微企业冲击巨大，中小微企业面临着倒闭风险。③

第二，对高校毕业生具体就业的影响。不少学者对疫情下高校毕业生的就业前景进行预测。刘雪薇（2020）提到，新冠疫情导致用人需求收缩、招聘方式转变等给求职者带来不少的就业压力。④ 沙华国（2020）认为新冠疫情对各大高校造成的不良影响主要体现在：教学空间受限制，教学效果不尽如人意；疫情管控严格，就业工作难以开展。⑤

第三，就业路径的探索。为解决疫情下毕业生的就业困境，祁占勇、陈鹏（2020）提出运用教育手段，适当扩大研究生招生规模。⑥ 唐鹤轩⑦（2020）则从高校角度提出建议，包括制订人才培养方案、完善线上就业服务、提供就业心理咨询服务等。

从现有的研究成果来看，我们发现不少专家学者是在宏观角度下对新冠疫情下大学生就业态势进行研究的，或者是以某高校为例进行分析研究，鲜有针对特定专业的分析研究，针对汉语国际教育专业的就业分析研究少之又少。因此，本文以"疫情背景下汉语国际教育就业分析"为题，通过统计分析近两年汉语国际教育就业情况，尝试对新冠疫情下汉语国际教育就业存在的问题进行概述分析，并为提升就业质量给出建议。

---

① 陈诗一，郭俊杰. 新冠肺炎疫情的经济影响分析：长期视角与短期应对［J］. 经济理论与经济管理，2020（8）：32－44.

② 沈国兵."新冠肺炎"疫情对我国外贸和就业的冲击及纾困举措［J］. 上海对外经贸大学学报，2020，27（2）：16－25.

③ 张夏恒. 新冠肺炎疫情对我国中小微企业的影响及应对［J］. 中国流通经济，2020，34（3）：26－34.

④ 刘雪薇. 新冠肺炎疫情下大学生就业工作的挑战与机遇［J］. 吉林广播电视大学学报，2020（10）：70－71.

⑤ 沙华国. 新冠肺炎疫情背景下大学生就业问题探究［J］. 就业与保障，2020（10）：193－194.

⑥ 祁占勇，陈鹏. 重大疫情背景下我国研究生规模扩张的迫切需求与路径选择［J］. 河北师范大学学报（教育科学版），2020，22（2）：19－24.

⑦ 唐鹤轩. 突发公共卫生事件背景下地方高校就业工作的困境及对策［J］. 大众标准化，2020（17）：90－91.

二、就业存在的问题

随着国家经济政治实力的增强，我国在国际社会话语权逐步增大，学习汉语成为一股热潮，高校纷纷开设汉语国际教育，理想是学生能够在国家汉办等机构从事对外汉语教学，而现实却是汉语国际教育专业就业易受国际形势影响，就业对口率很低。自 2020 年出现疫情以来，原本低迷的汉语国际教育就业情况更加不容乐观，其基本就业情况概括如下：

（一）大行业萎缩，招聘需求锐减

目前，年轻人选择的行业主要集中在教育、房地产、互联网、金融等，这些行业也是接纳本科毕业生的主体。对于中国语言文学类专业的毕业生来说，教育培训行业是主要选择。

表 1　2020—2021 届就业单位所属行业

届别	教育	服务业	建筑业	农业	金融业	制造业	其他	总计
2020 届	10	4	1	0	2	2	0	19
2021 届	19	4	1	1	1	0	2	28
总计	29	8	2	1	3	2	2	47

从笔者收集到的近两年惠州学院汉语国际教育专业毕业生的就业单位所属行业来看（如表 1 所示），从事教育行业的毕业生占了 60% 以上，其他行业分布零散。从详细数据来看，从事教育的毕业生主要是从事中小学语文教学，其中以小学语文为主，包括在学校担任教师以及在教育辅导机构从事课外辅导工作。

在就业市场中，对于想要进入教育行业的汉语国际教育专业学生来说，并没有显著的优势。倘若想要从事语文教育，用人单位会认为汉语国际教育的学生在知识技能方面不如汉语言文学、师范类专业学生扎实；若从事英语教学工作，则被认为比不上英语专业的学生。因此，汉语国际教育专业毕业生所处的境地着实尴尬。而当前，受国家政策影响，教育行业发展面临困境。2021 年 7 月 24 日，中共中央办公厅、国务院办公厅发布《关于进一步减轻义务教育阶段学生作业负担和校外培训负担的意见》①，即"双减"。"双减"指的是减轻义务教育阶段学生作业负担，减轻校外培训负担。"双减"政策的出台直接限制了市面上专注于义务教育阶段学科的校外培训机构规模，沉重打击了各种营利性教育机构的发展。自 7 月"双减"政策落地后，教培行业发展由盛转衰，教育机构裁员、倒闭新闻屡见不鲜，如 2021 年 8 月 31 日，有 27 年历史的培训机构巨人教育遭遇运营困难，宣布无法继续提供教学服务，继而倒闭。根据当年 12 月 21 日教育部公布的数据，目前线下校外培训机构已经压减83.8%，线上校外培训减少了 84.1%。有关资料显示，从事教培行业的人数达 1 000 万。那么，如此庞大的就业人口失业后流向哪里呢？毫无疑问，干老本行即进入学校、从事相关的教育工作必然是这部分人的主要选择。这也意味着汉语国际教育毕业生不仅面临招聘需求锐减、就业出路减少的难题，还面临着同行就业竞争加大的困境。

而其他行业如房地产、中介、互联网等情况也不容乐观，如互联网遭重锤，2021 年超 35 家互联网公司裁员。而疫情无疑使这不容乐观的就业环境雪上加霜，由于疫情期间防护级别高，工厂停工，交通中断，居家办公，线下服务业受冲击，企业面临资金和运营压力，自然也就减少了对应届毕业生的招聘。

（二）就业人口和岗位错位

2022 年应届毕业生人数首次超过一千万，加之往年没有找到工作的毕业生，高学历毕业生多，出现了一个街道办事处办事员的岗位都遭几十个博士生争抢的局面。疫情叠加，人口流动受限，行业不景气，海归年轻人因疫情原因回流越来越多，导致就业市场人才供应旺盛，卷学历、卷能力、卷关系等层出不穷，且竞争内卷仍在加剧。

汉语国际教育毕业生的就业同样面临相似的情景。百度百科资料显示，设有汉语国际教育专业的高校从 1985 年最初的 4 所到如今的 300 多所，可谓是"遍地开花"，截至 2020 年 12 月 31 日，汉语国际教育专业全

---

① 中共中央办公厅 国务院办公厅印发《关于进一步减轻义务教育阶段学生作业负担和校外培训负担的意见》[J].教育发展研究，2021，41（C2）：33.

国普通高校毕业生规模为 16 000～18 000 人。①

而这些毕业生真正能从事对外汉语工作的有多少呢？施家炜在《汉语国际教育专业人才培养的现状、问题和发展方向》提到直接从事对外汉语教学工作的本科毕业生仅占 10%。② 而在惠州学院的汉语国际教育专业中，近两年从事汉语国际教育的毕业生为 0。

如图 1 所示，在对近五年的惠州学院汉语国际教育专业毕业生目前所从事的工作的调查中，仅有 1.85% 的毕业生从事汉办项目或者国外教学。无论是毕业生主动选择放弃从事对外汉语教学，还是迫于现实压力的被动放弃，都足以反映了目前汉语国际教育专业就业存在供需矛盾突出的问题。产生供需矛盾的主要原因有：①毕业生人数逐年增加；②就业市场需求减少；受疫情影响，大部分企业的用工需求锐减。③结构性失业。虽然求职者众多，但仍存在企业招工难的现象，这是毕业生所具备的技能和市场需求不一致导致的。

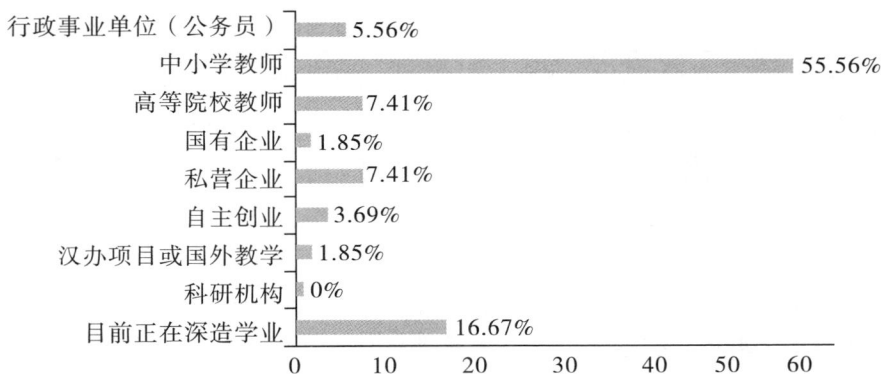

图 1　近五年毕业生目前所从事的工作

---

① 百文网. 大学专业解读：中文类专业 ［EB/OL］. ［2022 – 03 – 24］. https：// www. oh100. com/kaoshi/gaokao/daxuezhuanye/429152. html.

② 施家炜. 汉语国际教育专业人才培养的现状、问题和发展方向 ［J］. 国际汉语教育（中英文），2016（1）：13 – 17.

（三）"慢就业"流行

所谓"慢就业"是指一些大学生毕业后既不准备参加工作，也不选择深造学习，而是选择暂时居家，反复准备各种考试以及支教等，主动不就业。"慢就业"的背后离不开家庭的支持。随着时代的发展，国家经济水平提高，不少"90 后"家庭物质条件富足，即使离开校园，也能够获得父母的经济支持。对于这部分的毕业生来说，就业是众多可选择的人生方向之一，而不是急于完成的头等大事。受近两年新冠疫情影响，选择"慢就业"的毕业生明显增加，正逐步成为新时代下高校毕业生就业生态中的新问题、新常态。根据相关数据统计，2021 年国家公务员考试人数 140 万人，考研人数 377 万人，2022 年考公人数突破 200 万，考研突破 450 万，这其中不仅包含应届生，还包括一大批往届毕业生。[①] 这些数字的背后反映了市场上的劳动参与率下降，越来越多的毕业生宁愿不就业，也不愿意将就进入就业市场，"慢就业"越来越流行。

表 2　2020—2021 届毕业生去向

届别	就业	升学深造	待就业	暂不就业	空白	总计
2020 届	19	3	1	2	13	38
2021 届	28	2	0	4	1	35
总计	47	5	1	6	14	73

在近两年惠州学院汉语国际教育专业的毕业生去向调查中，也存在暂不就业的群体。据了解，在暂不就业的毕业生中，不乏选择在家备考公务员或者考研继续深造的学生，也就是当前的"慢就业"群体。从近两年的毕业生去向看，似乎"慢就业"群体占少数。但实际上，还是有一部分毕业生选择了"慢就业"。在统计到的数据当中，出现了许多"空白"，2020 年尤为明显。根据笔者了解，"空白"的很大一部分原因是这

---

① 非洲老狒狒.1000 万毕业生，300 万考研，200 万考公……这才是 2022 年最大黑天鹅［EB/OL］.［2022 - 01 - 07］. https：//new. qq. com/omn/20220107/20220107A0D6DX00. html.

一部分的毕业生就业实际情况不太理想，或者是还没确定自己的职业，找不到心仪的岗位，不愿意填写自己的毕业去向，可以说是隐形的"慢就业"群体。

高校毕业生选择"慢就业"主要有以下原因：①保留应届生身份。自疫情以来，国家政府出台了一系列利好应届生就业的政策，其中最有吸引力的就是专门面向应届生的事业编制岗位。因此，许多应届生越来越珍视自己的应届生身份，不愿意立即就业。②自我定位不准确。初出校园的学生对初次就业的期待比较高，没有考虑到社会实际情况，显得眼高手低，最终错失了就业机会。③就业观念的改变。人们普遍认为国企、事业单位才是体面的工作，对民营企业的认同感较低，因此主动放弃了许多就业机会。④家庭的支持。良好的家庭物质生活使得不少家长接受子女选择"慢就业"，不少家长宁愿让孩子多花几年时间考公务员，从而寻求更稳定的工作。

（四）就业渠道减少

就业渠道减少主要表现为传统的线下招聘会被取消。在新冠疫情出现之前，毕业生参加应聘的主要方式是各大高校举办的专场线下招聘会，这种招聘方式虽原始传统，但签约率高。近两年由于疫情此起彼伏，为了保障人民生命安全，各地纷纷出台疫情管控政策，逐步形成了疫情常态化管理。由于疫情期间禁止人员大规模聚集，作为以往应聘主战场的传统线下招聘会被取消，线下招聘面对面沟通交流的优势难以发挥，招聘渠道减少造成大部分毕业生焦虑、恐慌，不知道哪些企业招工，也不知道去哪投简历，错失了就业机会。

这种情况在疫情的第一年即2020年尤为明显，由于各方面经验不足，导致许多高校没有应对如何促进毕业生就业的完备方案，毕业生们也是一脸懵懂，十分被动。如表3所示，在惠州学院汉语国际教育专业2020届毕业生的毕业去向统计里，实际就业的人数仅占该年总人数的50%，而这并不是个例。在惠州学院文传学院的其他专业里，同样出现实际就业人数低的情况。

表3　2020届文传学院毕业生就业去向统计

2020届	就业	升学深造	待就业	暂不就业	空白	总计
汉语言文学	65	10	8	4	65	152
汉语国际教育	19	3	1	2	13	38
广播电视学	29	2	4	0	7	42
总计	113	15	13	6	85	232

三、提高就业质量的建议

就业是大学毕业生进入社会需要经历的一个阶段，也是实现人生成就的途径，对青年人实现自我价值和社会价值具有重大意义。就业问题的解决不能单靠大学生自己的努力，而是需要社会各界共同发力，携手并进。

（一）营造良好的就业环境

1. 政策发力

目前，我国出台了一系列政策保障大学生顺利就业。2021年8月27日，国务院印发《“十四五”就业促进规划》提到要持续做好高校毕业生就业工作，主要包括拓宽高校毕业生市场化社会化就业渠道和强化高校毕业生就业服务两方面。[①] 国家政府积极为大学生创造知识技术型就业岗位，为大学生创新创业提供政策扶持。当前，我国出台了“三支一扶”计划、西部计划志愿者、高校毕业生志愿服务乡村振兴行动等政策项目，并提供相应的待遇保障和优惠政策，鼓励大学生扎根基层，为乡村振兴做贡献。

这些政策措施都为促进高校毕业生就业保驾护航。但笔者在和同学提起这些国家政策项目时发现，不少大四学生对此一知半解，甚至一无所知。因此，在制定有利于大学毕业生就业的政策之时，还需要向高校

① “十四五”就业促进规划 [J].中国人力资源社会保障，2021（9）：4-5.

毕业生宣传解读相关就业政策，帮助其了解就业政策和待遇保障，增强就业信心，保障就业政策顺利落地，促进就业。

2. 以积极的就业舆论为导向

当今社会信息传递十分发达，通过各种媒介的传播，社会舆论能够快速影响一批人对事物的判断，甚至在整个社会形成共识。某些媒体、个人为了博取大众关注，获取流量，谋取不正当利益，夸大、歪曲当前就业的形势，造成高校毕业生对就业产生恐慌、焦虑等负面心理。如"史上最难毕业季"的言论给尚未走上社会的毕业生加重就业心理负担，产生畏难逃避的就业心理或者慌不择路、盲目就业的现象。

在百度、谷歌等网站上搜索有关汉语国际教育就业的讨论，其中很多信息都是偏向负面的。在知乎搜索"汉语国际教育专业就业"相关问题，除了广告之外，会听到各种不友好的声音，甚至出现"汉语国际教育专业根本没有出路"之类的言论。在笔者搜集的问卷调查当中"请您结合当下的就业情势，对新时代汉语国际教育专业发展思路、发展路径等方面提出建议意见"，有几位参与问卷调查的汉语国际教育专业毕业生都提到了"不要读""另寻他路""本科不应开设"之类的字眼。可见，汉语国际教育专业的学生对自己所学的专业也是不抱有信心的。无论是对即将就业的毕业生还是对还在校园学习的学生来说，这类负面言论都会对其造成一定的就业压力，让他们对自己的前途感到迷茫。

因此，政府要以积极的就业舆论为导向，通过新闻媒体加大国家对大学毕业生就业扶持政策的宣传力度，弘扬社会正能量，增强高校毕业生的就业信心。高校应加强对汉语国际教育学生的就业指导规划，结合过往毕业生的就业事例，为学生就业提供可能的发展方向，提高他们的就业信心。

（二）拓宽就业渠道

1. 充分发挥各类就业市场的作用

在大型的线下招聘会无法举行的情况下，各个主体要积极发挥自身作用，灵活地为大学毕业生提供就业机会。各级政府要积极拓宽就业渠道，在高校毕业生和企事业单位之间担任桥梁角色，为毕业生和用人单位牵线搭桥，提高毕业生与就业需求的精准性。

相较于一些用人需求大的专业，如汉语言专业，汉语国际教育专业知名度比较低，毕业人数较少，在企事业单位的专业要求当中极少出现汉语国际教育或对外汉语，因此汉语国际教育专业毕业生很难在就业市场找到符合自己专业要求的岗位。为此，高校应该为汉语国际教育专业的毕业生举办专场招聘会或者相关行业招聘活动。此外，由于一个高校的汉语国际教育专业毕业生人数有限，影响用人单位和毕业生参与招聘的积极性，可以考虑与其他高校形成联动，共同举办针对性强、签约率高的专场招聘会，从而吸引大量毕业生以及优质企业参加招聘，提高就业的精准率。

2. 保障就业信息渠道畅通

在疫情的笼罩下，线下招聘会的取消使得毕业生丧失了获取招聘信息的重要渠道，在这时就要发挥无形就业市场也就是网上招聘的作用。相较于有形就业市场，无形就业市场具有信息资源丰富、岗位更新速度快、应聘成本低等优势。目前，毕业生较为熟知的招聘网站有智联招聘、BOSS直聘、前程无忧等。笔者在使用这些招聘网站的时候发现，很多时候这些网站的就业信息并不是互通的，且存在部分就业信息虚假的现象。这意味着毕业生想要获取更多的就业信息，需要在不同平台注册账号，同时浏览多个就业网站，这不仅耗时耗力，还有可能遭受电话诈骗、垃圾信息骚扰。

因此，建立大型的公益性就业信息总网站，以整合招聘信息，保障就业信息渠道畅通无阻十分必要。若这个网站能由政府部门牵头就再好不过了，政府相关负责部门整合就业资源，保障就业信息来源的安全可靠性，企业按照相关的规定发布就业信息，就业者可以按自己的需求筛选岗位，这既能节省时间金钱成本，又能提高就业率。

除了就业网站之外，公众号也是当今就业信息的重要来源。例如，很多机构公众号会整理一些有关考公、考编的相关资讯。如"汉语国际教育"公众号会发布有关汉语国际教育专业就业的信息，这些都是就业信息的重要来源。高校可以通过学院的微信群等发布符合本专业的就业信息，增强招聘信息的针对性，引导高校毕业生关注相关的就业资讯，拓宽接收就业信息的渠道。

3. 多做一些"连接"

除了网上招聘之外，还可以借助校友会、高校、亲朋好友的力量，寻找合适的岗位以促进高校毕业生就业。

高校应密切与校友来往，请校友帮忙为毕业生提供就业机会，联系当地企事业单位，拓宽毕业生就业渠道。如 2020 年 5 月 29 日，对外经济贸易大学召开校友助力母校毕业生就业视频会，充分发挥学校校友促就业作用，为毕业生提供更多的就业岗位，建立校友促就业长效机制。

具体到汉语国际教育专业而言，许多高校都有一批外国教师群体，这些外教可能刚来中国或者在中国生活了几年但是仍然不会中文，在日常生活或教学工作中与中国人交流存在障碍，不少外教对学习中文感兴趣，有学习的需求。若高校能组织聘用优秀的汉语国际教育专业毕业生在本校内或者介绍毕业生到其他学校教外国人学习汉语，不仅能够解决部分就业问题，还能帮助外国教师更好地适应中国生活，为高校提供优质的教学服务，达到双赢局面。

此外，还可以联系当地企业，举办专场招聘会，提供多元化岗位，吸纳高校毕业生。毕业生的亲朋好友如果有能力，应该积极利用现有的人脉资源，为孩子搜集就业信息，提供就业机会。

（三）依靠自身的努力

1. 转变传统思维，将知识转化为技能

在我们的传统认知当中，大学毕业之后，除了继续深造学业之外，必然是走向就业道路的。但是在当今就业不景气的时期，我们要改变传统的思维模式，毕业后不一定要马上得到一份安定的工作，而是要接触社会，适应社会，了解社会现在需要什么样的人才。可以多找同学、朋友、老师或者长辈畅聊，关注时事评论、主流媒体的声音以及知识性博主，听听他们的观点。让自己处于一个流动的信息环境里，沉浸在人才密度高的地方，打开世界，打开方法，多见人、多看书，多去做与这个世界的链接。

若没有找到合适的工作，不妨找一些相关专业的实习，在实习的过程中了解自己想要做的工作是什么，学习新技能，为就业增加砝码。例如，李师兄想进入互联网大厂工作，但在学历上没有优势，于是他选择把时间用来实习，给简历润色，他在大学期间去过新东方、网易有道实习，实习表现优秀，最后，成功地进入了梦想的大厂。

在大学期间，尤其是大三大四的学生，应多留意一些实习招聘，为自己争取实习机会。可以根据自己的就业需求，通过实习软件"实习僧"、公众号"易展翅"等寻找合适的实习工作，在实习过程中积累经验，提升自己走向就业的综合能力。公司对用人需求是多元的，要不断学习，增长知识，提升技能，提高自己的就业竞争力。要学会把在大学里学到的知识转化为职业当中的技能，增加就业筹码。

2. 发展拓展兴趣爱好，提升综合能力

朱淑仪、陈乔君（2018）关于选择汉语国际教育专业原因的调查显示：有将近半数学生选择汉语国际教育专业是出于个人兴趣，也有超过30%的学生是由于调剂来到这个专业，专业选择显得比较盲目。[①]

在进入大学后，很多学生既对自己所学的专业没有多大的热情，不肯投入过多时间学习专业知识，也没有考虑学习其他专业，以至于在毕业后才发现自己并不适合从事本专业的工作，面临找工作别无选择的困境。大学的校园生活是丰富多彩的，大学生可以加入各种学生职能部门、社团，也能走向社会，参加社会实践活动。惠州学院2007级汉语国际教育专业的方同学在大学期间加入了学校的礼仪队，主持一些校园活动，还参加了校外的商演。在毕业后，她选择了自己喜欢的工作，从事商务主持工作，曾经担任过惠州电视台旅游频道嘉宾主持、央视网招商频道主持，现在是一名语言艺术工作者。

因此，大学生在大学期间应该多尝试新鲜事物，了解自己兴趣所在，发展兴趣爱好，学习一些技能，如撰写文稿、视频拍摄、剪辑等，把兴趣爱好转化为工作能力，提高日后就业的综合技能。

---

① 朱淑仪，陈乔君. 汉语国际教育专业本科毕业生就业情况调查分析——以惠州学院为例［J］. 河北工程大学学报（社会科学版），2018，35（4）：97－99.

3. 尝试创业，不畏失败

如果想创业，应该勇敢尝试，在就业形势不好的情况下，与其被动消极等待，不如主动在自己喜欢的领域做擅长的工作，把擅长的领域做好。虽然毕业生没有管理经验、人脉资源、市场渠道，也没有充分地接触社会，起步也许十分困难，但现在国家出台了一系列创业扶持政策，对毕业生创业给予支持。当前，国家和各级政府出台的优惠政策主要有税费减免、提供免费创业培训、提供小额贷贴息、加大对大学生创业基地的扶持、提供创业指导等。学校应鼓励毕业生自主创业，培养创新创业意识，为有创业意愿的学生给予针对性的指导帮助。举办创业经验交流活动，邀请知名校友来学校分享创业经验；锻炼学生心理素质，使其不畏困难，艰苦奋斗，开创自己的事业。此外，有创业意愿的毕业生除了充分利用国家的优惠政策和学校的支持外，应当主动学习相关的创业理论知识，用理论指导实践，而不是单凭一腔热血就开始创业。

2009 级的邱师兄在毕业后就开始了自己的创业之旅，2013 年在惠城区创立了商行，2015 年在惠州市创立了一家文化传播有限公司，2016 年在深圳市创立了农二代餐饮投资管理有限公司，2017 年至今创立了文化传播有限公司，主要负责婚庆活动的策划。这位师兄在创业过程中系统地学习了创业所需要掌握的管理技能、营销策略、商业模式等。

不可否认的是，创业是存在一定风险的，大学生创业失败也是正常的事，但即使失败，也不是毫无用处的，在这过程中能获得很多社会经验，为日后的二次创业或者应聘积累经验。

4. 合理调整就业期望值

大学生就业期望指的是大学生在毕业以后，对自己工作岗位的一个提前预知，他们对于就业的工作职能、薪酬待遇、服务态度、专业对口与否、工作的内部和外部环境、工作的前途等条件需要符合自己的最低标准要求或者是高于自己设想的标准。[①] 就业期望值体现毕业生的就业价值观，是毕业生求职的目标方向。当今就业市场竞争十分激烈，由于大

---

① 张静华. 高职毕业生就业期望实证分析：以河南省为个案 [J]. 现代教育管理，2009，23（2）：81－84.

部分学生没有工作经验，对就业市场的具体情况了解不多，自我定位不够清晰，就业期望值往往偏高。

不少大学生向往毕业后自己在北上广深等经济发达城市拥有一份体面、薪资待遇不错的工作，这无可厚非。但我们常说"期望越大，失望越大"，毕业生在找工作过程中直观地看到理想与现实的差距，心理落差较大，难免感到挫败，进而失去求职动力。

因此，毕业生在求职前应多了解就业市场的最新信息，并结合自身的实际能力，参考近几年学院的毕业生就业数据，设定合理适度的就业期望值；在求职中提高自我认知能力，及时调整自己的就业期望值，关注与自己自身条件较为匹配的岗位，扩大求职目标。

（四）改革汉语国际教育专业培养模式

1. 改变目前汉语国际教育高校的结构

当前，在我国设置汉语国际教育专业的高校有 300 多所，但实际上很多院校是不具备开办汉语国际教育专业的资质的。这些学校的教师大多来自语言学及应用语言学、汉语言文字学、各类文学学科。同时，他们大多也不具备真正的语言教学的经历，根本无法指导学生的教学实践，只能进行形而上学的空谈，培养出来的学生自然也不具备从事汉语国际教育教学工作的条件。

2022 年教育部公布了 2021 年度普通高等学校新增和撤销本科专业名单①，其中撤销汉语国际教育专业的高校有 9 所，而在 2021 年教育部发布的文件当中，撤销汉语国际教育专业的学校有 2 所。由此可知，部分高校已经意识到在本校设立汉语国际教育专业是存在一定问题的。但相对于全国高校而言，这是少数的。

因此，有必要控制我国汉语国际教育专业的总体规模，撤销不具备办学条件、教学效果不好的学校的办学资格，让真正有条件的、懂得汉语国际教育的高校来办学，同时贴合就业市场的需求，合理规划招生人

---

① 教育部·教育部公布 2021 年度普通高等学校新增和撤销本科专业名单 [EB/OL]．[2022 - 02 - 24]．http：//www. moe. gov. cn/jyb _ xwfb/gzdt _ gzdt/s5987/202202/t20220224_602160. html.

数，明确培养的主要目标。只有明确人才培养目标、迎合当代就业需求，才能让毕业生在就业市场上准确定位，顺利就业。

2. 采取多样化的教学方式

传统的教学方法以教师为中心，通过教师的系统详细讲解，学生能够在有限的时间内掌握大量知识，但其缺点也比较明显，即不利于发挥学生的积极性。尤其是在大学课堂中，大部分学生课堂积极性不高，采取"满堂灌"的传统教学方法并不能使学生对枯燥乏味的专业知识产生兴趣。因此，汉语国际教育专业教育应改变传统的教学方法，坚持以学生为中心，采用"问题式""探究式"教学形式，鼓励学生积极思考，让学生参与到教学中来，激发学生对专业的热情，培养学生独立思考问题、分析问题、解决实际问题的能力。

汉语国际教育专业在百度百科中的解释为：主要培养具有汉语国际教育基本素养及基本技能和汉、英（外）双语知识及实际运用能力，能在各类学校从事国际汉语教学与汉语国际推广工作和在国内外相关部门与文化企事业单位从事中外文化交流，以及相关文秘工作的双语型、跨文化、复合型、实践型专门人才。① 由此可知，汉语国际教育专业是一个十分注重实践的专业，实践是本专业学习中必不可少的组成部分。为此，增设教学实践环节和增加实践教学时间十分必要。只有在实践教学中，才能切实提高学生的教学能力。因此应该多开展实践教学，培养学生的实际教学能力，灵活运用教学理论知识，做到理论与实践相结合。同时教师对学生的教学行为和教学效果应及时点评，给予指导，不断提升教学能力。

3. 调整汉语国际教育课程体系

目前，汉语国际教育专业的课程主要包含中国语言文学和外国语言文学两大方向，主修课程包括现代汉语、古代汉语、中国古代文学、中国现当代文学、外国文学、语言学概论等。此外，不少高校要求汉语国际教育专业学生选修第二外语和中华才艺等课程。对汉语国际教育专业的本科生来说，在不到四年的学习时间里学习如此多的课程，从表面上看是

---

① 高校之窗．汉语国际教育 专业介绍［EB/OL］．［2021–06–13］．https：// www. gx211. cn/collegemanage/contentzhuanye1525_16. shtml.

见多识广，但实际上学生对各类知识只是"蜻蜓点水"，学艺不精。于是，有人说汉语国际教育专业是个"四不像"，论中国语言文学比不上学汉语言的学生，论外国语言文学比不过学外语的学生，处境十分尴尬。

为此，有必要对汉语国际教育专业的课程体系进行调整。首先，需要精简基础理论课程，加强对汉语国际教育专业概论的学习，培养学生对本专业的兴趣。其次，突出强调主干课程，如现代汉语、语言学概论等，为汉语教学奠定扎实的基础。最后，及时更新教材，关注汉语国际教育最新研究成果，引进新理论，贴合时代发展要求。

四、结语

作为汉语国际教育专业的学生，笔者听过太多同学对自己专业就业前景不抱希望的话语，现实也确实让人感到无奈。许多同学求职找不到合适的岗位，专业停办。然而这绝不仅仅是汉语国际教育专业面临的发展与就业难题，其他专业也有相似的困境。毕业生就业情况的好坏受就业市场主导，金融危机、贸易战、新冠疫情等种种不利因素阻碍经济发展，就业市场难免萧条。而作为生活在这个时代的年轻人，难道我们无法改变大环境，就应就此"躺平"，消极应对了吗？

在新冠疫情影响下，当前就业确实面临招聘市场萎缩、就业供需错位、"慢就业"流行和招聘途径减少等问题，但问题并不会自动解决，解决汉语国际教育专业毕业生的就业问题需要依靠各方的共同努力。为此，需要依靠政府努力，制定利好就业的政策，创造良好的社会舆论环境，拓宽汉语国际教育专业毕业生的就业渠道。各类就业市场主体应发挥自己的积极作用：学校保障就业信息的畅通无阻，加强与校友的联系，促进就业。毕业生需要转变思维，把知识转化为技能，培养创业意识，发展兴趣爱好，提升综合素质。此外，还需要改革汉语国际教育专业教学模式，改进课程体系和教学方法，最终通过多方的合力，努力解决就业这一难题。

第二编

对外汉语教学研究

在线汉语教学中汉语教师话语的个案研究

梁颖敏（2016 级汉语国际教育）

指导老师：朱淑仪

一、引言

随着中国发展新时代的到来，中国的经济以及其国际影响力迅速发展，越来越多的外国人开始学习汉语。而受到时空限制以及互联网迅速发展的影响，对外汉语线上教学逐渐成为学习者们推崇的学习方式。

教师话语（Teacher talk）是指教师在课堂教学时呈现或讲解教学内容、组织与实施课堂活动、进行师生交流、评价学生行为时所使用的语言，主要体现为教师口语。

汉语课堂教学中，教师话语是师生沟通与交流的工具，也是语言输出与学生语言输入的重要组成部分，它在对外汉语教学中发挥着极为重要的作用。

目前，国内关于教师话语的研究越发成熟，也取得了不少理论成果，可与国外相比，国内研究起步比较晚，且研究对象主要集中于一些传统课堂教学。但是，随着对外汉语教学的不断深入与发展，一对一汉语线上教学作为一种传统教学的重要补充和辅助形式，其发展空间将会越来越大，而其特有的教学优势也会不断显现。线上教学是一种新兴的教学方式，国内对于线上一对一教师话语的研究比较少，特别是对于以汉语国际教育专业学生群体为对象的新手教师来说，研究也较少。因此，笔者认为对新手汉语教师线上一对一教师话语研究非常有必要。

二、研究设计

（一）研究问题

本文针对该名新手汉语教师的课堂话语使用情况进行个案研究，试图研究以下几个问题：

（1）该名新手汉语教师在课堂上的话语量占比与学生的相比是否存在较大的差异？

（2）该名新手汉语教师的提问类型以什么形式为主？其对学生的反馈形式是否以积极反馈为主？

（3）该名新手汉语教师的课堂话语表现对新手汉语教师有何启发？

（二）研究项目介绍

本次研究选自广东省某高校的汉语国际教育专业学生线上培养项目，该高校与线上汉语教学平台进行合作，为大二、大三的汉语国际教育专业学生提供线上教学的实践机会。该项目要求三个人为一个小组，分别负责联系外国学员、撰写教案与教学、制作多媒体课件，一个小组负责一名外国学生，一共需要教授 15 个课时，每个课时不少于 40 分钟。

（三）研究对象

本文的研究对象是一名大三的汉语国际教育专业学生，为新手汉语教师，在此项目中负责教学工作，普通话水平为二级甲等，在此之前有 15 节左右线下课程的对外汉语教学经验。该新手汉语教师的教学对象是一名正准备 HSK 四级考试的法国学生，组员针对学生的情况所选用的教材参考 HSK 四级考试参考书，课程以综合课为主。

（四）研究方法

本文主要采用两种研究方法：第一种为文献研究法，查阅相关理论以及文献，了解对外汉语教学的教师话语研究现状，再结合本文特点进行研究；第二种则是最常见的自然调查法，采用视频课堂观察、话语文本转写方式及结果分析等手段，对教学视频进行观摩、记录、录音、转写、整理和分析。

（五）研究概况

1. 研究内容

本文在该新手教师的课程中选择两个课时进行研究分析，并对其课堂教学进行实况录音。课程分别是该项目中前后两个阶段的综合课，其中包括生词讲解、语法学习、练习讲解、课外拓展等课堂活动环节。这两节课的时长分别是 46 分钟和 58 分钟，录音文件转写成文本后共计15 210字。

本文研究内容涉及四个方面：教师话语量、语速、提问数量和类型以及反馈用语。在采集到文本之后就上述四个方面进行话语方面的分析研究，真实客观地反映出一对一汉语课堂教学环境下汉语教师所表现的话语特征。其中重点记录汉语教师在授课时与学生交流时所使用的话语，也包括教师在课堂中的停顿、重复等。

2. 文本转写规定

在两节课堂中，由于课堂教学中师生双方话语重复较多，句子短，断句频繁，因此切分句子时有如下规定：完全重复的句子算作两句话；句子拆分成多个短语并分别重复时，每个短语算作一句话；每个句子会根据说话者的停顿进行拆分，并根据语气加上 "，" "。" "？" 等标点符号。

三、汉语教师话语分析

（一）汉语教师的话语量及语速方面

1. 话语量

Hakausso 在 1986 年指出，在二语习得的过程中，教师话语在课堂教学中的数量和质量会影响甚至决定课堂教学的成败。[①] 可见，教师话语的数量与质量对留学生学习汉语产生重要的影响。

对外汉语课堂教学提倡 "精讲多练" 原则，教师虽然是课堂中的管

---

① 王威，杜宏权．对外汉语教学初级阶段综合课教师话语现状研究及策略 [J]．黑河学院学报，2014，5（2）：70 – 72.

理者、主导者，但是学生作为主体，应该以学生的有效输出为重点，特别是对于线上一对一课堂来说，教师应该给予学生更多的输出机会，不应该像传统课堂一样"满堂灌"，教师话语在于解释与引导。因此，教师在课堂上的话语量占比不能过高。以下是师生话语量在字数和课堂时间上的占比统计（见表1、表2）。

表1　师生话语量在字数上的占比统计

		话语量				
		教师话语量		学生话语量		总话语量
		字数	比例	字数	比例	
课堂	课时1	3 150	52.2%	2 885	47.8%	6 035
	课时2	5 235	57.0%	3 943	43.0%	9 178

表2　师生话语量在课堂时间上的占比统计

		话语量						课程时长（分钟）
		教师话语量		学生话语量		其他		
		分钟	比例	分钟	比例	分钟	比例	
课堂	课时1	20.9	45.4%	23.4	50.9%	3.7	8.0%	46
	课时2	25.3	43.6%	27.9	48.1%	4.8	8.3%	58
	平均	44.5%		49.5%		8.2%		52

注：其他话语时间为学生思考时间和教师课件操作时间；时间测量存在误差，误差在30秒~1分钟之间。

根据以上两种方式对教师话语量的统计中可发现，在字数上，教师的话语量是多于学生的，而在时间上却是少于学生话语量的，两组的数据差距不大。据本文对课堂考察发现，造成这一差距的主要原因是，学生在输出第二语言时的语速较慢，有较多的停顿，回答问题时反复较多。

从表2数据来看，教师话语量略少于学生，这与传统课堂对比是一个较大的进步。线上汉语课堂是一对一教学，对象单一，且干扰因素较少，因此应减少教师的话语量占比。教师话语应主要用于引导和解惑，给学生留更多的话语时间，注重提高学生的开口率。在对教师话语量的分析中，本文发现主要存在几个问题：

（1）讲解多，操练少。

对外汉语课堂教学应遵循"精讲多练"原则，该教师在课堂讲解中却存在"讲多练少"的问题，其对知识点的解释很详细，但是在讲解后缺少对新知识点的练习。如在课时1中，该新手教师讲解了7个生词后只设计了一个练习，还是较为简单的看图连线题，这种方式不利于学生的二语习得，而且会让学生的开口率下降，造成学生的输入与输出不平衡的现象。如以下片段：

片段（1）

　　教师：额，乐于助人，这是个成语，你知道是什么意思吗？
　　学生：他乐于助人。
　　教师：嗯，助，认识吗？
　　…………
　　学生：啊，很高兴帮助别人，好的。
　　教师：对，我很高兴帮助别人，就是乐于助人。
　　学生：哦，好的。

在此教学片段中，教师循循诱导"乐于助人"的含义，讲解详细，让学生从每个字的意义去理解，让学生习得更加深刻。但在此过程中教师的话语量占比也比较大，并且教师在学生理解这个成语之后，没有进行适当的练习，又转到下一个词语的讲解，这样也违背了"精讲多练"的原则。教师在不停的讲解后没有配备适当的练习，不利于学生的语言习得。在此片段中可体现该新手教师讲解多、操练少的特点，讲解占据了大量的话语时间。

（2）课外拓展较多。

线上课堂时间有限，教师应围绕课题进行讲解练习。该新手教师在课堂上时常会延伸出知识点的相关内容，但在笔者对该新手教师的访谈中得知，许多课外拓展内容都具有随意性，没有事先准备。因此，课堂上经常会出现课外拓展较多且内容关联不大的情况，占据较多的课堂时间与话语，如以下片段：

片段（2）

　　教师：好，粗心的反义词你知道吗？

　　学生：额，对。因为他，额，怎么说，他，嗯，不小心。

　　教师：嗯，不小心，好，你知道它的反义词是什么吗？反义词。

　　…………

　　学生：额，粗心我懂了，额额，我不懂什么东西是长是短。

　　教师：好，没关系，我们待会再说。我们先看看这个生词，可以吗？

在以上的教学片段中，教师依据句子里的"粗心"一词展开适当的拓展，想让学生学习"细心"一词，但是学生不理解"反义词"的含义。学生在教师第一次提问时没有理解问题，反而是在后面的几次提问中才真正理解老师的问题。这时教师开始解释"反义词"的意思，在讲解中，教师举了许多例子让学生理解，但是这些例子有点扰乱学生的思维，导致越说越乱，最后该教师不得不放弃，转移到下一个知识点的学习。由此可发现，教师的课外拓展占据了大量的话语量，并且因为教师讲解得不到位，使得课堂低效，影响课堂进度。

课堂拓展的知识不应该占用太多的时间，这样会导致课堂上的讲解没有突出重点内容，在别的地方占用过多时间，提高了教师话语量比例。

（3）语气词过多。

本文在对课堂实录进行转写时，发现该教师的口头语较多，像一些语气词，如"额""哦""嗯"等，经常出现在回答学生问题时的句子开头以及中间部分，特别是在教师遇到学生提问的内容不太了解或者不知道怎么去解释的时候，这种语气词出现的频率会相对较高。

小结：该新手汉语教师的课堂话语量占比与学生话语量比例差距不大，几乎是持平的状态，该教师的两节课堂比例差距也不大。而在对教师话语量的分析中，主要发现教师存在讲解多、操练少，课外拓展较多和语气词过多的问题，这些话语行为占据了教师的大部分话语量比例。

2. 语速

语速即言语表达的速率。张巧艳（2008）在《初级阶段对外汉语综合课教师话语特点分析》中指出：汉语的表达语速一般是150～200字/分钟，而不同行业和场合的语速都可能存在较大的差异。[①] 汉语教学是第二语言教学，课堂上教师需留给学生理解消化时间，因此语速要相对慢一些，一般为80～150字/分钟。

个体的语速受社会文化、个人思维和表达能力等方面的限制，每位教师的教学语速也会存在较大差异。研究表明，拥有长期教学经验的教师，能较为有效地控制课堂语言的速度，教师话语的速度在整体上呈现稳定的状态；而一些年轻、教学经验较少的新手教师，在控制语言节奏方面却不太理想，有比较大的随意性，不太稳定。[②]

对于初中级的对外汉语教学课堂来说，教师的语速如果过快，会使学生难以理解教师的授课内容。因此，语速在教学中的意义也不能忽视。

本文将对教师讲一段话的平均语速进行统计，在两节课中分别选取生词讲解、练习讲解以及语法讲解三个环节中的前五分钟片段进行语速对比分析，语句间的停顿也计算在表达的时间之内。

---

① 张巧艳. 初级阶段对外汉语综合课教师话语特点分析 [D]. 厦门：厦门大学，2008.

② 王招玲. 初级对外汉语口语课交互活动中的教师话语调查与分析 [D]. 厦门：厦门大学，2009.

单位：字/分钟

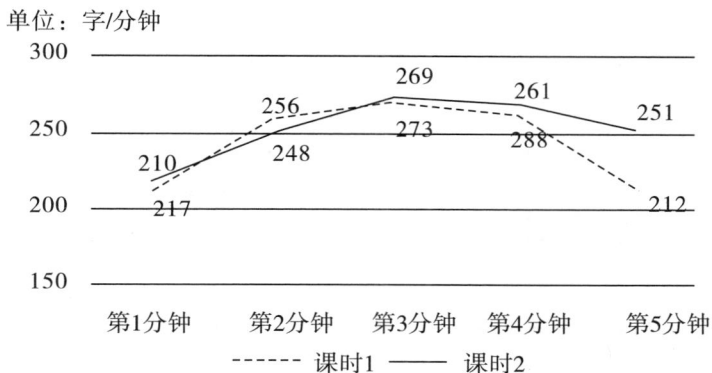

图 1　教师生词讲解的语速统计

单位：字/分钟

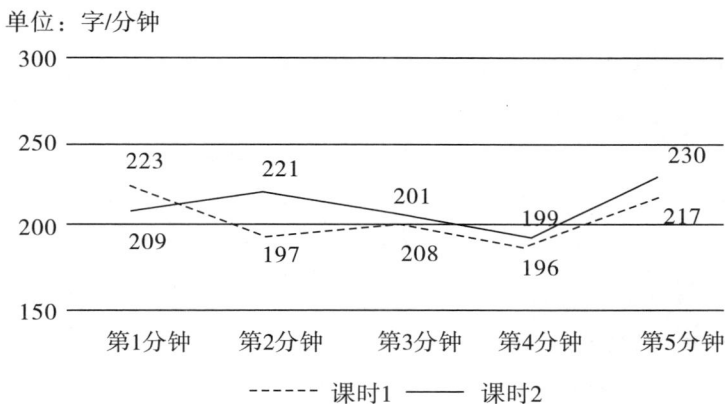

图 2　教师练习讲解的语速统计

单位：字/分钟

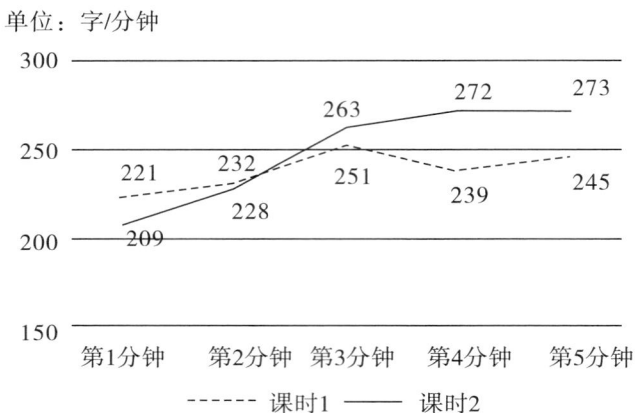

图3 教师语法讲解的语速统计

　　根据上述数据对比分析可发现，该新手汉语教师的语速位于 190 ～ 275 字/分钟的区间内，远超于二语教学的语速，甚至比汉语的一般表达语速还要高。在生词讲解的片段中，该教师的语速存在起伏，呈开头慢，后面快的趋势；在练习讲解环节，该教师的语速有明显的下降趋势；而在语法讲解环节，语速基本呈上升趋势，语速较快。该新手教师在生词及语法讲解环节中语速较快，练习讲解环节则相对慢一些，总体来说，该教师的语速较快且不稳定。

　　对于汉语教学来说，该教师的语速快一定程度上会影响学生的有效输入。本文发现，在教师的一些随意性问题上，如"那你表演的话你会害怕吗？""饼干，你喜欢吃饼干吗？"，该教师的语速会较快，通过对教学片段的内容分析以及该教师的访谈，得知这些语速偏快的问题或话语是教师较为感兴趣或熟悉的话题。

　　小结：该教师在语速上呈现不稳定的状态，且语速较快。课堂教学语速应科学、合理，要符合学生的实际学情，才能产生良好的教学效果。

（二）汉语教师的提问方面

　　课堂提问是教师了解学生掌握知识程度的一种重要的教学手段与行为，同时也是课堂教学中较为常用且有效的互动形式。有效的提问行为有利于诱发学生的参与热情与提高学生的学习积极性，可充分发展学生的认知能力、语言习得能力，提高课堂的效率，同时增进师生之间的思想与感情交流。优质的课堂提问是优质的语言教学的重要体现和有力保障。因此，教师课堂提问的质量直接关系到语言课堂的教学质量。本文在提问方面的分析与考察主要从提问的数量与类型两个角度入手。

1. 提问数量

本文以句为单位对教师课堂话语的提问数量进行统计（见表3）。

表3 教师提问总数统计

		话语量		
		问题总数	话语量（句）	比例
课堂	课时1	105	256	41.0%
	课时2	136	338	40.2%

根据表格数据分析，可发现两节课的问题总数占比差距不大。可见该新手汉语教师在每节课的提问数量较为稳定。提问是贯穿课堂的一种互动形式，课堂中的许多环节也需要依靠提问来进行。在上述表格中，可发现该教师在课堂上的提问差不多占据话语量的一半，贯穿了整个课堂，该教师倾向于使用提问来推动课堂环节的进行。

需注意的是，课堂上的提问数量并不是越多越好，而是追求提问的有效性，其有效性体现在学生的输出，对学生的回答不应仅限于"对""好的"等简单话语。

该教师的提问具有明显的随意性。本文通过访谈发现，教师在遇到自己感兴趣或者贴近生活的内容时，会增多提问数量；在遇到自己不熟悉或者还没有准备的内容时，就会减少提问数量，如"你的毕业典礼是怎么样的？""那你报名考试了吗？""那冬天为什么不喜欢呢？"等，教师的提问有时候会因贴近生活而作突发性提问，但这些提问内容与课堂的相关性不大。

2. 提问类型

提问在于引导学生理解，不管是哪种类型的提问，只要用在合适的地方就有助于课堂学习。本文对教师提问话语的分析主要以两种分类方式进行。

（1）提问的第一种分类及分析。

按照汉语本体的分类标准，提问句可以分为是非疑问句、特指疑问句、选择疑问句和正反疑问句四大类。本文对此分类的统计如下：

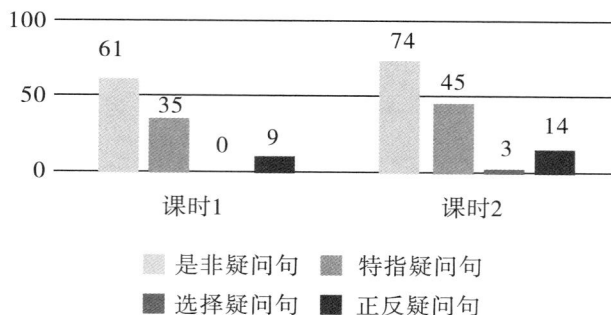

图4　提问的第一种分类统计

依据图表可发现，该新手汉语教师在提问时较多使用是非疑问句，比例皆在60%以上，紧接着是特指疑问句，较少使用正反疑问句，最少使用选择疑问句。

是非疑问句的主要特点是回答时用肯定或否定答句，在教学中运用是非疑问句是最为简单的一种，学生的回答也只局限于"对"或"错"，回答形式单一，不能较好地让学生进行有效输出，也不利于教师了解学生的知识掌握情况。而该新手教师在课堂提问中的是非疑问句却占极大比例，以下为此现象的教学片段：

片段（3）
　　教师：他们不了解他们的情况，是吗？
　　学生：对啊。
　　教师：情况，是这个吗？

在上述片段中，教师使用"是吗""是这个吗"来反复确认学生的回答。这种现象在课堂中出现频率高，该教师倾向于使用是非疑问句来确认、复述学生的回答。从另一方面来说，也可体现该教师的大部分提问较为单一，意义不大。

（2）提问的第二种分类及分析。

Long 和 Sato 将问题划分为展示性问题和参考性问题，现在的研究学者也普遍接受他们的分类，大多数与教师提问相关的研究也是参考这种分类方法。本文对上述分类的统计如下：

表 4　提问的第二种分类统计

		提问				
		参考性问题		展示性问题		问题总数
		数量	比例	数量	比例	
课堂	课时 1	29	27.6%	76	72.4%	105
	课时 2	45	33.1%	91	66.9%	136

依据本文对提问的第二种分类统计，该教师在提问上的展示性问题较多，两节课的展示性提问平均占比约为 70%，比例较大，而参考性提问比例相对较少。从两种分类中也可体现，该教师在第二课时里的特指疑问句和参考性问题比例都有增加，表明该教师在提问策略上的不断进步。

① 参考性提问。

参考性提问是指没有正确答案的开放性问题，它会引发学生多方面的思考，而不是简单地运用生词或定式。同时，参考性提问与上文中的特指疑问句有很大的相似性，特指疑问句多属于参考性问题，回答过程也相对复杂，需要回答"是什么""为什么""怎么做"等需要学生进行回忆、思考的题目。这种方式可以用来提问重要的知识点或与学生进行适当的交互活动。

该新手教师在导入环节、生词讲解和语法学习时倾向于使用这种提问方式，用于了解学生对知识点的理解。如下述片段：

片段（4）

　　教师：嗯，你知道"笑口常开"是什么意思吗？

　　学生：额，这是，不是一个开玩笑吗？

　　教师：不是，"笑"是什么意思？

　　学生：笑，就是如果你笑，就是表现你笑。

　　该教师对词语进行解释时，没有直接道出生词含义，而是对词语的每个字进行提问，拆分成语，一步一步地引导学生，了解学生原有的知识体系，让学生从以前学习过的知识里提取要点，从而理解新词。这种提问方式有利于激发学生的思维，构建完善的知识体系。

　　除了知识点的提问外，参考性提问还有利于师生之间进行交互活动。该教师的教学对象是欧美学生，学生的性格比较活跃，倾向于有挑战性的问题，运用参考性提问有利于提高学生的积极性和主动性，提高教学效率。

　　② 展示性提问。

　　展示性提问是指教师预先确定的，有固定的正确答案，旨在考查学生对知识的理解与掌握情况，如字词的读音、意思。可以发现，该教师在提问中以展示性提问这种较为封闭性的问题为主导，其中的句型基本上是一般疑问句中的是非疑问句，如"可以吗""是吗""对吗"，较为单一。

　　小结：通过对该教师的提问进行研究，发现教师的提问贯穿整个课堂，但在问题的分配方面存在随意性。该教师倾向于指定学生回答问题，但这类问题比较封闭、单一，不利于学生目的语的有效输出。

（三）汉语教师的反馈方面

　　伯明翰课堂话语模式（I－R－F）指出，教学活动是在诱导（教师）—应答（学生）—反馈（教师）过程中开展的。教师的反馈属于教学活动的反馈环节，反馈语具有评价性和纠正性的作用，因此在课堂教学中是十分重要的。

1. 反馈语的定义及作用

　　Wiseman 和 Hunt（2001）将教师反馈语定义为教师给予学生的口头

或者书面形式的评价性信息，从而让学生了解自己的学习水平，反馈越具体，越有深度，越有益于学生的学习。

反馈语是一种评价性回应，对课堂教学有着重要意义。教师通过反馈语可以了解学生的真实语言水平，有利于提高学生对知识的接受程度，构建课堂互动，提高教学效率。

2. 反馈语的分类及使用比例

教师的课堂反馈可分为积极反馈和消极反馈，不同的反馈对学生的影响也不一样，积极反馈有利于增强学生学习的自信心，加强学习动机；而消极反馈虽然能让学习者客观地了解自身掌握知识的情况，但一定程度上会打击学生信心。因此正确运用反馈对于提高课堂效率也有重要意义。

本文依据课堂语料转写对教师在课堂上的反馈语使用比例以及反馈语类型进行统计，以教师话语量为基数，以句为单位进行统计，生成以下表格：

表 5　反馈语使用比例统计

		话语		
		反馈语（句）	教师话语量（句）	比例
课堂	课时 1	55	256	21.5%
	课时 2	86	338	25.4%

根据表格可发现，该新手汉语教师在课堂上的反馈用语比例平均在23%左右，不到三分之一。该新手教师基本具有反馈意识，但对比郑海燕（2015）对优秀对外汉语教师话语量的统计中对外汉语优秀教师反馈语占教师课堂话语30.8%的比例来看，该教师的反馈语比例偏低。

表6　反馈语类型统计

		反馈			
		积极反馈（句）	比例	消极反馈（句）	比例
课堂	课时1	52	94.5%	3	5.5%
	课时2	79	91.9%	7	8.1%

在反馈语类型统计中，该教师偏向于使用积极反馈，且使用比例高，较少使用消极反馈。在该教师的反馈中，主要存在的问题为单一宽泛，存在错误反馈。

（1）单一反馈。

在本文对该教师话语的研究分析中发现，该教师基本上采用的是"学生语言输出后立即评价"的模式，并且采用的评价大多为概括性评价，使用较多的是"对""好"等肯定性的简洁、宽泛语言。如以下片段：

片段（5）

学生：啊，心情就是如果我有一个……额……建议，我很喜欢，我的心情很好，对不对？

教师：嗯对。

该教师在学生表达自己的正确理解后给予简单反馈，紧接着继续下一个生词的讲解。这种情况的反馈方式在课堂中出现频率较高。积极的赞扬能够鼓励学生配合教师的教学行为，该教师也有意识地照顾到学生的情感，因此学生在课堂上的表现较为积极。但过于单一的积极反馈形式不利于学生了解其自身的具体情况。

（2）错误反馈。

本文发现，该新手教师经常使用回避策略，对于学生的一些错误没有进行直接纠错，甚至给出错误的评价性反馈。如以下片段：

片段（6）

  教师：我们上课短时间内停止了，暂时就是这个意思。

  学生：就是按时，对不对，我知道。

  教师：嗯，暂时就是我们会上课，但是先停一下。

  …………

  学生：啊，然后他们中断，因为下雨了他们要断。

  教师：嗯，要中断。

  学生：中断，对。

  教师在解释"暂时"一词的意思时，学生在理解上出现困难，但教师在解释词语后没有留足够的时间给学生消化，甚至出现了抢话的现象。在学生误把"暂时"理解为"按时"时，教师给予肯定反馈"嗯"。该教师没有否定学生的回答，而是在肯定学生的答案后继续进行解释，这样会给学生造成一定程度的混乱，影响课堂效率。因此，在后续的教学中，教师花费了大量时间进行举例解释。在第二个部分，教师发现学生还是不能理解时则采用了回避型模式，给予肯定反馈后跳过对该词语的解释。

  小结：该新手汉语教师在反馈用语上使用较多的是积极反馈。在使用积极反馈时，使用较多的是简单表扬，语言简洁单一，基本上没有深入点评，不能很好地利用反馈用语的评价性功能；该教师使用消极反馈比例较低，而且反馈方式都较为委婉，即使在纠正读音时也是比较有耐心地去重复生词的读音，没有给出明确反馈。

四、对策及意见

  本文通过对该名新手教师的在线汉语课堂中的话语分析，发现其存在的问题主要是质低量多，语速较快，提问低效，反馈单一，话语随意性明显。本文将针对该名教师教学话语存在的问题，提出一些针对性建议。

（一）提高专业性知识，丰富教学实践

作为处于这一阶段的新手实习教师，首要任务应该是不断充实自己

的专业知识，除大学课堂学习外，还可以通过微信公众号等途径了解相关知识，特别是第一线教师的经验分享。其次是要抓住一切锻炼机会，积累教学经验，读万卷书，不如行万里路，只有不断实践，才能更好地理解理论知识，才可以做到熟练运用相关教学方法和技巧。最后需了解学生的基本情况，如词汇量和语法等，在举例子时避免出现超纲词汇。

（二）合理控制教师的话语量及语速

一对一线上汉语教学课堂要以学生为本，遵循"精讲多练"的原则，教师不能"满堂灌"，要充分给予学生发言的机会。线上教学平台给予汉语学习者一个突破时空限制的机会，能够随时随地学习汉语，在环境方面会消除学生一定的紧张感，教师需利用线上教学的优势开展教学，提高学生的输出，降低教师话语量。汉语课堂是师生双方互动交际的过程，因此听与说都很重要，教师应合理设置语速，让学生有一定的时间去消化和理解。

（三）增强提问意识，提高提问效率

教师应树立科学的提问意识，在课前准备时可以对需要提问的部分做好标记，最好在最后对这些提问内容再检查一遍，做到高效合理地提问，减少随意提问，提高对提问语的监控意识。提问数量要进行控制，提问的形式要丰富化，不要过多使用是非疑问句。学生处于中级阶段，有一定的汉语基础和知识，应根据学生水平进行提问设计，适当增加参考性提问的数量，让学生有更多的有效输出。

（四）丰富反馈形式

教师应科学运用反馈形式，在对学生进行肯定性的正反馈时，尽量避免过多运用口头式的"好""对"，可以对学生的回答进行复杂式表扬，如进行适当的点评，或者加上语气、神态肢体的方式对学生的回答进行反馈；在学生回答不够完善或有所欠缺时，不应采取回避策略，如果实在解释不出来，可以告诉学生课后继续解答，不要占用太多课堂时间。

五、结语

教师话语在课堂中为学生提供目的语示范，是学生语言输入的重要

途径，对学生习得目的语起着关键作用。本文在基于新手教师的个案研究中发现，该教师话语主要存在质低量多、语速较快、反馈单一、提问低效、话语随意性明显等问题，这对于该阶段的新手实习教师来说是需要重视的。期望本文的个案研究能够对此阶段新手实习教师有所体会与帮助，帮助他们不断提高自身课堂话语质量，从而提高课堂效率。

"大班授课，小班操练"教学模式下印尼留学生汉语语音学习效果的实证研究

张丽英（2016级汉语国际教育）

指导老师：朱淑仪

一、引言

（一）选题缘由

"一带一路"政策实施以来，沿线国家与中国的交往日益密切，各国对于汉语的需求也越来越大。近年来，"一带一路"沿线的东南亚国家高校开始频繁与国内高校合作，开展汉语学习项目。

在此背景下，惠州学院在2019年也同"一带一路"政策沿线国家——印度尼西亚合作开展了惠州学院2019汉语进修项目，此项目是为期两个半月的来华汉语培训项目。进修班由13位来自印度尼西亚四所高校的在读大学生组成，13人均为零基础的汉语学习者。项目主要对印尼来华留学生进行听说教学，并采用"大班授课，小班操练"的教学模式，以期在两个半月的集中式培训后，印尼留学生能够掌握汉语拼音和简单的汉语会话，并进入中国酒店实习。因此，在对该项目的教学效果进行分析研究时，分析印尼留学生关于汉语语音的学习效果显得尤为重要。

（二）选题背景

此前，关于教学模式的研究集中在普北班等历史较久的大型汉语培训项目中，且研究的切入点以学习动机、课堂教学为主，对"大班授课，小班操练"这一教学模式及留学生的汉语语音学习效果等内容的研究较

少。因此，本文以留学生的汉语语音学习效果为切入点，对"大班授课，小班操练"这一教学模式的语音教学效果进行实证研究。

（三）选题意义

惠州学院 2019 汉语进修项目为惠州学院首次开展的来华汉语短期培训项目，运用了"大班授课，小班操练"这一教学模式。通过以听说教学为教学重点的短期来华汉语培训项目，对本次项目中印尼留学生的语音学习效果进行实证研究，可以对该项目中"大班授课，小班操练"这一教学模式的教学效果进行探讨。而教学效果的研究分析可帮助总结该项目的经验教训，以便国内其他高校在承接类似项目时，寻得一些参考与借鉴。

二、研究内容、预设、方法

（一）研究内容

笔者以惠州学院为主要研究地点，以惠州学院 2019 汉语进修项目中的来华留学生作为主要研究对象。本文选取了六位印尼留学生进行定期塞音发音录音作为实证研究材料，通过数据分析，以求更加清楚地展现印尼留学生在此项目中的汉语语音习得程度。在研读前人优秀的研究成果和实验所得出的分析结果的基础上，总结该项目的学习效果，期望为本校在接下来相关项目开展中提供可回溯的记录，以将本次项目中的优点继续发扬，对不足加以改正，扬长避短，更好地开展相关汉语培训项目。

（二）研究预设

1. 基于印尼语与汉语的比较

林奕高、王功平（2005）[①] 的研究显示：印尼语和汉语普通话塞音的数量一样，都有 3 对 6 个，且印尼语塞音的书写、发音部位与汉语拼音完全相同，但印尼语的塞音都不送气，而汉语普通话的塞音却有送气和不

---

① 林奕高，王功平．印尼留学生习得汉语塞音和塞擦音实验研究［J］.语言教学与研究，2005（4）：59－65.

送气之分。因此，印尼人在说汉语时，常因在发塞音时的闭塞时长和浊音间隔大于中国人而导致发音偏误。

据两种语言的比较可知，本汉语培训项目中的印尼留学生在语音学习上会因以上差异而导致在汉语塞音学习上的困难。在语音学习过程中，塞音的学习难度也较有代表性。

2. 基于研究背景

在目前众多的来华留学生项目学习效果研究中，对印度尼西亚留学生的语音学习效果研究很少。本文主要选用对印尼留学生来说难度较大的塞音进行项目语音效果的研究，对项目中研究对象的塞音的学习情况进行阶段性对比分析，并通过列数据、摆图表的直观方式展示调查对象不同阶段的学习情况，总结印尼留学生的塞音学习效果，最后会根据具体的数据分析结果总结，探讨惠州学院 2019 汉语进修项目的语音教学效果。

（三）研究方法

1. 文献研究法

查阅相关的研究文献，调研目前关于对外汉语项目教学效果的研究现状及其存在的问题。

2. 实证研究法

选择学生代表，定期进行相同字表的录音并分析评分。

3. 对比分析法

通过对印尼留学生阶段性塞音录音进行评分，利用 Excel 工作表分别进行数据统计、对比分析，得出印尼留学生的语音学习效果。

三、惠州学院 2019 汉语进修项目概况

（一）汉语课程设置及结业要求

此项目以培养学生的听说能力为主，结合课堂教学、语言实践和文化体验等教学手段，使学生在完成项目学习后能够具备初步的汉语理解能力和表达能力，了解中国国情和中国文化，掌握基本的汉语日常会话和从事基本的与汉语相关的工作的能力。因此，项目的课程内容主要分

为语言教学和文化体验两大部分。而在项目教学的实际开展过程中，印尼留学生接受的所有课程安排及课时情况如下：

表 1　项目开展的实际课时情况

课程	课时
初级汉语综合课（大班课）	168
口语课	36
小班操练课	50
文化体验课（语言实践、剪纸、中国结等）	28

其中，初级汉语综合课即大班课，所有留学生一同上课，课程安排在每天上午；小班教学课即小班操练课，将 13 位留学生分为 3 个班，每班 4~5 人，课程安排在每天下午（除周五进行文化体验外）。

留学生完成所有的课程学习并通过一次期中考试以及一次期末考试，即可获得结业证书。

（二）教学模式及教学特色

此项目采用大班教学与小班操练相结合的教学模式，让学习者在学习新的汉语知识后，能够及时练习、巩固，以提高汉语的学习效率。项目由惠州学院汉语国际教育专业师生共同参与，有专业的教学管理人员，可保证语言学习过程的专业化。积极吸收国外先进的语言教学理念，在初级阶段课堂上主推美国"听说法"的语言操练模式，着力提高学生的语言输出能力，以期帮助外国留学生快速开口说汉语。

因此，本项目中的语音教学为本次教学的重点，印尼留学生的语音学习效果值得分析研究。

（三）项目开展的实际情况

1. 项目开展时间

印尼留学生从 2019 年 3 月 13 日至 2019 年 5 月 25 日参与项目教学，共九周（剔除节假日后）。

2. 项目教师构成情况

（1）大班课。

在本次项目中，大班课教师主要由惠州学院汉语国际教育专业大三的学生组成。在对大班课教师进行选拔时，对大班课教师在教学技能大赛上的表现及日常教学实践的表现进行了考察。

因此，大班课教师均有较丰富的线上或线下汉语教学经验，并在日常的教学实践课堂中有较优秀的表现。

（2）小班课。

在本次项目中，小班课教师主要由惠州学院汉语国际教育专业大二的学生组成。因小班课需要开展多种课堂游戏，所以在对小班课教师进行考察时，除了教学经验外，还需要考虑小班课教师的课堂风格。

因此，小班课教师多有参加类似项目的相关经验，且教学风格更为开放活泼。

3. 课堂教学情况

（1）大班课。

项目中进行语音教学，特别是声母教学时，大班课教师主要运用带音法、手势教学法、听辨法、卡片展示法等，还会在课堂上运用中文绕口令等方式，增加课堂声母教学的趣味性和留学生对于声母发音的熟练度。如塞音中的送气音与不送气音教学，会运用课堂游戏进行听辨音及发音的训练，在小班课的描述中会进行详细介绍。

在上课时，教师会特别注意各个留学生发音的偏误，并将其一一记录。因为大班课的教学任务较重，且学生人数较多，无法在课堂上实现长时间纠音，所以在课后，大班课教师会将课堂上发现的普遍性或个别性的发音问题反馈给各小班课教师。

（2）小班课。

在小班课中，因留学生人数较少，更方便任课教师进行纠音。课堂上，教师会根据大班课教师所反馈的情况，对有发音困难的学生进行着重纠音。而在对大班课的教学内容，特别是语音部分的教学内容进行操练时，小班课教师会以课堂游戏的方式进行，如听辨音练习中的"拍苍蝇"（以塞音听辨音练习为例，即将两张写有一组塞音中的送气音与不送

气音的卡片贴在黑板上，教师读，学生用手拍卡片），以发音练习中的
"bingo"（以塞音发音练习为例，即在黑板上画"井"字格，同一个
"井"字格中写有塞音中的三组送气音与不送气音，两名学生为一组进行
竞赛，读格子中的内容并进行连线）等。

小班课课堂游戏使印尼留学生的语音学习与操练过程更具趣味性，
对留学生进行相近音的听辨和练习，能够使课堂更生动活泼，从而激发
学生的学习积极性。

4. 大小班教师交接情况

在项目开展过程中，小班课教师负责操练大班的教学内容，特别是
需要负责对留学生发音进行纠正与强化，因而及时、全面地与大班课教
师进行交接是十分重要的。

在项目开展的过程中，每当大班课教师完成备课工作后，都会将课
件或教案分享至教师的微信群；在大班课下课后，大班课教师会将所记
录的课堂情况发至微信群。每天上午的大班课教师与下午三个班的小班
课教师会通过微信群交流或小班课教师跟听大班课等方式，交接教学内
容，着重于交接学生群体或个别学生的发音困难、发音偏误，让小班课
教师在下午的操练课中能及时帮助学生进行巩固、纠正。

据以上情况，大小班教师的工作交接比较及时和全面，有利于教学
任务的顺利实施。

5. 项目变动情况

在项目开展的后半段时间里，应印尼校方的要求，小班课暂停了半
个多月，具体时间为2019年4月18日到2019年5月7日。至于小班课
暂停的影响，后文会进行详细的描述。

（四）学习者构成

项目中的来华留学生均为印尼籍大一至大三年级的学生，来自三宝
垄、雅加达等三个不同城市，且留学生们均为汉语初学者，共13人。其
中，男生4人，女生9人。

四、研究设计

（一）发音人

在进修班的 13 名留学生完成汉语拼音学习和第一次随堂测验，即项目教学开展一周半以后，此时，印尼留学生已完成大班综合课（汉语拼音教学）32 课时、口语课（"你好"等简单问候语教学）6 课时、小班操练课（针对拼音教学的纠音与强化）14 课时。笔者以 13 名印尼留学生的测验成绩为基准，按成绩的排名将印尼留学生分为好、中、差三个等级，然后采用分层抽样的方法从三个等级中分别抽取 2 位印尼留学生，共 6 位印尼留学生（3 男 3 女，按等级排分别是：A、B、C、D、E、F）作为被试对象，进行阶段性录音测试。

（二）发音材料

实验发音材料为一份包括单音节与双音节的塞音全拼音测试字表，字表的制作将在下文进行详述。

1. 前测

在制作字表前，笔者对 6 名被试对象进行了一次前测，前测内容为 39 个汉语韵母发音情况、汉语塞音（b、p、d、t、g、k）与可搭配出的详细发音情况如下：

表 2　前测情况汇总表

分类说明	具体内容	举例	对后期字表设计要求
韵母偏误情况	印尼学生存在一些韵母偏误，发音正确率极低的韵母会影响评分人对塞音音节的判断，从而影响评分的正确性	如：u 等	排除在前测中正确率极低的韵母

（续上表）

分类说明	具体内容	举例	对后期字表设计要求
塞音声母发音情况	塞音声母为三组送气音与不送气音，在发音时会将同组塞音声母皆发成送气音或发成不送气音	如：b、p在相邻位置时无法区分哪一个为送气音	在设计双音节字表时，可将同组塞音声母进行前后搭配
	d、t两个塞音声母的发音对印尼留学生来说较难，除上述偏误外，还存在其他偏误	如：将d读成"滴"等	可在字表中增加该组塞音声母的出现次数
音节组合情况	在印尼留学生进行声母学习时，教师会以简单的或印尼留学生已掌握的韵母进行拼读练习，因此塞音声母在与一些韵母组合时，因练习较多而偏误率极低。此类韵母的出现会影响字表检测的效度，应在设计字表时排除	如：a、ai等	排除在前测中塞音声母在与之组合时，偏误率极低的韵母
韵母搭配情况	在汉语拼音中，存在部分不能与塞音组成音节的韵母	如：iu、ia、uo等	排除不能与塞音组成音节的韵母
	在汉语拼音中，还存在部分不能与个别塞音组成音节的韵母。为保证字表对于塞音的测试能够更加直观，以上韵母均在设计时排除	如：普通话中没有gie、hie等	排除不能与个别塞音组成音节的韵母

2. 字表设计

表3 字表设计思路汇总表

内容情况		设计原因说明	具体说明
单音节部分	韵母	在前测排除韵母偏误等内容后，使用其余11个韵母与塞音组合	如：e、i、ou 等
	声调	为让印尼留学生在进行单音节发音时能够减少其他因素的干扰，单音节部分均采用第一声	无
	排序及出现次数	为减少印尼留学生"偶然读对"情况出现的频率，单音节部分每个塞音声母均出现五次及以上，并乱序排列	b、p 各五次（因 b 不能与 ou 相拼，为让塞音声母出现频率一致，混入 ben）；g 、k 各五次；前测中发现较难的 d、t 在单音节部分出现各七次
双音节部分	声母搭配	因印尼语的塞音均为不送气音，而汉语普通话的塞音却有送气音和不送气音之分，所以送气音与不送气音的区分可视为检测的重点。为避免声母搭配的多样化影响对塞音声母的检测，故只将塞音中的送气音与不送气音进行前后位置不同的搭配，并尽可能不使用前测中排除的韵母	如：tài duō、dōng tiān 等
	词语选择	为切实检测印尼留学生的学习效果，双音节中的词语均为其学习生活中较常见的词语	如：电梯、太多等
	出现次数及排序	每组搭配均出现三次并乱序排列	如：以 b、p 组合的词语会出现三次

（续上表）

内容情况	设计原因说明	具体说明
随机杂入音节	因字表会重复使用三次，且研究过程中因项目的课程需要，印尼留学生会进行一些分类的字表认读，为避免印尼留学生察觉字表的研究内容，从而影响测试效果，笔者在字表中混入大量的随机杂入音节	单音节部分共 63 个音节，其中有 34 个为实验目标音节，29 个为随机杂入音节；双音节部分共 37 个双音节，其中 18 个为实验目标音节，19 个为随机杂入音节

3. 呈现方式

据印尼留学生反馈，在阅读拼音内容时，比较习惯手写体。为排除其他因素的干扰，印尼留学生所认读的塞音字表均为手写体。字表在完成测试后便收回，除三次测试外，印尼留学生均不能接触字表内容。

（三）实证材料

在完成字表制作后进行第一次录音，时间为 2019 年 3 月 28 日，而后每隔 20 天进行一次录音，共计录音 3 次，另外两次录音的时间分别是 2019 年 4 月 17 日和 2019 年 5 月 7 日。三次测试所得共 18 份塞音发音录音，作为实证研究的分析材料。

（四）分析软件

Excel 是常用的办公软件之一，可运用其进行数据统计及数据分析。本次实验数据均需要运用 Excel 工作表格的函数进行计算，最终制作图表，显示出实验结果。

（五）评分方法

在整理好录音材料后，选取三名普通话测试二甲以上水平的本族人（甲、乙、丙）对每位被试对象每一次录音的发音情况进行评分，而后取三人的平均分（小数点后采用四舍五入制）作为被试对象的最终得分。评分依据为：完全错误为 0 分、介于正确与错误之间为 1 分、完全正确为 2 分。测试字表在评分时会忽略所有杂入音节，仅对塞音测试音节进行计分。忽略所有杂入音节后，字表满分为 140 分。

（六）数据分析

在统计完所有被试对象每一次录音的得分后，将三次录音两两比较，并运用 Excel 工作表格中的显著性检验函数进行数据变化的显著性分析。

在数据分析中，P 值代表数据变化的显著性：当 $P < 0.01$ 时，数据呈极显著性变化；当 $0.01 < P < 0.05$ 时，数据呈显著性变化；当 $P > 0.05$ 时，数据呈非显著性变化。

根据数据分析的结果，可反映发音人在不同阶段的发音情况，从而总结出发音人不同阶段的塞音学习情况。

五、印尼留学生塞音习得情况分析

经过评分及数据分析，印尼留学生的塞音习得情况可用表格进行汇总。而上文提到的项目开展过程中应印尼校方的要求，小班课暂停了半个多月，正好同本次研究的第二次测试与第三次测试相隔时间重合。因此，对比两次测试间印尼留学生的塞音发音情况，更能体现该教学模式下印尼留学生的学习效果。

（一）印尼留学生塞音发音评分情况

在三位评分人对印尼留学生三次塞音录音进行每个音节的一一评分后，笔者将每次测试的分数相加，再将三位评分人所评的分数汇总取平均分，所得三次测试的得分情况如表 4 所示。

表 4　三次测试平均分汇总表

测试印尼留学生	A	B	C	D	E	F
第一次	122	125	115	96	86	77
第二次	130	132	128	124	101	108
第三次	135	133	134	124	127	113

从该表来看，测试成绩基本按印尼留学生的课堂测验成绩高低排列，且后一次测试的分数基本都相较于前一次有所增长。其中，第三次测试

与第一次测试相较，分数增长更为明显。

（二）印尼留学生塞音习得情况阶段性对比

将表 4 放入 Excel 工作表格中进行显著性分析的计算后，得出两个阶段的成绩变化显著分析数据，根据数据，做出以下分析：

1. 第一次测试与第二次测试平均分变化的显著性分析

表 5　第一次测试与第二次测试的平均分显著性分析表

差异源	SS	df	MS	F	P 值	F crit
行	867	1	867	16.737 451 74	0.009 436 25	6.607 890 969
误差	259	5	51.8			
总计	3 696	11				

由上表可知，第一次测试与第二次测试的平均分经计算后，P 值为 0.009 436 25，此时，$P < 0.01$，数据呈极显著性变化。

在第一次测试之前，印尼留学生基本完成汉语阶段的学习。在第一次测试和第二次测试之间的二十天中，进修班项目严格按照"大班授课，小班操练"的教学模式执行教学任务。在每天的大班课教学后，小班课教师会在小班课上对印尼留学生进行针对性的集中操练和纠音，及时纠正印尼留学生的发音问题，并通过反复操练进行强化。

因此，"大班授课"与"小班操练"结合起来的印尼留学生塞音学习效果也体现在两次测试平均分的显著性分析中，即通过 Excel 工作表格的计算，分数呈极显著性变化。

2. 第二次测试与第三次测试平均分变化的显著性分析

表 6　第二次测试与第三次测试的平均分显著性分析表

差异源	SS	df	MS	F	P 值	F crit
行	154.083 333 3	1	154.083 333 3	3.387 687 798	0.125 056 34	6.607 890 969
误差	227.416 666 7	5	45.483 333 33			
总计	1 332.916 667	11				

由上表可知，第二次测试与第三次测试的平均分经计算后，P 值为 0.125 056 34，此时，$P > 0.05$，数据呈非显著性变化。

在这两次测试间隔的二十天时间内，进修班项目基于印尼校方的要求，暂停了两个多星期，共九次的小班课。在此期间内，进修班的汉语教师没能完整地按照"大班授课，小班操练"的教学模式执行教学任务。在大班课进行教学后，无法再由小班教师在小班课上对印尼留学生进行针对性的集中操练和纠音。而大班课面对学生数量过大，无法实现同上一阶段相同效果的针对性的语音操练和纠音。

因此，在两次测试的平均分的显著性分析中，即通过 Excel 工作表格的计算，分数呈非显著性变化。

3. 阶段性对比总结

在上述平均分的对比中，第一次测试与第二次测试的平均分对比呈极显著性变化，第二次测试与第三次测试的平均分对比呈非显著性变化。从上述对比分析可以看出，"大班教学，小班操练"模式下的印尼留学生塞音学习的进步程度明显大于普通的大班教学模式，印尼留学生的塞音习得效果也明显优于普通的大班教学形式。

（三）印尼留学生塞音学习情况分析总结

据上述实验可得，参与惠州学院 2019 汉语进修项目的印尼来华留学生中的被试对象能够在该项目的汉语学习中取得塞音发音成绩的极显著性变化，且小班操练课的取消会对成绩增长的显著性造成较大影响，而在"大班授课，小班操练"的教学模式的严格执行下，印尼留学生塞音发音成绩均呈极显著性增长。

由此可见，惠州学院 2019 汉语进修项目"大班授课，小班操练"的教学模式在印尼留学生的塞音学习方面具有较好的教学效果。再根据研究预设中关于塞音在印尼留学生学习汉语语音方面的难易程度，笔者推断：惠州学院 2019 汉语进修项目"大班授课，小班操练"的教学模式在语音教学方面有较好的效果。

六、教学建议

（一）短期集中教学和长期严格要求相结合

在本次研究中，笔者选用塞音发音作为研究进修班项目语音教学的切入点。从研究中发现：汉语语音的学习是以时间为基础的，短期的集中教学和长期的严格要求能够保障汉语语音学习的质量。汉语语音的学习是学好汉语的基础，所以我们在平时的教学实践中应当注意加强具有基础性作用环节的教学与纠偏。在汉语教学中，要对学生汉语语音进行集中教学，让学生沉浸在汉语环境中，尽可能地在前期学习中就掌握汉语的语音部分。若在前期语音部分掌握不好，就会让错误的发音延续学生的整个汉语学习生涯中，甚至影响后面的汉语学习和平时的人际交流。同时，教师还要重视汉语语音的长期教学与纠偏，在印尼留学生整个汉语学习中，时刻提醒印尼留学生应该长期加强汉语语音的发音练习和偏误纠正，时刻警惕学生发音松懈状态的出现，严格要求印尼留学生汉语的发音，这样才能真正做到短期集中教学和长期严格要求相结合。

（二）语音教学后注意及时纠音及操练

通过本次研究中的数据分析可得出，在教学后能及时操练及纠音的情况下，印尼留学生的语音学习进步明显；在教学后未能及时操练及纠音的情况下，印尼留学生的语音学习进步不太明显。

在教学中，如若不能及时进行纠音及操练，就容易出现偏误固化或遗忘所学知识点等问题。因此，我们在平时的语音教学实践中应当注意在教学后及时对学生进行纠音与操练，帮助学生及时进行偏误纠正并强化所学知识。

（三）塞音学习可以游戏形式进行相近音的听辨音及发音训练

塞音中存在送气音与不送气音的差别，而对于汉语学习者来说，这一差别会造成较大的学习障碍。因此，针对塞音中的送气音及不送气音差别现象，项目中的语音教学会侧重于二者的对比，通过课堂游戏等方式让印尼留学生进行听辨音及发音的训练。

通过课堂游戏的方式，能够激发汉语学习者的竞争意识，从而激起他们的学习积极性，让课堂更富有趣味性。且通过参与游戏，汉语学习者也能得到塞音中相近音的听辨音练习及发音练习，从而强化对塞音听辨、发音的学习。

七、结语

本文主要使用了对比分析法，把进修班项目印尼留学生的塞音学习情况作为切入点，对印尼留学生的汉语语音学习效果进行了实证研究。笔者根据印尼留学生研究前的汉语学习情况，将发音人分为高、中、低级三组，进行定期的录音测试，使用 Excel 工作表格记录，对录音测试的结果进行两两对比的显著性分析。通过对 3 组，共 18 份，分成 3 个阶段的印尼留学生塞音测试录音结果的分析，笔者发现在第一次测试和第二次测试的平均分对比分析中，印尼留学生的塞音发音进步情况呈极显著性变化；在第二次测试和第三次测试的平均分对比分析中，印尼留学生因课程调整的原因，塞音发音的进步情况为不显著变化。在第一次测试和第三次测试的平均分对比分析中，印尼留学生的塞音发音进步呈极显著变化。通过以上分析，结合塞音在印尼留学生学习汉语语音方面的难易程度，笔者最后得出：惠州学院 2019 汉语进修项目"大班授课，小班操练"的教学模式在语音教学方面有较好的效果。最后，本文在实验语音分析研究的基础上，基于实验分析的结果，提出了对印尼留学生的语音教学建议和策略。

今后，各高校与东南亚国家开展以听说教学为主的来华汉语学习项目时，可借鉴本文中惠州学院 2019 汉语进修项目中"大班授课，小班操练"的教学模式，以更好地开展目的语环境下的短期汉语教学项目。

但本文也存在许多不足：由于印尼留学生汉语水平不高、项目开展时间较短、课程安排较紧凑等，本文仅从塞音发音的掌握情况这一方面对惠州学院 2019 汉语进修项目中的印尼来华留学生进行语音习得情况的跟踪调查，对于此类目的语环境下短期汉语培训项目的其他教学效果考察不够全面，具有一定的局限性。在今后的调查研究中，对于此类问题的研究应具有更高的前瞻性，对于此类项目的研究方向也应更宽泛，从而保证研究内容的多样化和全面性。

基于 COLT 量表的线上汉语教学中的教师话语分析

吴梓茵（2016 级汉语国际教育）

指导老师：朱淑仪

一、引言

随着我国经济与科技实力的发展，国际影响力的快速提高，越来越多的外国人开始学习中文，"汉语热"浪潮正以不可阻挡的趋势席卷全球。学汉语、懂汉语已经成为一条值得期待的未来之路。为顺应趋势，许多线上汉语互动教学平台应运而生。线上教学这一模式为教师和学生带来方便的同时，也带来了很多的挑战。线上教学与传统课堂教学存在诸多差异，不可一概论之，这就需要处于教学一线的教师们不断充实自己，提高自身技能。

在众多研究者和一线教师的努力下，线上汉语教学相关研究逐渐增多。但是教师话语方面，研究成果主要集中于传统的课堂教学模式。基于线上汉语教学领域教师话语相关研究较少这个事实，本文将如今发展较为成熟的 COLT 量表，全称 Communicative Orientation of Language Teaching 量表应用于线上汉语课堂，综合考量量表中的观察项并适当改动，分析线上汉语初级综合课中教师话语的特点，对其值得学习和存在问题的地方进行反思，以期得到一些教学启示。

二、研究设计

（一）研究对象

本文以厦门中学西渐公司"Chinlingo"平台为依托，选取了三位不同教龄的教师（以下简称 A 教师、B 教师和 C 教师）的线上汉语教学录屏进行观察、转录、分析。教师基本情况如下：A 教师教龄 11 年，经验丰富，学生评估比较好；B 教师教龄 7 年，教学风格轻松，能针对学生偏误进行耐心纠正；C 教师教龄 4 年，课堂气氛活跃。本文选取样本遵循了 Berliner（1988）曾提出的"教师发展五阶段论"。样本中的三位教师分别属于 Berliner 理论中的专家阶段、熟手阶段和胜任阶段。之所以选择这三个阶段的样本，是因为当前关于新手或新熟手之间的研究颇多，对有经验教师的研究较少。

本文研究材料为三段完整的初级汉语综合课视频，三段视频的教学步骤基本相同，时长共计 136.75 分钟，转写后的文字语料达一万余字。教学对象都是初级汉语水平的成年人。另外，因为对外汉语常规教学模式是分课型教学，而综合课则囊括了各语言要素的教学，且在现有的研究中多以口语课为主，对综合课的关注相对较少，所以本文所选课型为综合课。

（二）研究问题

为明确研究目的，本文将就以下问题展开论述：

（1）三位教师在教师话语方面有什么特点？有何异同？

（2）三位教师的一般性特点中，有哪些值得学习的地方？哪些地方仍存在问题？

（3）通过研究，得到了什么教学启示？

（三）研究方法

（1）个案研究法，即把三位教师的课堂视为个案，再整合分析。

（2）课堂观察法，即通过观摩三位教师的课堂录像进行考察。

（3）数据分析法，对量表中的数据进行统计和分析。

（四）研究工具

COLT 量表分为 Part A 和 Part B 两部分，是当前比较流行的第二语言课堂观察工具量表，能对师生话语进行细致观察。Part A 主要用于描述课堂上某段时间内的活动。Part B 则用以描述师生或生生之间话语的交际特征，分为教师和学生两个分量表。高立群、孙慧莉（2007）参考 COLT 量表的设计，同时综合了 IRF 模式、T－unit 平均长度等理论，设计出了符合汉语作为二语教学的对外汉语课堂观察量表。

本研究所使用的研究工具是参考了高立群、孙慧莉设计的对外汉语课堂观察量表后再改动生成的量表。因本文的研究内容主要与 Part B 部分相关联，所以笔者主要对 COLT 量表的 Part B 部分进行了改动。此外，因改动后的量表将作为课堂观察工具应用于线上汉语教学，笔者综合考虑前人研究和线上汉语教学实际情况，将量表分为教师语言、教师提问和教师反馈三大部分。这三个部分是多数专家认可的参考项，作为研究角度具有一定的合理性和科学性。

首先，教师语言部分参考了高立群、孙慧莉的对外汉语课堂观察量表，分为语言的选择和语言的长难度两大板块。由于线上教学主要是一对一的教学，用于课堂管理的教师话语几乎没有，因此，笔者未将"管理语言"放入参考项。另外，教学对象都是以英语为母语的第二语言学习者，考虑到数据展示的直观性，将"语言的选择"分为汉语和英语两类。"语言的长难度"包括长度和难度，因此笔者在保留"句长"这一参考项的同时，加入了"语速"作为新项目。

其次，教师提问部分，国内在提问类型的研究中，关于展示性问题和参考性问题的研究较多，认可度较高。因此，本文将教师提问分为展示性问题和参考性问题两项进行考察。展示性问题指的是教师已知答案的问题。而参考性问题指的是教师并不知道答案的问题，具有不可预测性。因线上汉语教学主要是一对一的模式，不存在提问面向的是个人还是集体的问题，本文将不再对"提问对象"进行说明。

最后，教师反馈部分由七个小参考项组成，分别是表扬、批评、纠错、扩展、解释、重复和组合反馈。该参考项的设置参考对外汉语课堂观察量表，并结合了所观察到的线上汉语教学实际情况。改动后的量表如下：

表 1　COLT 量表 Part B 改动版

			A 教师	B 教师	C 教师
教师语言	语言的选择	汉语			
		英语			
	语言的长难度	句长			
		语速			
教师提问	展示性问题				
	参考性问题				
教师反馈	表扬				
	批评				
	纠错				
	扩展				
	解释				
	重复				
	组合反馈				

三、结果与讨论

下面，本文就语言的选择、语言的长难度、教师提问、教师反馈四个角度对教师话语进行分析并给予数据佐证。

（一）语言的选择

表 2　语言使用情况表

	总量	汉语		英语	
		字数	占比	字数	占比
A 教师	2 656	1 797	67.66%	859	32.34%
B 教师	2 278	1 690	74.19%	588	25.81%
C 教师	3 197	2 115	66.16%	1 082	33.84%

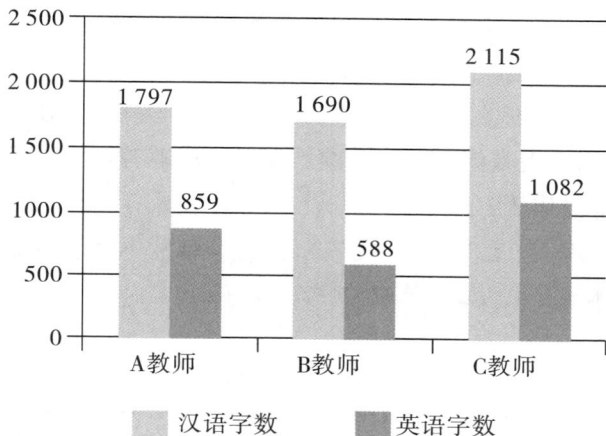

图 1　汉语与英语比例图

　　由图 1 可知，样本中三位教师的课堂上汉语使用量较英语大得多。其中，汉语占比最大的是 B 教师，A 教师次之，C 教师最低。同时，这也意味着 B 教师的课堂中英语占比比另外两位教师低一些。A 教师和 C 教师的英语话语量占比相差不大，都达到了 30%。通过对文字语料进行细致分析，笔者发现三位教师使用英语的目的主要有两个：

　　（1）解释生词、句子。

　　例 1

　　T（A）：篮，it means basket，球，it means ball，篮球，basketball.

　　（2）发出教学指令。

　　例 2

　　T（B）：非常好，那我们做一些听力练习。We do some listening practice. Talk what I say.

　　线上汉语教师无法像传统课堂的教师一样，可以通过丰富的身体语言来辅助教学，所以更多时候会借助媒介语。那么，样本中的教师在英语使用上是否适时、适量？通过对语料的分析，笔者将三位教师的英语表达划分为三种情况，分别是：有效、有效但可省、无效。"有效"指的是在汉语理解有难度的情况下，英语起到帮助理解的作用且难以用其他教学手段代替；"有效但可省"指的是在汉语理解有难度的情况下，英语起到帮助理解的作用，但该作用可以通过图片展示、语音语调变化等其他教学手段实现；"无效"指的是在汉语理解难度不大的情况下使用英语的情况。具体情况见表3，单位为"次"。

表3　英语表达质量情况表

	总发言次数	含英语表达次数	有效	有效但可省	无效
A 教师	73	36	13	19	4
B 教师	184	93	33	37	23
C 教师	170	113	30	49	24

由表3可知，由于总发言次数的差异，三位教师使用英语的次数亦不同。但值得关注的是，在三位教师的英语使用中，属于"有效但可省"的表达都多于其他两种情况。

例3

T（A）：Yes, you can going up a little. 你喜欢什么运动？

该句中，A教师旨在通过英语向学生说明疑问句语调要上升。此处不一定要用英语，可以通过其他教学手段向学生传达，如教师可进行陈述调和疑问调两种示范，让学生先感受并判断语调变化，再告诉学生正确语调。

除此之外，从表中数据可以看出，三位教师在英语使用中还存在不少"无效表达"现象。

例 4

T（B）：对，四十七，OK，we can do this。四，十，四十。我喜欢四。I like four.

例 5

T（C）：不错，good。这杯咖啡怎么样？

综上，我们可以发现英语的使用主要与教师的教学风格有关，所以三位教师在语言的选择方面存在数据上的细微差异。值得关注的是，不同教龄的他们都具有共同点：即语言选择以汉语为主，英语为辅；英语主要用于解释生词、句子和发出教学指令；英语表达质量有待提高。

（二）语言的长难度

教师语言的长难度涉及句长和语速两个方面的考量。

1. 句长

本文借助了 WordSmith Tools 4.0 中的 WordList 功能进行句长方面的数据分析。该软件基于 Windows 操作系统运行，主要用于外语教学研究，对二语习得研究亦具有重要的辅助作用。以下数据统计范围为每位教师一个课时的文字语料文本。

表 4　平均句长统计表

单位：词/句

	A 教师	B 教师	C 教师
平均句长	11	10	8

由表 4 可知，三位教师的平均句长皆在 10 词/句左右，差异较小。其中，平均句长最长的 A 教师为 11 词/句，平均句长最短的 C 教师为 8 词/句，B 教师的平均句长则为 10 词/句。卜佳晖（2000）通过研究发现：汉语平均句长约 20 个词。据此，样本中的三位教师的平均句长都属于比较短的范围，主要有两个方面的原因：一方面，教学对象都处于初级汉语水平，教师会有意识地避免使用长难句。另一方面，三位教师都具有不同程

度的教学经验，因而具有在初级综合课中使用频率较高的词汇和简单短句进行知识讲解的意识。

2. 语速

本文对"语速"这一参考项的考量主要参考了孟国（2006）对汉语语速的划分。具体标准见表5。

表5　语速标准衡量表

语速状态	超慢语速段	较慢语速段	接近正常语速段	正常语速段	较快语速段	超快语速段
语速标准（字/分）	<150	150~179	180~199	200~299	300~350	>300

本文随机选取了三位教师各两段一百字左右的语料进行分析。语料已尽量选取目的语部分，但受教师话语长度和语言选择等因素的影响，不可避免地掺杂了一些英语。同时，为减少语句停顿，所选语料主要是教师讲解部分。

表6　语速统计表

	A 教师	B 教师	C 教师
个人平均语速	169.6 字/分	158.3 字/分	164.3 字/分
总体平均语速	164.1 字/分		

由表6可以看出，A 教师平均语速最快，达 169.6 字/分。B 教师语速最慢，达 158.3 字/分。尽管三位教师的平均语速存在一定差异，但均处于语速标准衡量表中的"较慢语速段"，即 150~179 字/分这一区间。卜佳晖（2000）认为影响教师语速的主要因素是学生的语言水平。[①] 本文所研究的三段教学视频中的学生都处于汉语学习初级阶段，所以三位教

---

① 卜佳晖.汉语教师课堂语言输入特点分析［D］.北京：北京语言文化大学，2000.

师的平均语速或许是受到了学生汉语水平的影响。

除了学生水平对教师语速产生影响外，笔者认为学生年龄也在一定程度上影响了教师的语速。B 教师的学生是一位 60 岁的美国人，年龄较 A 教师和 C 教师的学生大。通过观察教学视频，年龄较大的学生反应速度较慢，沉默与停顿的时间更多，所以教师需要放慢语速才能让学生理解目的语所表达的意思。

综上所述，在句长方面，三位教师的平均句长数据相近，且都低于口语平均句长。在语速方面，三位教师的语速数据皆处于"较慢语速段"。由此，我们可以得出结论：三位教师的语言长难度较低，具体表现在句长较短和语速趋慢两个方面。

（三）教师提问

表 7 教师提问类型数据表

	问题总量 （单位：个）	展示性问题		参考性问题	
		数量 （单位：个）	占比	数量 （单位：个）	占比
A 教师	8	5	62.50%	3	37.50%
B 教师	19	14	73.68%	5	26.32%
C 教师	26	15	57.69%	11	42.31%

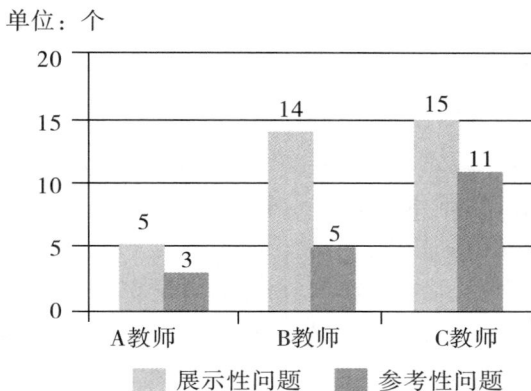

图 2 教师提问类型比例图

由图 2、表 7 可以看出，三位教师所提的问题中，展示性问题皆多于参考性问题。A 教师问题总量较 B、C 两位教师少。观察可知，A 教师善用语法翻译法，注重学生阅读能力的培养，但同时也忽视了学生口语能力训练。而 B、C 两位教师教学风格轻松，善于设置对话与问答，因此提问数量多一些。除此之外，B 教师在提问上也有一些不同之处。通过语料分析发现：B 教师在课堂中常常用留空句进行提问，整节课中留空句数量为 5 句。这类句式也属于展示性问题。教师通过拉长语音，将答案留空。但教师早已知道问题的答案并期待学生说出那个答案。这类问题属于可预测的展示性问题，不仅能使学生感受到教师的期待，还对学生有启发作用。

例 6

T（B）：你可以说"不会"，我不会……（指着游泳的图片）

S：游泳。

尽管三位教师教学风格不同，所提问题总量存在差异，但是在教师话语方面都存在一个共同点，即以展示性问题为主，参考性问题较少。据语料分析，就提问环节而言，三位教师的提问主要集中于讲解阶段。就提问内容来说，三位教师的展示性问题都集中在对形式和语篇的提问上，参考性问题集中在对形式的提问上。另外，提问内容有关"其他内容"的都是参考性问题，且数量较少。

三位教师在提问方面"以展示性问题为主，参考性问题较少"的原因主要与其提问内容和教学习惯有关。首先，三位教师在教学中关于形式的提问数量多，这说明了针对生词、语法、句子和课文的提问占据了很大的比例。三位教师都比较重视对可预测的课本内容进行教学，重视教授和巩固课本知识。其次，C 教师的 2 个关于"其他问题"的提问都是在寒暄的环节中提出的，这主要与其先寒暄再正式上课的教学习惯相关。寒暄的问题中，答案大多具有不确定性，一般属于参考性问题。

此外，展示性问题偏多还与以下因素相关：一方面，学生处于初级阶段，能够回答具有固定答案的展示性问题但较难回答需要根据自己实际情况组织答案的参考性问题。另一方面，以教师为中心，习惯于主导课堂的教师其展示性问题较多。而以学生为中心，重视培养学生交际技能的教师会适当增加参考性问题。

综上所述，三位教师在教师提问方面的不同之处在于：因教学风格存在差异，A 教师所提的问题总量较另外两位教师少；B 教师在提问时善用留空句，有利于启发学生；C 教师的参考性问题中关于"其他话题"的提问多于另外两位教师。共同点在于：以展示性问题为主，参考性问题较少；主要在讲解阶段进行提问；提问内容侧重于语言形式。

（四）教师反馈

本文参考对外汉语课堂观察量表中教师反馈的设置，结合线上汉语教学实况，从表扬、批评、纠错、扩展、解释、重复和组合反馈 7 个方面对教师反馈进行分析。

表 8　教师反馈方式统计表

单位：次

	表扬	批评	纠错	扩展	解释	重复	组合反馈	总量
A 教师	11	0	5	7	2	2	3	30
B 教师	18	0	1	0	2	1	16	38
C 教师	17	0	2	0	1	3	4	27

由表 8 可知，三位教师的反馈均以积极反馈为主，无"批评"形式的反馈。其中 A 教师的"纠错"和"扩展"反馈频率相对较高。尤其，运用"扩展"反馈的次数高于另外两位老师。值得一提的是，B 教师的反馈中"组合反馈"也占了很大的比例。

例 7

T（A）：来，我们一起来看，这边有几个词。

S（A）：电影。

T（A）：嗯，在中国，很多关于电的词。电，it means electric, movie

is one kind of shadow，so electricity shadow，together movie．Telephone，we can hear some songs with the electricity．哦，我们叫电话啊，电话。好，还有电视，you can see the people inside，电视。

B 教师和 C 教师的反馈亦以积极性反馈为主，"批评"形式的反馈为 0。除了以"表扬"为主外，值得一提的是，B 教师的反馈中"组合反馈"也占了很大的比例。

下面展示组合反馈的部分情况。

1. 表扬 + 解释

该反馈形式共 8 次。教师在对学生的回答进行简单表扬之后，对学生回答的内容加以详细解释。该反馈形式在对学生进行点评的同时，也为学生带来了更加细化的知识。

例 8

T（B）：休息 means rest．休息，can you guess？

S（B）：我想休息一下。

T（B）：对，非常好。对，一下 means a little，a moment．

2. 表扬 + 重复

该反馈形式次数共 5 次。教师在对学生的回答进行简单表扬之后，对学生回答的内容加以重复，有利于加深学生对正确回答的印象。

例 9

S（B）：比如说，家。

T（B）：对，家，这个非常好。

3. 表扬 + 扩展

该反馈形式共 2 次。教师在对学生的回答进行简单表扬之后，对学生回答的内容加以扩展。

例 10

T（B）：人，是中国人。

S（B）：中国人，人民。

T（B）：对。机器人，你知道是什么意思吗？机器 is machine，it's robot.

4. 表扬＋重复＋扩展

该反馈形式共 1 次。教师在对学生的回答进行简单表扬后，对回答内容进行重复陈述，再进行知识扩展。

例 11

S（B）：上课。

T（B）：对，上课，也可以说下课。

组合反馈在 A 和 C 两位教师的课堂中也有出现。但因 B 教师的组合反馈比例高，类型多样，在此对 B 教师的组合反馈展开分析。笔者认为，这一类型的反馈，比单一反馈更能加深学生对知识的理解。

总的来说，以上三位教师在教师反馈方面各有特点，但也存在共性，即以积极反馈为主，无"批评"形式的反馈。且三位教师用以肯定学生的话语具有极大的相似性，使用频率最高的反馈语都是"好""很好""非常好"等简单的积极性反馈，没有体现出表扬的层次性。除此之外，教师也较少对学生回答做出具体反馈。

四、研究结论及教学反思

（一）研究结论

在数据分析的基础上，笔者在此对研究结论进行概括总结。就差异方面而言，受教学风格和习惯的影响，三位教师的话语各具特点：A 教师的提问总量较少，更倾向于用陈述式的表达直接教授知识；B 教师善用留空句和组合反馈；C 教师习惯先寒暄再正式授课。

尽管不同教龄的教师在语言的选择、语言的长难度、教师提问和教师反馈方面存在一些差异，但仍有一些共同点：如语言选择以汉语为主，英语使用的有效性尚待提高；语言的长难度较低，具体表现为句长较短和语速较慢；展示性问题多，参考性问题少，提问内容侧重于语言形式；以积极反馈为主，缺失"批评"形式的反馈。

（二）教学反思

根据以上研究结论，笔者在此做出教学反思，三位教师具备的一般性特点中，有值得我们学习的地方，也有存在问题的地方。

就值得学习的地方而言，首先，三位教师在语言的选择上都注重目的语的大量输入，符合对外汉语课堂中目的语优先的原则。其次，三位教师在语言的长难度上都照顾到了学生的汉语水平，有意识地避免使用长难句并且及时对语速作出调整。最后，三位教师在反馈方面都较多地使用了积极反馈，避免批评学生，起到了增强学生信心的作用。

就存在问题的地方而言，首先，在语言的选择上，三位教师都存在英语表达质量问题，有效但可省的英语表达较多。此外，无效英语的使用也值得我们关注和重视。其次，在教师提问上，三位教师的参考性问题都比较少，这同时说明了教师在授课时对实用性的知识，尤其是交际相关知识关注不多。最后，在教师反馈上，无论学生回答的质量如何，三位教师大多使用"对""很好""非常好"等简单反馈语，没有对问题做出具体且有层次的反馈。

五、教学启示

（一）在保证汉语大量输入的基础上，适当使用英语

三个样本中，教师使用汉语的比例都是 70% 左右。但是，经观察，其中有些用英语进行解释说明的情况是可以减少或用其他手段避免的。比如 A 教师在教授"球"时，说：篮 it means basket. 球，ball，basketball。打篮球，打，it means to hit，beat，打人。此处可用演示法使学生领会意思，再通过模仿法教授汉语发音。

为帮助学生养成用汉语进行交流的习惯，教师应在保证汉语大量输入的基础上，适当运用英语。而英语应该成为二语习得过程中的辅助手段而不是阻碍。

（二）合理运用各种提问方式

通过数据分析，可知：三位教师的提问中展示性问题居多，参考性问题偏少，个别教师问题设置存在不合理的情况。

展示性问题有利于教师把握课堂节奏、确保课堂顺利进行，但在一定程度上局限了学生的发挥。而参考性问题给了学生更多自由表达的机会，学生的回答更加符合实际情况，但教师对答案是未知的。展示性问题和参考性问题各有利弊，教师应该根据教学内容、学生性格特点等合理运用各种提问方式。在保证学生汉语输出的同时，锻炼学生的自由表达能力。

（三）对学生的回答给予具体、有层次的反馈

由前文可知，教师反馈方面存在的问题是以单一的积极反馈为主，且表扬学生时没有体现出层次性。笔者认为，如果在对学生回答进行简单点评后能给予具体反馈，对学生的学习会更有帮助。如：简单点评"对"后，可以给予具体反馈"星期五，你读得很标准"。除此之外，还应明确表扬的层次性。比如，当学生回答了简单的问题，表现平平时，用"对""没错"等进行反馈；当学生的回答十分准确，达到教师心目中的要求时，可用"很好"等进行反馈；当学生的回答近乎完美或使教师出乎意料时，可用"非常棒""太棒了"等进行反馈。

汉语二语课堂与母语课堂
教师用语对比研究

肖漫（2017 级汉语国际教育）

指导老师：陈楠

汉语二语课堂是指以汉语作为第二语言教学的课堂；汉语母语课堂指汉语作为母语的中小学语文课堂。两者教学的内容都是汉语，但在教学对象、教学性质、教学理念等方面存在着差异性。学界研究多从宏观的角度对两类课堂进行经验性的阐述。如齐雅荻①（2007）从教学对象、教学性质及教学策略等角度对两类课堂进行了对比；张志伟②（2012）从教学目标、教学方法、教学原则等维度对比分析两类课堂的差异；武文③（2013）从教学目标、教学方法和教学过程的角度分析了两类课堂的区别。当前，从微观角度展开关于两类课堂差异性的研究尚不多见。然而，一方面，教师语言作为教学过程中传播知识与信息的主要方式和媒介，在教学中起着至关重要的作用；另一方面，当前中小学教学也是汉语国

---

① 齐雅荻 . 本是同根生，花开不一样——浅谈汉语作为母语的教学与第二语言的教学的区别［J］.科技信息（科学教研），2007（26）：566–567.

② 张志伟 . 中学语文教学与对外汉语教学的对比分析［D］.重庆：重庆师范大学，2012.

③ 武文 . 对外汉语教学与中小学语文教学的对比分析［D］.郑州：郑州大学，2013.

际教育专业一个主要的就业去向。① 鉴于上述原因，在汉语国际教育专业本科生的教学过程中，从课堂教学各环节入手，明确两种教学之间的差异性就显得尤为必要。因此，本文从课堂流程、语言难度和提问方式三个角度，对小学母语课堂及二语初级水平的课堂实录进行对比分析，挖掘其特征，并提出相应的建议。

一、研究语料

选取流程完整的二语课堂和母语课堂实录作为研究对象。其中，二语课堂选取两位对外汉语教师（教师 1、教师 2）的初级汉语综合课实录作为案例，每个完整的课堂流程约为 4 课时，总时长约 340 分钟；母语课堂选取两位小学二年级教师（教师 3、教师 4）的语文课实录作为案例，每个完整的课堂流程约为 2 课时，总时长约为 152 分钟。四位教师的教龄均超过 5 年，为熟手教师。通过对四位教师的课堂实录语料进行转写，对于无意义的声音如教师清嗓子、咳嗽、学生发出的噪音等不作记录，最终共整理出 5 万多字的课堂教学语料，从中选取教师的课堂语言作为研究对象。

二、教学环节

教学环节是指教学活动中链锁式结构的诸组成部分，各组成部分之间前后衔接。② 所选四位教师的课堂教学环节如表 1 所示：

表 1　教师课堂教学环节

顺序	教师 1	教师 2	教师 3	教师 4
1	寒暄导入	寒暄导入	故事导入	图片导入
2	生词：认读、讲解、练习	生词 1：认读、讲解、练习→课文 1：讲解、提问	生词：自主认读	生词：游戏、朗读

---

① 文秋芳. 从英语国际教育到汉语国际教育：反思与建议 [J]. 世界汉语教学，2019（3）：291 – 299.

② 顾明远. 教育大辞典 [M]. 上海：上海教育出版社，1998.

（续上表）

顺序	教师 1	教师 2	教师 3	教师 4
3	语法：讲解、练习	生词 2：认读、讲解、练习→课文 2：讲解、提问	课文：第三人称转述	课文：认读、提问
4	课文：讲解、提问	语法：讲解、练习	结合实际，提炼主旨	结合实际，提炼主旨

由表 1 可见：

（1）与母语课堂相比，二语课堂多设了语法讲解和练习的环节。

（2）两类课堂的导入环节有明显的差异。二语课堂中，教师通过寒暄的方式导入，如："好啦，我们上课啦。为什么我觉得你们很累呀，又累又困，是吗？天气不好，很冷，容易让人觉得很累。""现在大二有人通过了六级。现在有大二的学生是过了六级的。"这些寒暄与所学课文内容无直接关联，主要是引导学生进入说汉语目的语的环境。母语课堂的导入，通过讲或看与课文内容相关的故事、图片等方式调动学生的积极性，引导学生快速进入课文学习中。如在《三个儿子》的教学中，教师用黄先的故事导入："今天，老师先给大家讲个小故事，过去汉朝的时候，有个叫黄先的小朋友……"

（3）对生词学习环节的处理方式存在差异。二语课堂的程序为认读生词、讲解生词含义、举例、练习，两位教师生词部分所花时长平均占总课时的 74.5%。母语课堂的生词学习环节，教师主要起引导作用，要求学生课前预习，课上自主认读，较少进行生词练习，两位教师处理生词的时间平均占总课时的 18%。

（4）课文学习环节设置存在差异。二语课堂以讲解、提问为主，注重对课文内容的理解，如"他要深颜色的还是浅颜色的"。母语课堂注重帮助学生理解文章的主旨，启发学生对生活进行思考，如："那么我们现在听了、看了三个儿子不同的表现，也听了老爷爷的话，现在你最想对哪一个儿子说一句话呢？"

两类课堂在教学环节及具体操作上存在的差异，主要是教学对象汉语水平和教学目标的不同造成的。二语课堂的教学对象多为成年人，目的语水平不高，语言障碍大，语言能力及语用能力是对外汉语教学的重要教学目标。因此，教学中设置了词汇讲解、举例、练习，语法规则教学及练习等环节；课文教学也以对课文内容的理解为主。母语课堂中，学习者汉语水平较高，基本没有语言障碍。此外，《义务教育语文课程标准》①指出，教学除了发展语言能力外，应注重"工具性与人文性的统一""通过优秀文化的熏陶感染，提高学生的思想品德修养和审美情趣"，要求"在语文学习的过程中，逐步形成积极的人生态度和正确的价值观"。因此，相较于二语课堂，母语课堂的教师更注重对课文深入的理解和对作者思想感情的把握，把健康向上的情感态度和正确的人生价值观渗透到每个教学环节，让学生能够更好地理解课文中所蕴含的情感，从而达到陶冶情操、培养情怀的目的。

三、教师语言难度

受教学对象的影响，母语教师与二语教师课堂用语难度有所不同。生词量、语法项目数量、句子的长度等都是决定汉语语料难度的主要因素②。本文选取词汇和句子两个角度进行统计分析。

（一）词汇难度等级

我们借助《汉语阅读分级指难针》③，并结合人工干预，依据《现代汉语词典（第5版)》对四位教师的课堂用语进行分词分级处理。

---

① 中华人民共和国教育部. 义务教育语文课程标准 [M].北京：北京师范大学出版社，2012.

② 张宁志. 浅谈汉语教材难度的确定 [C] //中高级对外汉语教学论文选. 北京：北京语言学院出版社，1991.

③ 《汉语阅读分级指难针》由金檀、陆小飞、林筠、李百川共同主持研发，旨在为国际汉语教师提供阅读文本的难度定级与智能改编，共包含"文本定级""词语标注"和"字词档案"三个核心模块。

表 2　教师课堂词汇难度

	教师 1	教师 2	教师 3	教师 4
一级 词种数①/%	121/34.08	112/24.72	63/15.83	83/15.63
二级 词种数/%	81/22.82	85/18.76	47/11.81	63/11.86
三级 词种数/%	67/18.87	86/18.98	53/13.32	71/13.37
四级 词种数/%	23/6.48	52/11.48	51/12.81	62/11.68
五级 词种数/%	8/2.25	30/6.62	36/9.05	36/6.78
六级 词种数/%	6/1.69	6/1.32	14/3.52	20/3.77
超纲词 词种数/%	49/13.8	82/18.1	134/33.67	196/36.91
每课时 词种数	89	113	199	266
每课时 总词数②	1 231	1 784	1 161	1 521

---

① 词种数，是指课文中所有不重复的词汇数。
② 总词数，是指包含重复的词汇数。

由表 2 可见，母语课堂教师用语的词汇难度高于二语课堂：

（1）二语课堂每课时的总词数与母语课堂差异不大，但词种数（89个、113 个）却低于母语课堂（199 个、266 个）。这与二语课堂中教师需根据学生的课堂反应或教学需要进行词汇的复现有关，如"你们去游泳对吗，去游泳（使用强调语气）……"母语课堂则较少有这样的重复。

（2）二语课堂的简单词汇数量远高于母语课堂。二语课堂的词汇以初级词汇（一级、二级）为主，教师 1 用语的初级词汇占 56.9%，教师2 占 43.48%；母语课堂的两位教师用语中初级词汇的比例远低于二语课堂，分别为 27.64%、27.49%。

（3）二语课堂的超纲词汇数量远低于母语课堂。二语课堂的两位教师用语的超纲词的比例分别为 13.8% 和 18.1%；母语课堂的两位教师用语的超纲词的比例分别为 33.67%、36.91%。

（二）句子长度

表 3 从字数和词数两个角度对所选文本的句长进行统计，并结合每百字的句数进行分析。

表 3　教师课堂用语句长统计

	总字次	总词数	总句数	平均句长（字数）	平均句长（词数）	平均句数（每百字）
教师 1	7 102	4 922	763	9.31	6.45	10.74
教师 2	13 903	7 135	1 274	10.91	5.60	9.16
教师 3	3 276	2 322	241	13.60	9.63	7.36
教师 4	4 276	3 042	309	13.84	9.84	7.23

由表 3 可见，通过对句长的统计发现，母语课堂教师用语难度高于二语课堂。母语课堂教师用语平均句长为 13.60 字（9.63 词）、13.84 字（9.84 词），明显长于二语课堂的 9.31 字（6.45 词）、10.91 字（5.60词）。母语课堂教师用语的每百字的句数为 7.36 句、7.23 句，明显少于二语课堂的 10.74 句、9.16 句。

通过上文对教师课堂用语词汇难度和平均句长的对比分析可知，母语课堂教师用语的难度远高于二语课堂。二语课堂中，学习者汉语水平较低，如果教师课堂用语过难，学生无法理解，必然会影响学生的学习积极性。因此，教师选择采用词汇难度较低的短句进行课堂教学，并根据学生的课堂反应，以重复词句的方式加强学生对语言点的掌握。而母语课堂的学生没有语言障碍，教师语言难度上受限较小，且语文课堂有提升学生语言审美的功能，教师课堂用语会采用较为复杂的语言表达方式。

四、课堂提问方式

课堂提问不仅是教师组织教学的重要手段，也是师生之间必要的交流互动，是教学中必不可少的环节。教师通过课堂提问能够促进学生思维的发展，引导学生多说多练，更好地达成教学目标。下文从提问对象、提问句类、问题类型三个角度对四位教师的提问方式进行对比分析。

（一）提问对象

提问对象可以分为"向全体学生提问"和"向个体学生提问"两种。"向全体学生提问"是指教师所提问题面向全体学生；"向个体学生提问"是指教师向某一特指同学提问。四位教师课堂提问情况统计如下：

表 4　提问对象

	教师 1	教师 2	教师 3	教师 4
向全体学生提问（句数/%）	66/28.95	65/30.37	43/54.43	47/73.44
向个体学生提问（句数/%）	162/71.05	149/69.63	36/45.57	17/26.56
合计（句数/%）	228/100	214/100	79/100	64/100
平均每课时提问（句数）	57	54	40	32

由表 4 可见：

（1）从提问数量看，二语课堂两位教师平均每课时的提问句数是 57 句、54 句，超过母语课堂的 40 句、32 句。

（2）从提问对象看，二语课堂两位教师以向个体学生提问为主，所占比例分别为 71.05%、69.63%，母语课堂以向全班提问为主，所占比例分别为 54.43%、73.44%。

二语课堂的本质是语言教学①，教师需通过提问提高学生的开口度；且多为小班教学，班级人数较少，教师有更多机会进行一对一的问答。二语课堂中，如果教师过多采用面向全班提问的方式，会让基础薄弱的同学混于其中，无法达到良好的学习效果。母语课堂的学生人数远超二语课堂，过多地采用一对一的问答方式，会影响学生课堂参与的覆盖面。相较于二语课堂，母语课堂的教师更多地以向全体学生提问的方式，提高课堂参与度和学生的积极性。

（二）提问句类

疑问句类可分为"是非问句""选择问句""正反问句"和"特指问句"四类②，通过对四位教师课堂提问及学生回答情况的考察，我们发现前三类提问的答案隐匿于问题当中，学生只需要进行简单的是与否的判断，就可以参照问题的题干说出答案。因此，我们将"是非问句""选择问句""正反问句"三类句式归为一类，即"非特指问句"，如"在广州冬天要买羽绒服吗？""特指问句"指用疑问代词或由它组成的短语来表明疑问点，说话者希望对方就疑问点做出答复。③ 该类问句的答案在题干中无法找到，学生需要通过思考并进行语言重组才能回答，如"同学们，井边打水的妈妈们是如何议论自己的儿子的？"四位教师课堂中的提问句式情况统计如下表：

---

① 刘珣.对外汉语教育学引论［M］.北京：北京语言文化大学出版社，2000.
② 黄伯荣，廖序东.现代汉语下册（增订版第6版）［M］.北京：高等教育出版社，2017.
③ 黄伯荣，廖序东.现代汉语下册（增订版第6版）［M］.北京：高等教育出版社，2017.

表5　提问句式

	教师1	教师2	教师3	教师4
非特指问句（句数/%）	165/72.37	127/59.35	32/40.51	30/46.87
特指问句（句数/%）	63/27.63	87/40.65	47/59.49	34/53.13
合计（句数/%）	228/100	214/100	79/100	64/100

由表5可见：

二语课堂中，两位教师的提问以"非特指问句"为主，教师1"非特指问句"占72.37%，教师2占59.35%。母语课堂中，教师的特指问句提问多于非特指问句提问，教师3"特指问句"约占59.49%；教师4约占53.13%。

针对初级阶段汉语综合课程教学，教师提问主要围绕基本词汇、语法等知识点展开，通过反复练习增强学生对语言点的理解与记忆，提高学生的语言输出，培养学生的语感。"非特指问句"可以给学生提供更多的垂直结构，语言难度较小，学生只需要在判断"是"或"不是"的基础上进行作答。如讲解"会"的用法时，教师1提问："你会开车吗？""你会唱中文歌吗？"学生在进行简单的是非判断后，迅速模仿教师的语言回答"我会开车""我不会唱中文歌"。这样的提问方式既降低了语言学习的难度，也检验了学生对语言点的掌握程度，提高了课堂效率。而回答"你对什么感兴趣？""小黄车怎么样？"等特指问句时，教师语言中提供给学生可模仿的语言形式就减少了，需要学生增加新的语言形式才能完成问答。至于回答"学完这篇课文，你获得了什么？"这样的问题，则完全需要学生重新组织语句，对学生的语言能力要求较高。因此，在二语课堂中，教师使用非特指问句的比例高于特指问句。母语课堂中，学生受语言表达能力的限制较小，在进行表达时较少需要借鉴教师的语言垂直结构，且语文教学有着促进学生思维的教学目标，教师可较多采用特指问句进行提问。

（三）问题类型

Long和Sato（1984）将课堂提问分为展示性问题（display questions）

和参考性问题（referential questions）。展示性问题一般已知问题答案，但要求学生回答问题，也就是我们常说的"明知①故问"，这类问题不同回答者的回答大体相同或者完全一致。参考性问题是用来获取或交换信息的问题，提问者并不知道确切的答案，也无法预测对方的回答②（靳洪刚，2004），这类问题往往要求学生经过努力思考才能得出答案，并且不同回答者的答案不尽相同。四位教师课堂中问题类型情况统计如下表：

表6　问题类型

	教师1	教师2	教师3	教师4
展示性问题（句数/%）	171/75.00	182/85.05	22/27.85	35/54.69
参考性问题（句数/%）	57/25.00	32/14.95	57/72.15	29/45.31
合计（句数/%）	228/100	214/100	79/100	64/100

由表6可见：

二语课堂中，展示性问题所占的比例高于母语课堂。教师1展示性问题占75.00%，教师2占85.05%。母语课堂的参考性问题所占比例高于二语课堂，教师3参考性问题占72.15%，教师4占45.31%。

展示性问题的提问话语简洁，问题难度较低，提问的目的不是要寻求未知的信息，而是进行语言练习。如："你的羽绒服是厚的还是薄的？""广州的地铁很快，也很方便。该怎么说？"问题的侧重点在于激励学生用目的语说出已知答案，学生回答时无须对答案的内容进行过多的思考，将注意力集中于对语言形式的训练上，让学生通过回答问题来练习应掌握的目标语言形式。参考性问题没有固定答案，可以激发学生更多的思考，调动课堂的积极性。学生在回答的过程中需要进行深入、认真的思

① LONG M H, CHARLENE J S. Methodological issues in inter – language studies：an internationalist perspective in Davies. Alen；Clive Criper；and Anthony P. R. Howatt（eds.）Interlanguage ［C］. Edinburgh：Edinburgh University Press，1984.

② JIN H G. The importance of CFL teacher training on elicitation techniques ［J］. Journal of the Chinese Language Teachers Association，2004，39（3）：29.

考，并运用较为复杂的语言来表达自己的意思，如"你认为第几句说得好？为什么？"这类问题对学生的语言能力要求较高。

初级二语课堂的学生汉语水平较低，教学内容主要为对词汇、句子、语法等语言知识点的反复训练，展示性问题自然成为教师提问的主要类型。母语课堂的学生语言表达能力强，且教师需要将情感、态度、价值观等隐性目标渗透到语文教学环节中，使知识点的工具性与人文性融为一体。如关于"孝顺"的话题，教师这样提问："妈妈不仅给了我们生命，还给了我们世界上最伟大而无私的爱。当你们还很小的时候……现在你们在慢慢地长大，而她们却在慢慢变老。所以孩子们，我们应该为我们的爸爸妈妈做些什么来孝敬他们呢？"教师以课文情感主线为基础，以参考性问题为桥梁，让学生在理解课文思想感情的同时，也可以说出自己内心的情感体会。因此，母语课堂中，教师使用参考性问题进行提问的比例较高。

五、结语

汉语母语课堂与二语课堂同属于汉语教学，但二者在教学对象、教学目标等方面存在较大差异。本文以教师用语为切入点，针对两类课堂的各自特征，建议在课堂流程、用语难度、提问方式等方面做不同的处理。

一是课堂流程的优化。二语课堂中，教师应多注重词汇、语法等语言要素的教学与练习；母语课堂中，除对学生教授课本内容外，还应注重培养学生的思想道德素质和人文情怀。

二是用语难度的把握。二语课堂的教师用语应选择难度较低的词汇，并采用较短的句子进行重复表述；母语课堂的教师用语受词汇难度和句长的限制较小，无须过多的语言重复。

三是提问方式的选择。二语课堂应多提展示性问题，以非特指问句为主，更多面向个体学生提问；母语课堂应多提参考性问题，以特指问句为主，更多面向全体学生提问。

在韩中国留学生跨文化
适应水平实证研究

张之妍（2017 级汉语国际教育）

指导老师：陈楠①

一、引言

在全球化的背景下，世界各国文化正在融合交往，走出国门求学的中国学生日益增多。2020 年 12 月 22 日举行的教育部新闻发布会公布：2016 年至 2019 年我国出国留学人数为 251.8 万人。② 其中，韩国因具有学历含金量高、性价比高、申请流程简单的优势，已经跻身留学第一梯队之中，成为出国留学的主流选择之一。③ 相应地，在韩中国留学生跨文化适应研究也应该得到重视。

跨文化适应问题研究源于 20 世纪初期，最早由美国民族事务局提出，定义为：一种文化背景的人群接触另一种文化时所产生的文化和心理等方面的变化。④ 当前关于跨文化适应的问题主要集中在以下几个方面：

---

① 现为青岛大学国际教育学院硕士研究生。

② https：//www.360kuai.com/pc/912edcf620c4580f8？cota＝3&kuai_so＝1&sign＝360_57c3bbd1&refer_scene＝so_1.

③ https：//mp.weixin.qq.com/s/ZTxsRb4912uOtb9SJfPOmg.

④ 张仕欣.中国留学生在法国跨文化适应研究［D］.上海：华东师范大学，2020.

第一，关于跨文化适应的分类的研究。Ward（1992）将跨文化适应划分为心理适应和社会文化适应两个维度，现如今的研究多据此细分后再进行针对性的研究①，如朱国辉（2011）将学术适应列为单独的维度研究留学生的跨文化适应问题，提高了跨文化适应研究的专业度，并丰富了划分门类。

第二，关于跨文化适应水平变化情况的研究。从跨文化适应学界的理论模型来看，最早的成果是 Lysgaand（1995）提出的"U 形"曲线跨文化适应理论，为后续的研究奠定了基础。Oberg 在其启发下提出文化冲击理论，认为跨文化适应包含蜜月期、挫折期、恢复期、适应期四个阶段。但学界经过长年的研究认为"U 形"曲线与文化冲击理论存在一定的局限性，Searle 和 Ward（1990）认为在心理适应维度可能接近于"U 形"曲线，而社会文化适应则会呈现线性趋势走向。②

第三，关于跨文化适应的影响因素的研究。目前还没有形成统一的体系，但研究方向大体集中于个体特质和个体外部因素③，如 Cobb（1976）认为社会支持即人在某个环境中的社会关系是影响其融入东道国社会的重要因素。Stephen Bochner（1982）提出了影响旅居者适应的核心价值观差异假说，认为价值观的差异会影响文化适应。

第四，关于不同人群跨文化适应的研究。国内针对留学生的跨文化适应的研究大部分为来华留学生的跨文化适应问题，仅有少部分研究者关注中国留学生的异国文化适应问题④，如刘炜于 2008 年发表的《中国留英高校生跨文化适应、社会支持与生活满意度的相关研究》一文中进行了对在英中国留学生的跨文化适应问题研究；王电建在 2013 年发表的《中国留学生跨文化学业适应困难及应对策略研究》一文中研究了在美中

---

① 张仕欣．中国留学生在法国跨文化适应研究［D］．上海：华东师范大学，2020．

② 杨柳，傅纳，王孟楠．中国留学生社会文化适应的影响因素研究［J］．教育学报，2019，15（6）：93－101．

③ 黄文虎．跨文化适应的影响因素与结果变量研究［D］．上海：华东师范大学，2011．

④ 王丽娟．跨文化适应研究现状综述［J］．山东社会科学，2011（4）：44－49．

国留学生的跨文化适应情况。目前有关中国学生留韩的跨文化适应研究还比较少，知网上搜索"赴韩留学"关键字，相关文章仅 16 篇，内容上也偏重赴韩利好分析与趋势政策方面，如金吉于 2012 年发表的《2012 年韩国留学趋势利好》，刘丽娜于 2020 年发表的《中国学生留韩现状调研及趋势分析》等文章，鲜有针对在韩中国留学生的跨文化适应问题的文章。

综上所述，跨文化适应研究在不同的研究领域中各有侧重，影响因素还没有形成统一的分类体系。关于在韩中国留学生的跨文化适应研究较少，而由于中韩两国在国家发展中不断拉大的社会文化差异，中国在韩留学学生的跨文化适应水平不如预期，针对该群体的研究不应忽视。①

基于此，本研究将从社会文化适应、学业课程适应和心理适应三个维度，在已出国项目学生调查问卷（谭瑜）、社会文化适应量表（SCAS，Ward）、抑郁自评量表（Zung self-rating depression scale）和一般自我效能感量表（GSES）中译版本这四个量表的基础上，针对假设影响因素和在韩中国留学生的实际情况这两个方面来设计问卷，收集在韩中国留学生的跨文化适应情况进行实证分析研究，力图揭示阻碍中国留学生适应在韩留学生活的影响因素，并提出有效的建议，为赴韩中国留学生提供跨文化适应方面的指导与参考，帮助中国留学生克服文化冲突的影响。

二、研究方法

（一）研究维度与假设

中韩两国均属东亚文化圈，文化上深受儒家思想影响，在建筑、饮食、文艺、民俗、思维方式和行为习惯等方面都有较多相似之处。对于赴韩留学的中国学生来说，跨文化适应障碍本应较小，但据了解，在韩中国留学生对韩国文化及社会的融入程度参差不齐。本研究基于该情况，参考以往文献，将从三个维度研究在韩中国留学生的适应情况，并假设影响学生适应情况的七个方面的因素，具体如下：

---

① 亓华，李秀妍. 在京韩国留学生跨文化适应问题研究［J］.青年研究，2009（2）：84 – 93，96.

1. 适应情况研究维度

Ward（1992）将跨文化适应划分为心理适应和社会文化适应两个维度，这是目前学界广泛运用的分类方式之一。心理适应指的是当社会环境发生变化时心理及情绪上的适应情况；社会文化适应指的是个体在新的社会环境中与当地社会文化环境的互动情况。[①] 其中，社会文化适应所涉及的范围较广泛，Ward（2001）将和当地人交朋友、参加社会活动与处理好学习和工作等相关问题包括在内。随着跨文化适应的研究发展，有的学者将社会文化适应划分为生活适应和学习适应来进行更加专门化的研究，朱国辉（2011）将来华留学生的跨文化适应问题研究分为心理适应、生活适应和学习适应三类。黄文虎（2011）从总体适应、人际适应和工作适应三个维度进行国家汉办外派汉语教师跨文化适应研究。而本研究的对象为在韩中国留学生，学习为该群体的主要活动，因此选择从社会文化适应、学业课程适应和心理适应三维度进行跨文化适应情况的研究。

2. 影响因素假设

本研究在借鉴赖红玲的《留学生跨文化适应中的压力与影响因素研究》、谭瑜的《高校中外合作办学项目学生跨文化适应研究》、Ward 的 *The Measurement of Sociocultural Adaptation* 这三篇文章观点的基础上，结合中韩文化的差异，对影响因素作出以下假设：

第一，留学期望因素。中国留学生在前往韩国学习之前，一般都会对即将到来的留学生活有所期望。[②] 留学生的学业期望如果不能达到自己的预期效果则会影响其现实学习状况，进而导致跨文化适应压力的产生。[③] 实际上，中国留学生们不仅存在对学业的期望，还有对社会生活的期望和心理的期望。因此，本研究将这三方面合称为留学期望，并列为

---

① 谭瑜. 高校中外合作办学项目学生跨文化适应研究［D］.北京：中央民族大学，2013.

② 谭瑜. 高校中外合作办学项目学生跨文化适应研究［D］.北京：中央民族大学，2013.

③ 赖红玲. 留学生跨文化适应中的压力与影响因素研究［J］.教育与教学研究，2014，28（11）：37－41.

影响中国留学生跨文化适应的因素，分别研究中国留学生对三维度适应[①]的影响。

第二，学历因素。在影响社会文化适应的因素中，人口统计学的因素往往是学者首要考虑的方向。人口统计学因素包括了性别、学历、留学时长等。谭瑜（2013）在其对高校中外合作办学项目学生的跨文化适应研究中指出，学历对项目留学生的社会文化适应有显著的影响。但其研究对象为在英国、美国、法国、澳大利亚和加拿大的中国留学生，不涉及在韩中国留学生。由此，本研究将学历列为影响因素，检验其是否对在韩中国留学生有同样影响。

第三，留学形式因素。中国是一个典型的群居社会，重视人与人之间的相互扶持与依赖。那么对于赴韩留学的中国学生，选择一个人出国还是和认识的人一起出国将会对其跨文化适应情况产生不同影响。[②] 本研究将留学形式列为影响因素，针对这个问题进行探索和说明。

第四，当地朋友人数因素。在影响社会文化适应的因素中，是否拥有当地朋友往往被认为是重要的一点。当地朋友作为当地文化的中介人，能够给留学生以知识、语言、信息和情感等多方面的支持和帮助。[③] 谭瑜（2013）在进行问卷调查研究后指出：当地朋友多有助于更好地适应当地的社会文化环境。基于此，本研究将当地朋友人数列为影响因素。

第五，留学时长因素。学界普遍认为，在外旅居时间会影响旅居者[④]的跨文化适应情况，如 Ward（1999）指出，从时间的维度上分析，旅居者的跨文化适应是一个动态的过程。此外，Lysgaard（1955）的"U 形"曲线跨文化适应理论认为旅居者会经历"蜜月期""挫折期""调整期"

---

① 为了书写方便，本文将社会文化适应、学业课程适应和心理适应合称为三维度适应。

② 朱国辉. 高校来华留学生跨文化适应问题研究［D］.上海：上华东师范大学，2011.

③ 谭瑜. 高校中外合作办学项目学生跨文化适应研究［D］.北京：中央民族大学，2013.

④ 跨文化适应人群一般分为长期移民和短期居留者两种，其中短期居留者包括国际留学生、企业外派人员、旅游人员等，又称为"旅居者"。

和"适应期"，即跨文化适应水平会呈现由高至低再变高的"U形"运动轨迹。但后来 Searle 和 Ward（1990）认为旅居时长对跨文化适应的影响应区分心理适应和社会文化适应两个维度的运动轨迹，心理适应水平运动轨迹可能近似于"U形"曲线，而社会文化适应水平和旅居时长可能会呈正相关的关系。基于此问题的研究差异，本研究将留学时长列为影响因素，以期做出进一步的探索与分析。

第六，宗教因素。在韩国，基督教盛行。初入韩国的中国留学生语言不通，而宗教本身就具有精神慰借的作用[1]，那么参加韩国基督教活动频率是否会对中国留学生的三维度适应情况产生影响，是本次研究将要分析的问题之一。

第七，一般自我效能感因素。Bandura（1978）提出一般自我效能感这一观点，一般自我效能感是指人们对自身能否利用所拥有的技能去完成某项工作行为的自信程度。个体在完成某项工作之前对自身应对能力水平进行感知与评估，能够在一定程度上提高对自身能力的肯定，从而起到激励作用。赖红玲（2014）认为在跨文化适应中，留学生的一般自我效能感能够影响其文化适应程度。本研究也将一般自我效能感列为影响因素之一来研究其对在韩中国留学生的三维度适应情况。

综上所述，本研究预设影响在韩中国留学生文化适应程度的因素为以下七点：留学期望、学历、留学形式、当地朋友人数、留学时长、宗教、一般自我效能感，并分析它们对三维度适应的影响情况。

（二）问卷设计

本研究所设计的问卷由问卷开头、问卷内容构成。问卷开头为本次调查研究目的的简短介绍与对参与调查的学生的感谢。问卷内容根据上文说明进行设计，包括适应情况和影响因素两大板块，共六个部分。适应情况板块为上文所说明的适应情况研究维度：社会文化适应、学业课程适应和心理适应，分别对应调查问卷第四、五、六部分的题目。影响因素板块对应问卷第一、二、三部分的题目，包括留学期望、学历、留学形式、当地朋友人数、留学时长、宗教、一般自我效能感这七个影响

---

① 陈梦遥. 韩国基督教盛行的原因 [D].北京：北京大学，2008.

因素。具体设计内容与计算方法如下:

1. 适应情况

第四部分社会文化适应,在 Ward 及其同事所设计的社会文化适应量表(SCAS)的基础上,选取其中涉及社交、生活方面的题目,同时针对在韩中国留学生所反馈的普遍存在的社会适应问题进行调整,形成正式问卷。计算法则同为 Likert 五点量表式,得分越高者,社会文化适应困难越大。

第五部分学业课程适应,仍以社会文化适应量表(SCAS)中涉及课程学习适应的题目为参考,在修改和整理后作为正式问卷题项。得分越高者,课程学习适应困难越大。

第六部分心理适应,参照的是抑郁自评量表,适当修改选项以符合被试者真实情况,从情感、生理和认知三方面的抑郁因素入手,采取四级评分法则(A=无或很少,B=总是,C=经常,D=大多数时间),共包括 20 道题,正反计分,正向计分题 A、B、C、D 按 1、2、3、4 计分,反向计分题按 4、3、2、1 计分。与社会文化、学业课程比较时,计分方式为总得分/总题项,分数越高,抑郁程度越高。此外,对留学生的心理抑郁情况进行单独分析时则采用标准分方式:题项总分 × 1.25 后取整,得分越小,抑郁程度越低,以 50 分为分界值,总得分低于 50 分为正常;50~59 分、60~69 分、70 分及以上分别为轻度、中度、重度抑郁。

2. 影响因素

第一部分为样本基本情况统计,包含性别、年级、专业、留学时长、留学形式、留学学校、毕业打算、当地朋友人数、是否具有宗教信仰以及参加韩国基督或天主教会礼拜活动的频率等人口统计学信息。

第二部分的留学期望以谭瑜所设计的出国项目学生调查问卷为参考,选取其中留学期望调查的部分作为此次调查中采用的量表,共包括 9 题项。9 题项中再细分为社会文化适应、学业课程适应、心理适应这三维度期望,对应问卷第二板块的适应情况调查,第一题属于学业课程期望,第九题属于心理适应期望,剩下题项为社会文化适应期望。被测者根据其实际情况进行填写。将被测者分为期望高与期望较低两类,选择非常重要选项的为期望高者,选择其他选项的为期望较低者。社会文化适应期望设计题目较多,采用 Likert 五点量表形式(1=完全不重要;2=不重要；3＝一般；4＝重要；5＝非常重要）作为计算法则：总得分/总题项，得分越高者，社会文化适应期望越高。

第三部分的一般自我效能感采用的是 Schwarzer 等人设计的一般自我效能感量表（GSES）的中译版本，共有 10 个问题，采取 Likert 五点量表计分方式：总得分/总题项，得分越高代表被调查者的一般自我效能感水平越高。

（三）研究对象

本次研究采取目的性抽样调查的方法，小样本调查的形式。针对上文所假设的影响在韩中国留学生文化适应水平的因素，向符合抽样条件的在韩中国留学生发放问卷。

调查样本数目为 33 人，发放问卷 33 份，回收问卷 33 份，有效问卷 33 份，有效回收率为 100%。此次调查样本中，女生 29 人，男生 4 人，女生人数占 87.88%，男生人数占 12.12%。大四学生参与调查比例最高，为样本比例的 39.39%。本研究调查样本的留学时长按照问卷所设置的时间段大致平均分布，留学时长为 1~6 个月的学生有 7 人；7~12 个月的学生有 8 人；1~2 年的学生有 5 人；2~4 年的学生有 7 人；4 年以上的学生有 6 人。韩语相关专业与经济学相关专业的学生占比最高，分别占 27.27% 和 33.34%。

三、研究结果与分析

（一）样本适应基本情况

通过对 33 名在韩中国留学生的问卷调查结果统计，总体文化适应基本情况分析结果如表 1 所示。

表 1　在韩中国留学生社会文化适应与学业课程适应情况的描述统计

	有效问卷数	最小值	最大值	平均值	标准差
社会文化适应	33	1	3.5	2.25	0.67
学业课程适应	33	1	4.25	2.28	0.91

表1数据显示,本次调查的在韩中国留学生的社会文化适应平均值为2.25,学业课程适应平均值为2.28,两者平均得分接近,适应水平均为中级。综合调查样本情况可得,学业课程适应个体差异最大,社会文化适应个体差异次之。

心理适应总体情况则采用标准分法单独测试,结果如表2所示。

表2 抑郁量表标准分得分情况表

心理状况	频数	占比（%）
<50（正常）	17	51.5
50～59（轻度抑郁）	10	30.3
60～69（中度抑郁）	6	18.2
≥70（重度抑郁）	0	0

表2数据显示,参与调查的中国留学生中51.5%属于正常的心理状况,接近一半的被测者属于抑郁症候群,30.3%的学生轻度抑郁,18.2%的学生中度抑郁,这说明在韩中国留学生存在心理适应问题且不是很乐观。

综合表1、表2数据可知,在韩中国留学生的社会文化适应和学业课程适应水平中等,心理适应水平也较低,且个体水平差异较大。据此,本研究将结合实证研究所假设的因素对三维度适应水平的影响,得出实际的影响因素,提出相应的建议以达到此次研究的目的。

（二）假设影响因素对三维度适应的影响情况

通过向符合假设影响因素的在韩中国留学生发放、回收问卷后统计的结果,本研究所假设的七个影响因素与在韩中国留学生的三维度适应情况关系具体如下:

1. 留学期望与三维度适应

留学期望是留学生们对留学生活提前勾画的一种标准,通过问卷填写可以对在韩中国留学生的三维度适应状况及其影响因素进行更为全面、准确的了解与掌握。本研究将留学期望作为影响中国留学生文化适应水平的因素之一，分为学业课程适应期望、社会文化适应期望和心理适应期望三个方面，分别与实证中的学业课程适应、社会文化适应和心理适应情况进行对比，运用 Excel 计算功能对调查问卷的结果整合如图 1、图 2 所示。另外，因此次心理适应期望调查结果中所有留学生的选择都集中在选项"重要""非常重要"，心理适应期望高，所以在此不做进一步分析。

（1）留学学业课程适应期望与学业课程适应情况。

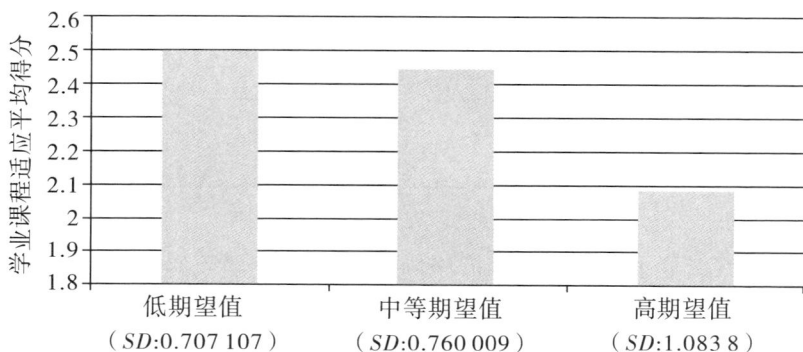

图1　留学学业课程适应期望与学业课程适应情况

留学期望高者在问卷第二部分留学期望的第一题中选择"非常重要"选项，期望中等者选择"重要"或"一般"选项，期望低者选择"不重要""完全不重要"选项。平均值为调查样本在学业课程适应情况中的平均得分，数值越高，学业课程适应困难越大。

从图 1 可以直观地看到，留学生自身对学业课程重视程度的高低影响其学业课程适应情况，学业课程期望越高，适应困难越小。

（2）留学社会文化适应期望与社会文化适应情况。

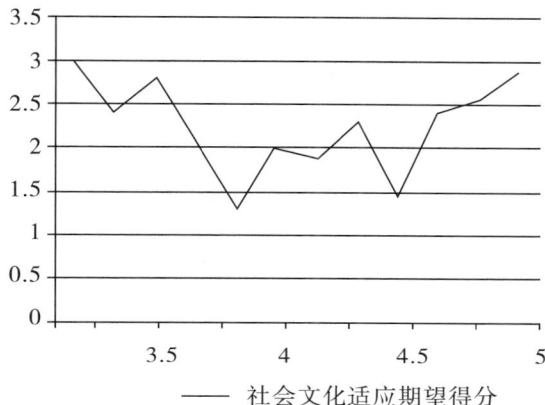

—— 社会文化适应期望得分

图2　留学社会文化适应期望与社会文化适应情况

　　图2中横坐标为社会文化适应期望得分，分值越高，社会文化适应期望越高；社会文化适应得分越高，社会文化适应困难越大，社会文化适应情况也就越差。

　　如图2所示，留学社会文化适应期望得分与社会文化适应情况的得分的关系大致呈"U形"。社会文化期望值中等者社会文化适应情况最乐观。由此发现，学业课程适应相对于其他适应来说，更容易受到个体主观能动性的影响。学业课程适应期望高说明其重视学业，证明此类中国留学生在取得一定学业成就方面的动机较强，那么他们大部分的时间和精力都会安排在学习活动上。

　　这证明社会文化适应期望与社会文化适应的关系不是一种线性关系，而是近似于 Yeikes-Dodson 的"倒U形"曲线定律所代表的关系——中等强度的动机最有利于任务的完成。中等程度的期望最有利于社会文化适应，过高或者过低的期望都可能导致中国留学生在本就陌生的韩国社会文化环境下出现认知失调状况，从而导致社会文化适应水平大幅降低。

　　因此，可得知留学期望度高低对在韩中国留学生的社会文化适应与学业课程适应产生明显影响，对心理适应影响较小。学业课程适应期望越高的中国留学生，学业课程适应水平越高；保持中等的社会文化适应期望更有利于社会文化适应活动。

2. 学历与三维度适应

对比不同学历的中国在韩留学生在三维度适应的得分，结果如表3与图3所示。

表3 学历差异三维度适应情况比较表

学历	学业课程适应		社会文化适应		心理适应	
	M	SD	M	SD	M	SD
语学院	2.40	0.69	2.65	0.96	1.44	0.44
本科	2.28	0.70	2.63	0.68	2.15	0.44
硕博	1.74	0.41	2.31	0.45	1.85	0.38

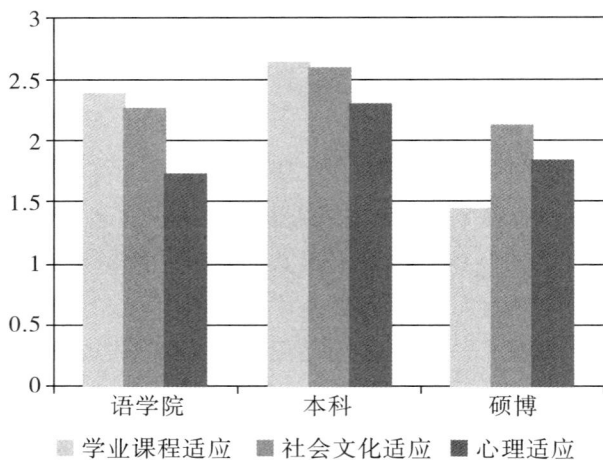

图3 学历差异三维度适应情况比较图

图3可以直观地反映出：本科生在学业课程适应和社会文化适应方

面平均得分最高，适应困难最大；语学院生①次之；硕博生平均得分最低，适应困难最小。

在心理适应方面，本科生适应困难最大，硕博生次之，语学院生适应困难最小，但语学院生与硕博生心理适应得分相差无几，可视为水平相当。

硕博生的留学时长较本科生长，学习适应性好，遇到的学习困难少。② 硕博生的学业内容专业性强、研究性大，加之他们已经接受了长时间的语言训练和文化知识的学习，所参与的社会文化实践活动一般也多于本科生和语学院生，这使他们更能自如地应对学业课程和社会文化方面的困难，从而保持良好的心理状态。本研究将韩国留学项目中特有的语学院列入学历差异中。语学院学业内容为单一的韩语课程，学业目标为达到韩语中级4级水平，一般情况下学生在语学院学习一年即可。但需注意的是，语学院生所面临的是一个全新且陌生的学习环境与社会环境，综合这两个因素，三维度适应困难会大于或接近硕博生。但基于学业难度比较，适应难度则小于本科生。

3. 留学形式与三维度适应

留学生出国通常包括个人形式和集体形式，本研究在问卷中第4题选项设置为"一个人"与"和认识的人一起"赴韩留学，不同留学形式在学业课程适应、社会文化适应和心理适应这三个方面所计算的得分如图4所示，得分的平均值和标准差如表4所示。

---

① 语学院生：在语学院就读的学生。本研究中的语学院皆指韩国语言学校，即在韩国有许多大学作为附属设施开设以外国人为对象的韩国语教育机构，一般称为语学堂或语学院。进入韩国大学的本科或者大学院（研究生）就读的学生都需要达到韩语中级4级的水平，未达到水平者可以进入语学院学习，直到达到要求水平后才能进入大学。

② 王电建.中国留学生跨文化学业适应困难及应对策略研究［J］.兰州交通大学学报，2013，32（5）：147-150.

表4　留学形式差异三维度适应情况表

留学形式	学业课程适应		社会文化适应		心理适应	
	M	SD	M	SD	M	SD
集体	2.15	0.86	2.06	0.71	1.85	0.51
个体	2.36	0.95	2.36	0.65	1.97	0.42

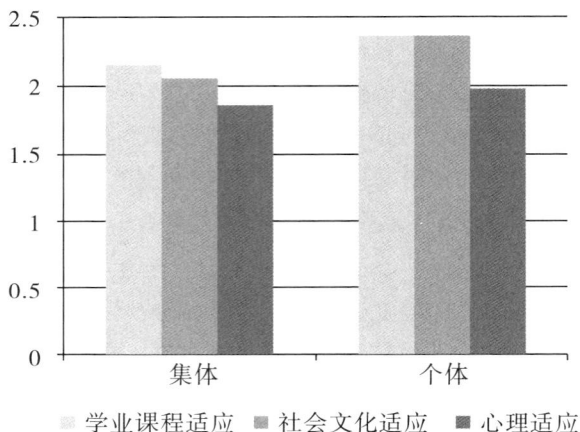

图4　留学形式差异三维度适应情况比较图

　　如表4和图4所示，以集体形式赴韩留学的中国学生其各方面适应平均得分均低于以个体形式留学的中国学生。这表明以集体形式出国留学的中国学生适应困难较小，因中国人普遍群居意识强，如若有相识的朋友一同来到陌生的环境，便可以共同商量，相互扶持，一同面对和解决学业、社会生活上的问题，从而快速掌握在韩国生存所必须具备的知识技能。同时，有朋友分担各方面所带来的心理压力，有利于减少中国留学生心理适应的困难，即以集体形式留学的中国学生三维度适应情况会优于以个人形式留学的中国学生。

　　4. 当地朋友人数与三维度适应

　　本问卷中将调查的在韩中国留学生的韩国当地朋友人数分为"0位""1~3位""4~6位""7位以上"四类，比较其适应情况结果如表5与

图 5 所示。

表 5　当地朋友人数差异三维度适应比较表

当地朋友人数	学业课程适应		社会文化适应		心理适应	
	M	SD	M	SD	M	SD
0 位	2.83	0.83	2.51	0.6	2.08	0.41
1~3 位	2.30	0.82	2.30	0.61	1.97	0.34
4~6 位	2.13	1.3	1.93	0.68	1.69	0.51
7 位以上	1.47	0.56	1.48	0.46	1.36	0.19

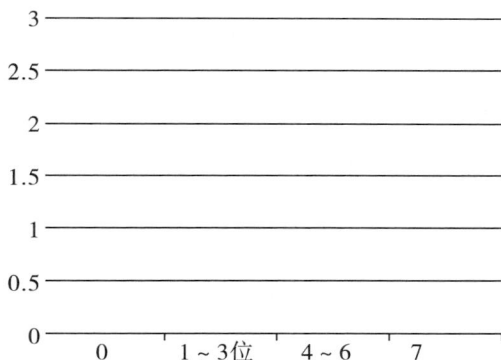

图 5　当地朋友人数差异三维度适应比较图

　　表 5 与图 5 直观地反映出，当地朋友人数越多的留学生在留学期间适应各方面的困难都会越小。在留学期间能够交到朋友，往往会降低异国文化适应难度。对于赴韩留学生来说，能够交到一两个韩国朋友的话，不仅可以训练韩语的听说能力，还可以通过和朋友的朝夕相处来加速对韩国社会文化适应的进程。通过对比调查结果，我们可以看到在韩中国留学生的当地朋友人数和三维度适应程度成正比。这说明社交也是留学生要面临的问题之一，拥有越多的当地朋友，证明该留学生的社交能力越强。他们在留学生活期间，能够突破人际交往原则和社会文化差异与

偏见等问题，成功地进行交际活动，社会文化适应难度较小。反之，拥有较少甚至没有当地朋友的留学生往往存在较大的社会文化适应难度。

5. 留学时长与三维度适应

本研究将测试对象按照留学时长的差异分为 5 组："1~6 个月""7~12 个月""1~2 年""2~4 年""超过 4 年"。调查的三维度适应情况如表 6 与图 6 所示。

表 6　留学时长差异三维度适应比较表

留学时长	学业课程适应		社会文化适应		心理适应	
	M	SD	M	SD	M	SD
1~6 个月	2.41	0.82	2.64	0.63	1.86	0.47
7~12 个月	2.06	0.73	2.01	0.62	1.94	0.41
1~2 年	3.23	0.59	2.94	0.09	2.26	0.16
2~4 年	2.39	1.12	2.03	0.68	1.94	0.59
超过 4 年	1.50	0.47	1.98	0.50	1.68	0.39

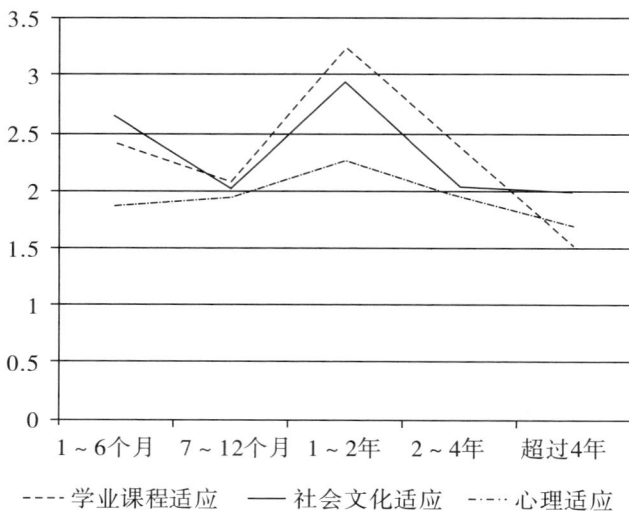

图 6　留学时长差异三维度适应比较图

从表 6 可见，三维度适应得分最高者均为留学时长在 1～2 年以内的留学生，即他们所遇到的三维度适应困难最多，适应水平最低。在韩留学时长超过 4 年的中国留学生的三维度适应得分最低，适应水平最高。

如图 6 所示可以观察到，心理适应得分曲线大致呈"倒 U 形"，基本符合 Lysgaard（1995）跨文化适应曲线理论。在社会文化适应和心理适应方面，留学时长为 1～2 年的留学生得分最高，1～6 个月的学生得分次之，留学超过 4 年的学生得分最低。

留学伊始，学生们对一切事物都感觉到新奇、有趣，对新的文化通常采取积极的态度，因此，此阶段的心理适应情况良好，处于"蜜月期"。接着在新文化环境中待了一段时间之后，他们会发现有许多和自己原有的文化相冲突的点，此时开始进入"文化休克"阶段，变得沮丧失望。随着时间的推移，他们逐渐接受了文化的差异，也有了一些当地的朋友，焦虑的心情逐渐消失，进入"恢复期"。接下来，学生们由"恢复期"向"适应期"过渡，能够更加深入地了解两地文化的差异，客观宽容地对待自己和他人，心情随之变得平和而愉快。[①] 学业课程适应得分与社会文化适应得分曲线与跨文化适应曲线理论不相符，但与 Ward、Bochner 与 Burnham（2001）等学者所持有的经过实证的观点一致，跨文化适应曲线理论存在一定局限性。根据他们的调查，到达新环境的第一个月，大多数旅居者并没有完全地处在所谓的"蜜月期"。他们在感受新鲜社会文化事物带来的愉悦感的同时，也面临着压力和挑战。此时两种矛盾的情绪交织，所以存在一定的适应困难。

本文认为，在韩中国留学生对于接触新鲜事物所带来的愉悦感属于心理层面的反应，他们在获得愉悦感的同时，压力与挑战也接踵而至，而这往往是从接触留学国家的社会文化与学业课程中产生的。

综上所述，在韩中国留学生的心理适应水平会随着留学时长的增加呈现蜜月期、挫折期、调整期和适应期四个阶段的变化。而社会文化适应与学业课程适应水平从较低点出发，逐渐适应了新的社会与学习环境

---

① 刘炜. 中国留英高校生跨文化适应、社会支持与生活满意度的相关研究 [D]. 福州：福建师范大学，2008.

之后，水平有所上升。但在留学时长达到 1～2 年时，他们会逐渐发现中韩两国的文化差异，然后出现焦虑、沮丧的情绪，遭遇挫折期。他们在此时适应水平下降，持续一段时间后进行自我调节，最后进入适应期。

6. 参加基督教礼拜活动频率与三维度适应

此次研究就在韩中国留学生参加基督教礼拜活动的频率差异所对应的其三维度适应情况比较，结果如表 7 与图 7 所示。

表 7　参加基督教礼拜活动频率差异三维度适应比较表

参加基督教礼拜活动频率	学业课程适应		社会文化适应		心理适应	
	M	SD	M	SD	M	SD
经常	2.23	0.84	2.24	0.13	1.64	0.37
偶尔	2.37	0.84	2.39	0.74	1.84	0.40
从不	2.21	0.98	2.26	0.74	2.02	0.46

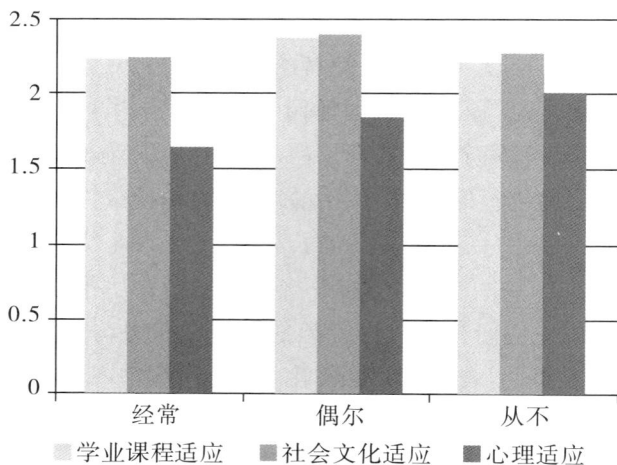

图 7　参加基督教礼拜活动频率差异三维度适应比较图

如表 7 数据所示，参加基督教礼拜活动频率不同的中国留学生的学业课程适应、社会文化适应得分大致平稳，没有明显差异，这说明参加基督教礼拜活动频率的高低对在韩中国留学生的学业课程适应和社会文化适应影响并不大。但在心理适应得分方面存在较大差异，经常参加基督教礼拜活动的留学生的心理适应得分较低，偶尔参加的学生得分次之，从不参加的学生得分最高。这反映出参加基督教礼拜活动越频繁，心理适应水平越高。

基督教在韩国盛行。此次调查对象大部分来自培材大学，这所大学的中国留学生基督教会已有多年历史，甚至将福祉神学专业列为该大学的特色专业之一。宗教具有精神指引、道德规劝的正向功能，教会也对初来乍到的留学生不吝关怀，这自然会给处于焦虑不安状态的留学生带去心灵的慰借，也能缓解他们的心理压力。[①] 因此，经常参加基督教礼拜活动的留学生心理适应水平和其他留学生有明显差异。

7. 一般自我效能感与三维度适应

一般自我效能感作为个体对自身是否有能力达成某一具体目标的评价和看法，属于社会认知理论中的核心概念。它能够促进留学生更恰当地处理生活中的困难。[②] 依据这个理论，一般自我效能感水平的高低会影响其思维与活动，进而出现三维度适应差异。本研究采用 SPSSAU 进行 Pearson 相关系数分析，具体结果如表 8 所示。

表 8　一般自我效能感与三维度适应之间的相关矩阵表

维度		一般自我效能感
社会文化适应	相关系数	− 0.622 **
	p 值	0.000
学业课程适应	相关系数	− 0.433 *
	p 值	0.012

---

① 闫红果. 境外宗教向中国留学生渗透的特点及防范策略 [J]. 安徽广播电视大学学报，2020 (2)：58 - 62，91.

② 王才康，胡中锋，刘勇. 一般自我效能感量表的信度和效度研究 [J]. 应用心理学，2001 (1)：37 - 40.

（续上表）

维度		一般自我效能感
心理适应	相关系数	0.140
	p 值	0.437

注：$*p<0.05$；$**p<0.01$。

从表8可知，利用相关分析去研究一般自我效能感得分分别和社会文化适应得分、学业课程适应得分、心理适应得分3项之间的关系，使用Pearson相关系数去表示相关关系的强弱情况。具体分析后所得结果如下：

（1）一般自我效能感得分和社会文化适应得分之间的相关系数值为-0.622，并且呈现0.01水平的显著性，因而说明一般自我效能感和社会文化适应得分之间有着显著的负相关关系。社会文化适应得分越低者，社会文化适应水平越高，即一般自我效能感和社会文化适应水平之间存在显著的正相关关系。

（2）一般自我效能感得分和学业课程适应得分之间的相关系数值为-0.433，并且呈现0.05水平的显著性，因而说明一般自我效能感和学业课程适应得分之间有着显著的负相关关系。而学业课程适应得分越低者，学业课程适应困难越小，即一般自我效能感和学业课程适应水平之间也存在着显著的正相关关系。

（3）一般自我效能感得分和心理适应得分之间的相关系数值为0.140，接近于0，并且p值为$0.437>0.05$，因而说明一般自我效能感和心理适应得分之间没有相关关系，在此不做讨论。

上述分析说明：一般自我效能感较高的个体往往更有自信，能够正视并勇于面对社会生活和学习生活中遇到的挫折，因而容易实现社会文化适应和学业课程适应；相反，一般自我效能感偏低的个体无法很好地正视自我，容易在遇到初步失败和挫折时，对自己的能力产生怀疑，甚至会自暴自弃，导致社会文化适应和学业课程适应的失败。一般自我效能感能够正向预测中国留学生的社会文化适应，并且在社会支持的社会文化适应之间发挥中介作用。①

（三）小结

根据上文的分析情况，在此进行归纳总结：

影响社会文化适应情况的因素有 6 个，包括留学（社会）期望、学历、留学形式、当地朋友人数、留学时长、一般自我效能感。其中适应情况相对较好的为留学（社会）期望适中、就读于语学院、以集体形式出国、当地朋友多、留学时长超过 4 年、一般自我效能感强的调查对象。

影响学业课程适应情况的因素有 6 个，包括留学（学业）期望、学历、留学形式、当地朋友人数、留学时长、一般自我效能感。其中适应情况相对较好的为留学（学业）期望高、就读于语学院、以集体形式出国、当地朋友多、留学时长超过 4 年、一般自我效能感强的调查对象。

影响心理适应情况的因素有 5 个，包括学历、留学形式、当地朋友人数、留学时长、参加基督教礼拜活动的频率。其中适应情况相对较好的为就读于语学院、以集体形式出国、当地朋友多、留学时长在 1~6 个月之间或超过 4 年、参加基督教礼拜活动频率高的调查对象。

四、建议

根据调查结果可知，在韩中国留学生在社会文化适应、学业课程适应和心理适应三方面上存在一定问题。下面将根据这些问题对症下药，提出相应的建议，以期提高在韩中国留学生的适应水平，减少因文化冲突产生的一系列消极影响。

（一）积极寻求课余工作机会

据上文可得，当地朋友能够为中国留学生在韩国的社会文化适应、心理适应和学业课程适应提供帮助，适当的工作可以帮助留学生更好地融入韩国生活。作为结交当地朋友的途径之一，可以在工作中把同事变为朋友，尤其是服务类行业的课余工作兼职，留学生还可以强迫自己和

---

① 杨柳，傅纳，王孟楠. 中国留学生社会文化适应的影响因素研究 [J]. 教育学报，2019，15（6）：93－101.

别人进行交流来提高自己的语言水平，帮助自己更好地完成学业。[①]

（二）正确对待基督教礼拜活动

上文中的调查数据显示经常参加基督教礼拜活动的学生的心理适应水平较其他学生高，但对此我们应该采取辩证的态度。基督教礼拜活动相对于其他社交活动来说确实会比较容易融入，宗教活动本就是以精神慰借活动为主体，但很容易出现非法传教的行为。在韩国，基督教会随处可见，大部分是正当合法的教会，他们对于中国留学生的关照出自真心，但是也存在境外宗教对中国留学生进行宗教渗透，回国后对我国的意识形态安全构成潜在威胁的情况。基于此类情况，中国留学生既要学会发现基督教礼拜活动的正向功能，又要注意防范抵制宗教渗透，坚决不被境外敌对势力所利用。[②]

（三）有意识地提高一般自我效能感

一般自我效能感对缓解焦虑的心理有正向作用，一般自我效能感高的人善于处理各种困难，不容易陷入焦虑与沮丧。[③] 一般自我效能感在一定程度上可以帮助留学生调节和抵御留学过程中所遇到的社会文化适应困难。[④] 留学生可以有意识地进行一般自我效能感提升的训练，理性地看待自己的长处与短处，正视自己，在此基础上进行自我鼓励，适当增强自信心，从而提高一般自我效能感。具体来说，一般自我效能感低的学生可以采用记录的方式密切关注自己的成功，培养信任自己能力的信念，从而改变自己容易退缩的心理惯性。对于已经出现的失败就要将其过去式化，不能让曾经的失败束缚了未来的发展。

---

① 张仕欣. 中国留学生在法国跨文化适应研究 [D]. 上海：华东师范大学，2020.

② 闫红果. 境外宗教向中国留学生渗透的特点及防范策略 [J]. 安徽广播电视大学学报，2020（2）：58－62，91.

③ 王才康，刘勇. 一般自我效能感与特质焦虑、状态焦虑和考试焦虑的相关研究 [J]. 中国临床心理学杂志，2000（4）：229－230.

④ 杨柳，傅纳，王孟楠. 中国留学生社会文化适应的影响因素研究 [J]. 教育学报，2019，15（6）：93－101.

五、结语

　　中韩两国虽同属东亚文化圈、儒家文化圈，看似比邻且文化相近，但就实证调查结果表明，中韩两国因为各自日新月异的发展，早已形成了价值观念和生活习惯上的文化差异。中国留学生在韩国的留学生活仍存在着一定程度上的困难与障碍，也存在不同程度的抑郁情况。本研究将跨文化适应分为社会文化适应、学业课程适应和心理适应三个维度，针对可能影响在韩中国留学生跨文化适应情况的因素做出七点假设，以小样本调查问卷的形式，采用 Excel 和 SPSS 等数据分析方式，对假设进行验证，得出结论并提出相应的建议，力求帮助在韩中国留学生解决跨文化适应过程中的困难。

日本学习者汉语形状量词偏误分析

钟婉颖（2018 级汉语国际教育）

指导老师：陈楠

一、引言

量词是事物或动作的数量单位，在人们的日常交际话语中使用普遍，具有重要意义。量词作为汉藏语系和南亚语系独有的词类，是西方语法学中的空缺词类，相关研究较少且比较浅显表面。直至二十世纪三四十年代，量词在汉语语法学中才得以重视。目前，汉语量词和日语量词的本体研究都取得了丰硕的成果，但在日本学习者习得汉语形状量词的偏误分析方面的研究力度还比较薄弱。

然而，HSK 动态作文语料库显示，日本学习者在习得汉语形状量词时存在 27% 的偏误，且偏误具有相似性和普遍性。因此，本文将对日本学习者进行汉语形状量词的偏误分析研究。

日语量词也称助数词，约有 500 个，且当中极大部分源于古汉语。[①]随着历史的发展，两种语言的量词在语义和语用等方面都发生了一定的变化，带有各自文化的独特性。尽管相较于母语系统中无量词的学习者来说，日本学习者对量词概念更为熟悉，在习得时更易于掌握，但这并

---

① 黄若芙. 汉语量词"个"与其在日语中对应用法的对比分析［J］. 现代语文（语言研究版），2017（3）：145 – 147.

不意味着其能更好地在特定语境中准确选用汉语形状量词进行结构正确的表达。因此，本文在汉日形状量词对比的基础上，分析日本学习者习得汉语形状量词时存在的偏误，归纳产生偏误的原因，从而帮助对外汉语教师抓住对日汉语教学的重难点，提高教学效率。

二、研究综述

形状量词作为量词的一小类，目前相关研究可以分为以下几类：

第一，汉语形状量词研究。石毓智（2001）利用数学数轴和图标解释形状量词"张""片""块""条"的使用规律，并揭示了这些形状量词背后的认知根据。① 秦志朋（2015）从历时、共时和认知三个角度研究形状量词"张"。文中不仅归纳了"张"的演变过程及特点，还清晰地展现了"张"的语义和搭配对象特点。② 宋亚莉（2016）对比分析了条状量词"条""根""支"的异同与重合现象，揭示了三者的语义区别和搭配对象的特点。③ 史天冠（2016）从隐喻转喻、意象图式等认知视角对量词"根"的语义特征、词性成分以及范畴中心三个方面的使用情况进行分析。④ 史天冠（2017）从历时和共时的角度分别对量词"条"的使用情况进行详细的分析，从认知语言学的视角，分析隐喻、转喻等促动因素对量词"条"使用情况的影响，以及和其他相似的形状量词的对比分析。⑤

第二，日语形状量词研究。刘琳、齐小宁（2010）对日语量词"本"

---

① 石毓智．表物体形状的量词的认知基础［J］.语言教学与研究，2001（1）：34－41.
② 秦志朋．现代汉语量词"张"的研究［D］.沈阳：沈阳师范大学，2015.
③ 宋亚莉．示形量词"条""根""支"的多角度研究［D］.长沙：湖南师范大学，2016.
④ 史天冠．现代汉语量词"根"的认知研究［J］.辽宁教育行政学院学报，2016，33（4）：104－106.
⑤ 史天冠．现代汉语量词"条"的认知研究［D］.沈阳：沈阳师范大学，2017.

的语义及基本用法、扩展用法进行了揭示。① 操姗姗（2019）在对比汉语量词"枚"的基础上，从历时和共时的角度描述了日语量词"枚"的演变过程与发展趋势。②

第三，汉日形状量词的对比研究。杜玲莉（2005）对汉语和日语量词的用法异同进行对比分析。③ 李晓媚（2011）从汉日量词的分类、结构意义和发展变化等方面进行简单的对比研究。④ 周书游（2018）从量词的语用功能入手，全面对比分析汉语量词和日语助数词，为对日汉语量词教学提供了思路。⑤

第四，汉语形状量词的对外汉语教学及偏误分析研究。关琳琳（2013）在汉日对比的基础上关注汉语量词的特点，提出对日汉语量词教学建议。⑥ 田建林（2018）从认知和互动的角度出发，结合留学生线状量词习得偏误的分析，进而对大纲编写和对外汉语教师提出了相应的意见。⑦ 罗芯（2019）在对比分析的基础上，对日本学习者习得汉语线状量词"道""条""根""支"的偏误情况进行考察，归纳偏误类型并分析偏误原因。最后从教师、学生、教材三个方面对日本学习者汉语线状量词教学提出建议。⑧ 当前关于形状量词的研究主要集中于四个方向。其中，关于汉语形状量词和日语形状量词的研究较为宏观，针对的是该语言中所有的量词；而关于汉日形状量词对比和汉语形状量词的对外汉语

① 刘琳，齐小宁 . 关于日语量词「本」的用法 ［J］. 日语知识，2010（9）：28 – 29.

② 操姗姗 . 汉日量词"枚"的比较研究 ［J］. 昆明学院学报，2019，41（5）：125 – 132.

③ 杜玲莉 . 汉语和日语的量词对比 ［J］. 乐山师范学院学报，2005，20（3）：74 – 77.

④ 李晓媚 . 中日量词的比较研究 ［J］. 科教导刊（中旬刊），2011（11）：227 – 228.

⑤ 周书游 . 汉日量词对比分析及对日汉语量词教学策略研究 ［D］. 南昌：南昌大学，2018.

⑥ 关琳琳 . 针对日本学生的汉语量词教学 ［D］. 大连：辽宁师范大学，2013.

⑦ 田建林 . 对外汉语线状量词教学及其偏误问题研究 ［D］. 锦州：渤海大学，2018.

⑧ 罗芯 . 日本学生汉语线状量词偏误分析 ［D］. 南京：南京师范大学，2019.

教学及偏误分析的研究则较为微观，主要选取个别量词作为研究对象。目前第四类研究多针对欧美、东南亚学生展开，关于日本学习者的还有待进一步挖掘。因此，本文在对比汉日形状量词本体知识的基础上，分析日本学习者的汉语形状量词偏误，归纳产生偏误的原因并提出建议。

三、研究对象

（一）形状量词的界定与选取

形状量词是能够体现事物形象或形状数目的计量单位，可以生动复现其所修饰名词的某种特性。① 如"一条绳子"，量词"条"可以展现"绳子"的细长、条状特点。通过对比常用教材《体验汉语》《HSK 标准教程（1-4）》以及《新 HSK 词汇等级表》1-4 级词汇和《汉语水平词汇与汉字等级大纲》的甲级词汇，我们发现部分形状量词不仅在教材中出现较早，出现频率较高，而且在生活中的使用频率也很高，因此选择"条、根、棵、支、把、张、块"7 个形状量词进行研究。其中，"条、根、棵、支、把"为细长状量词；"张"为扁平状量词；"块"为体块状量词。

（二）汉日形状量词对比

表 1　汉日量词用法对比简表

量词	现代汉语		现代日语			汉日语义语用关系
	量词分类	搭配对象	日语汉字	是否作量词	作为形状量词的搭配对象	
条	个体量词	细长物品（河、绳子、裙子等）	条	是	细长物体（条文、光、眼泪等）	部分相同

---

① 段依. 泰国中学生习得汉语形状量词的偏误分析及教学对策［D］.广州：广东外语外贸大学，2020.

（续上表）

量词	现代汉语		现代日语			汉日语义语用关系
	量词分类	搭配对象	日语汉字	是否作量词	作为形状量词的搭配对象	
根	个体量词	圆柱状细长物品（筷子、手指、头发等）	根	否	—	差异较大，基本不通用
棵	个体量词	长条状植物（白菜、树、仙人掌等）	—	否	—	—
支	个体量词	杆状细长物品，包括杆状带枝叶的花草（笔、玫瑰花等）	支	否	—	差异较大，基本不通用
把	个体量词、集体量词	有把手的细长器具（伞、扇子、椅子等）	把	是	捆状物品（葱、菜等）	部分相同
张	个体量词	扁平状物品（纸、床、虎皮等）	张	是	扁平状物品（纸、琴、弓等）	基本相同
块	部分量词	体块状或某些片状物品（香皂、石头等）	块	是	成一体的具有一定分量的固态物品或者临时组成的组合体（砂糖、大学生等）	部分相同

由表1可知，日语量词虽受汉语的影响颇深，但和汉语量词存在着较大差异。其中，语义和语用基本相同的汉日形状量词只有"张"，部分

相同的有"条""把""块",仅在汉语中充当量词的有"根""棵""支"。所以,日本学习者在习得汉语形状量词时会出现不同偏误,甚至由于母语习惯,某些偏误难以纠正。

四、测试卷的设计与实施

为了更准确、更全面地了解日本学习者形状量词的使用情况,本文在参考 HSK 动态作文语料库中的相关偏误语料的基础上设计测试卷内容,并且在测试前增设关于测试对象个人情况的 11 道调查题。测试卷共设计 3 类题型:第一,单选题,共 22 道。题目要求学习者选择正确的形状量词填空,以考查其对 7 个形状量词的掌握情况,如"爸爸有 5 ____ 领带",共收集测试语料 440 条。第二,填空题,共 7 题。要求学习者根据题目提供的形状量词搭配 4 个名词,以了解学习者在遇到该形状量词时最习惯的名词搭配,且这些搭配是否符合汉语使用的规则,如"一条 ____",共收集测试语料 382 条。第三,判断题,共 20 道。要求学习者根据语境判断题目中形状量词使用的对错并订正,考查其是否能敏锐地发现偏误,然后选择正确的形状量词并准确地使用,如"天气很冷,所以我买了一本围巾",共收集测试语料 400 条。

我们于 2021 年 10 月向对外汉语机构(广州市儒壹文化发展有限公司)的日本学习者发放问卷星测试题,并建议被测试者在 90 分钟内自行完成作答。此测试题共回收 20 份有效测试卷。参与本次测试的日本学习者男性 8 人,占 40%,女性 12 人,占 60%。测试对象汉语水平主要集中在中级,共占比 50%。另外,初级水平占比 20%,高级水平占比 15%,无考取等级占比 15%。

使用汉语教材的情况如下,40% 的人曾学习 HSK 系列标准教程,25% 的人曾学习博雅汉语系列教程,20% 的人曾学习体验汉语系列教程,15% 的人没有通过书本学习汉语。

五、测试结果的统计与分析

(一)日本学习者对汉语形状量词学习的态度

我们首先针对学习者对汉语量词的态度进行了调查,在 20 份测试卷中，有 7% 的人认为学习汉语量词比较不重要，21% 的人认为一般，50% 的人认为比较重要，22% 的人认为非常重要。由此可见，大多数日本学习者重视汉语量词的学习。

关于日本学习者对日语形状量词和汉语形状量词的了解情况，我们发现 7% 的人非常不了解日语形状量词，7% 的人比较不了解，22% 的人一般了解，35% 的人比较了解，29% 的人非常了解。从以上数据可以看到，多数被测试者了解自己国家语言中的形状量词；另外，7% 的人非常不了解汉语形状量词，14% 的人比较不了解，58% 的人一般了解，14% 的人比较了解，7% 的人非常了解。由此数据可知，日本学习者对汉语形状量词的了解程度不如日语形状量词。

关于日本学习者对汉语形状量词难度的认知，我们在参与测试的 20 名学习者中发现，58% 的人认为学习汉语形状量词很难或比较难或一般，42% 的人认为比较容易或很容易。这可能与被测试者的学习时间、接受能力和生活环境相关，而这也说明了汉语形状量词的习得对于日本学习者来说有一定的难度。

关于日本学习者学习汉语形状量词的难点，我们发现，63% 的人认为难点在于不知道汉语形状量词和名词的搭配，50% 的人认为汉语形状量词与日语形状量词之间的区别导致学习难度增加，38% 的人认为难点在于不知道近义形状量词的区别，25%% 的人认为一个名词可以搭配多个汉语形状量词导致学习难度增加。从以上结果可知，学习者难以根据语境正确搭配形状量词和名词，且在区分汉日形状量词和近义汉语形状量词上有困难。

另外在调查时，我们也了解到每位学习者在日常生活中使用汉语形状量词都有多种策略。多数人在不知道用什么量词时会优先选择使用量词"个"，其次是不用量词和查找工具书，最后才是询问老师或中国朋友。由此可见，大部分日本学习者在课下使用形状量词时态度不端正，运用了交际策略而非在用心求证后完成沟通。

最后是日本学习者对教材中汉语形状量词练习的评价。此题中考查的教材由学习者提供，主要包括 HSK 系列标准教程、博雅汉语系列教程和体验汉语系列教程。其中，50% 的人认为教材中关于量词的练习很少，

50%的人认为一般，这说明这三套教材所提供的练习不足以满足学习者学习汉语形状量词的需要。

（二）测试结果

通过对测试卷结果的统计，我们计算出七个形状量词的偏误率（见表2）。

表2　七个汉语形状量词的使用情况

形状量词	作为形状量词的使用次数	正确次数	偏误次数	偏误率
条	240	183	57	24%
根	280	185	95	34%
棵	100	75	25	25%
支	180	146	34	19%
把	140	109	31	22%
张	260	189	71	27%
块	200	160	40	20%

由表2可知，测试卷中形状量词"根"的偏误率最高，占34%，"支"的偏误率最低，占"19%"。下面，我们分别从不同题型分析形状量词的偏误情况。

1. 单选题测试结果分析

表3　单选题测试结果

形状量词	形状量词的使用次数	偏误次数	偏误率
条	60	15	25%
根	140	52	37%
棵	20	2	10%
支	20	1	5%
把	60	14	23%
张	60	13	22%

（续上表）

形状量词	形状量词的使用次数	偏误次数	偏误率
块	80	23	29%
平均	63	17	22%

从表3可以看出，形状量词的偏误率较高，平均偏误率为22%。其中，偏误率最高的是"根"，占37%，最低的是"支"，占5%。

2. 填空题测试结果分析

表4　填空题测试结果

形状量词	偏误搭配项目	空白搭配项目	偏误率
条	4	21	31%
根	3	28	39%
棵	1	30	39%
支	5	23	35%
把	4	26	38%
张	6	24	38%
块	5	26	39%
平均	4	25	37%

从表4可以看出，形状量词的偏误率较高，平均偏误率为37%。其中，偏误率最高的是"根""棵"和"块"，分别占39%，最低的是"条"，占31%。

3. 判断题（包含订正）测试结果分析

表5　判断题测试结果

题目	错误率
（1）天气很冷，所以我买了一本围巾	35%
（2）这条裤子多少钱？	0

（续上表）

题目	错误率
（3）请给我一条笔	10%
（4）这里有五枚纸	10%
（5）这几枚照片她都很喜欢	25%
（6）一条香肠	50%
（7）六条胡须	40%
（8）一条铅笔	5%
（9）一块香皂	5%
（10）这根玫瑰花真漂亮	50%
（11）这条文章告诉我们不能不吃早饭	60%
（12）我去买T恤，挑了一张画了三个人的	40%
（13）他送我一花	55%
（14）四国有一在日本最美丽的河	10%
（15）我今天就吃了乌冬几条	70%
（16）这是朋友寄给我的照片一张	55%
（17）妈妈买了一张围巾	35%
（18）桌子上有一枚橡皮	45%
（19）一张镜子	60%
（20）一张旗帜	60%

　　从表5可以看出，形状量词的偏误率较高。其中，偏误率最高的是"张"，最低的是"块"。

　　可见，在不同的题型中偏误率较高和较低的形状量词各不相同，且占比不一。出现这种测试结果，可能有以下原因：

　　第一，每种题型的难度和考查的能力不同。如选择题"一＿＿＿＿葱"主要考察学习者对汉语近义形状量词"条""支""根"和日语形状量词"本"的语义语用辨别能力，偏误率为35%；填空题"一条＿＿＿＿＿＿＿"主要测试学习者能否对某形状量词充分习得并且多样搭配，偏误率为31%；判断题"六条胡须"考察学习者能否发现错误，并且正确订正，偏误率为40%。对照三者可知，判断题要考查的能力更强且难度更大，故而偏误率最高；选择题由于选项间语义语用相似度更高而更具迷惑性，故而偏误率居第二；填空题则因为答案范围广而偏误率最低。以上说明，题型会影响形状量词的使用偏误情况。

第二，七个汉语形状量词在三种题型中的分布频率不平均，如填空题中的大量空填项，可能是学习者积累不足造成未完全习得，进而影响了某些形状量词的偏误率。在题目"一棵_____"中，偏误搭配项目仅为1，然而空填项目多达30，促使"棵"的偏误率居首位，为39%。又如，判断题中包含的订正部分也会根据学习者的作答情况影响使用频率和测试结果。在题目"一张旗帜"中，部分学习者虽已发现错误，但未将旗帜视为以旗面为主的扁平状物体，反而将其视为以旗杆为主的杆状细长物品，故而将"张"订正为"支"，导致"支"的使用频率增加且该题偏误频率增加至60%。可见，被考查量词在题目、选项甚至是学习者填写的答案中的分布情况会影响最终测试结果。

第三，部分题目包含语境，且语境复杂程度不一样，学习者可能会因为自身经历单一或知识储备不足等的情况影响答题。如题目"A：妈妈，买些香蕉吧。B：好，买两_____吧，家里挺多人喜欢吃的。"中，选项"根"和"把"于"香蕉"而言都是正确搭配，但考虑到题目中的语境，则只能选取表数量多的量词"把"为答案。如果学习者没有这方面的知识储备，便会被选项混淆，退而选取使用频率更高者或盲选，最终导致该题偏误率达45%。由此说明，题目语境越复杂，题目难度就越大，因此也影响了某些题目的答题结果。

第四，学习者的个人原因，如擅长某种题型，作答时间分配不当等。

总体而言，学习者会因为多种情况影响正确作答，但不可否认的是七个汉语形状量词的偏误率都普遍较高，需要得到重视。

六、形状量词偏误情况分析

经过统计归纳，基本可将偏误分为以下七类。其中，误用母语量词和量词错序类的偏误由于与日语本体知识相关，故辅以日语翻译作为补充。

（一）误用母语量词

正如前文所述，日语也存有大量量词，且其多数源于古汉语。汉语量词与日语量词，在语义和语用方面，既有重叠也有差异。这导致日本学习者在输出汉语量词时，易受母语影响，产生偏误。经过统计，我们发现日语"本""枚"最易被误用。其中，偏误语料共 36 条，约占总偏误的 10%。

（1）你好，我想买一本梳子。

日语：こんにちは，栉を1本 買いたいのですが。

词译：你好　　　梳子 一本 买。

汉语：你好，我 想买 一本 梳子。

（2）这几枚照片她都很喜欢。

日语：この数枚の写真は 彼女は みな 好きだ。

词译：这 几枚 照片 她 都 喜欢。

汉语：这 几枚 照片 她 都 很喜欢。

例（1）中，量词"把"误用为"本"。汉语中"梳子"的量词是"把"，因为"把"可以修饰有把手的细长器具，而日语中为"ほん"（本），因为"ほん"（本）可以修饰细长状的物品。由于母语负迁移，学生在输出时产生了误代的偏误。在所统计的测试题中，类似的偏误共有 15 例，占 42%。例（2）中，量词"张"误用为"枚"。汉语中"照片"的量词是"张"，因为"张"可以搭配扁平状物品，而日语中为"まい"（枚），因为"まい"（枚）可以修饰扁平状和体块状的物品。由于母语负迁移，学生在输出时产生了误代的偏误。在所统计的测试题中，类似的偏误共有 21 例，占 58%。

（二）量词泛化

1. "个"的泛化

汉语量词"个"是通用个体量词，可以搭配没有专用量词的名词，修饰人、单位、区域等具体事物和世界、梦想等抽象事物，如一个朋友、一个苹果等。正因其使用范围非常广泛，日本学习者会在无法选择唯一形状量词时，使用"个"来进行表达，从而造成"个"使用泛化的现象。本文收集到此类偏误语料 53 条，约占总偏误的 15%。如：

（3）弟弟买了一个狗。

（4）蛋糕上有 20 个蜡烛。

例（3）中，量词"条"误用为"个"。汉语中"狗"的量词是"条"，因为"狗"为一般性长条状物体，需搭配专用量词"条"。例（4）中，量词"根"误用为"个"。汉语中"蜡烛"的量词是"根"，因为"根"可以修饰圆柱状细长物，是"蜡烛"的专用量词。由于目的语规则泛化或学习环境的影响，学生在输出时扩大了"个"的使用范围，产生了误代的偏误。

2. "条"的泛化

细条状量词"条"较其他同类量词没有过多的限制，使用范围较广。此类偏误共收集了 65 条，占总偏误的 18%。如：

（5）这条文章告诉我们不能不吃早饭。

例（5）中，量词"篇"误用为"条"。汉语中"文章"的量词是"篇"，因为"文章"抽象且内部具有连贯性和完整性，不能被视为一般性长条状物体。由于使用交际策略，学生在输出时优先选择了使用频率较高的"条"，产生了误代的偏误。

3. "张"的泛化

扁平状量词中，"张"较其他同类量词没有过多的限制，可搭配更多对象。本文共搜集此类偏误 43 条，占总偏误的 13%。如：

（6）一张信。

（7）一张镜子。

例（6）中，量词"封"误用为"张"。汉语中"信"的量词是"封"，因为"信"是把言语写成文字传达给特定对象的书面文件，一般被折叠成信封大小并放入，不能被视为一般性扁平状物体。例（7）中，量词"面"误用为"张"。汉语中"镜子"的量词是"面"，因为"镜子"是一个完整的矩形平面，具有功能性，不能被视为一般性扁平状物体。由于使用交际策略，学生在输出时优先选择了使用频率较高的"张"，产生了误代的偏误。

（三）近义形状量词的误用

汉语量词丰富，许多汉语母语者在使用时也是"只知其然，而不知其所以然"，更不用说汉语学习者了。根据统计结果可知，日本学习者不能准确区分细长状量词之间的差别，从而产生了此类偏误，共搜集到138条偏误语料，占总偏误的39%。如：

1. 量词"支"误用为"条"

（8）一条铅笔。

（9）请给我一条笔。

上述例子中，量词"支"误用为"条"。汉语中"铅笔"和"笔"的量词是"支"，因为"铅笔"和"笔"都是杆状细长物。由于目的语规则泛化，学生在输出时扩大了"条"的使用范围，产生了误代的偏误。

2. 量词"支"误用为"根"

（10）我买了五根钢笔。

（11）这根玫瑰花真漂亮。

例（10）和（11）中，量词"支"误用为"根"。汉语中"钢笔"的量词是"支"，因为"钢笔"是杆状细长物。汉语中"玫瑰花"的量词是"支"，因为"支"一般计数带枝叶的花朵，而"根"一般计数树枝。由于目的语规则泛化，学生在输出时扩大了"根"的使用范围，产生了误代的偏误。

3. 量词"根"误用为"条"

（12）六条胡须。

（13）（妈妈在缝衣服）妈妈：女儿，帮我拿一条针来。

上述例子中，量词"根"误用为"条"。汉语中"胡须"和"针"的量词都是"根"，因为"胡须"和"针"都是圆柱状的细长物体。由于目的语规则泛化，学生在输出时扩大了"条"的使用范围，产生了误代的偏误。

（四）同音异形量词的误用

笔者在测试结果中共发现两组同音异形量词，分别为"棵、颗"和"只、支"。该类偏误共收集4条，占总偏误的1%。如：

（14）妈妈给了我一棵糖。

（15）一只旗帜。

例句（14）中的"糖"呈体块状，应搭配量词"块"。而"颗"虽与"棵"同音，学习者认为"颗"能够修饰颗粒状物品，故而"棵"也能与"糖"搭配。例句（15）中的名词"旗帜"并不是以旗杆为代表的杆状细长物，故而不能使用量词"支"，更不能使用同音异形量词"只"。《说文解字》中解释"面"为"颜前"，即其本义为脸，是事物"人"的一方面。由此可知，我们可以通过脸辨别人，说明量词"面"相比于"张"具有一定的功能性。所以，与"脸"类似，能够使用"面"修饰的名词有"镜子""旗帜"和"墙"等。例句中的"旗帜"非一般性扁平状物品，而是一个完整的矩形平面，属于旗子的主要组成部分，具有功能性，所以只能用量词"面"修饰。

（五）一名多量的内部混淆

汉语中量词与名词的搭配并非一一对应的，常常会出现一个量词对应多个名词和一个名词对应多个量词的情况。而这也导致了日本学习者甚至其他国家的学习者在积累了一定搭配后仍不能根据实际语境选取正确量词的结果。笔者在测试结果中共发现该类偏误 5 条，占总偏误的 1%。如：

(16) A：妈妈，买些香蕉吧。

B：好，买两根吧，家里挺多人喜欢吃的。

(17) 这盒蛋糕每人只能分一个。

"香蕉"，若从单个的角度进行分析则为圆柱状细长物品，应使用"根"进行修饰。但考虑到题目中的语境，应从"有把手的细长器具"入手，选择答案"把"以表示数量多。同样地，例句（17）中的"蛋糕"若不考虑语境则可以使用量词"个"和"块"等，但置于语境中进行描述时就只能使用"块"以表示整体的一部分。由此可见，使用不同的量词描述同一个名词能够反映不同的思维方式，同时也能展现该物品的多面性。而这类测试题目的设计与考查也正是测试卷的难点及本文分析的闪光点。通过统计，我们可以了解测试对象没有因为一名多量现象而导致出现大量的偏误。

（六）量词错序

汉语中，量词的基本格式为"数词 + 量词 + 名词"，这与日语量词的基本格式是大不相同的。一般来说，日语量词会连同数词置于名词之后。如，板两枚（两块木板）。而当数词和量词置于名词之前时，则一定要加"の"。如，三本の木（三棵树）。因此，日本学习者易受母语语序影响出现此类偏误。本文共搜集 15 条错序偏误，约占总偏误的 4%。如：

(18) 我今天就吃了乌冬几条。

日语：今日は うどんを いくつか 食べました。

词译：今天　　乌冬　　几条　　吃。

汉语：我 今天 吃了 几条 乌冬。

(19) 这是朋友寄给我的照片一张。

日语：これは 友达が 送ってくれた 写真です。

词译：这张是 朋友 寄 给 照片。

汉语：这是 朋友 寄给我 的 一张 照片。

上述例子中，名词"乌冬"和"照片"都置于数词和量词之前，不符合现代汉语语法规则，但符合日语语法规则。由于母语负迁移，学生在输出时产生了错序的偏误。

（七）量词遗漏

学习者出现量词遗漏的偏误主要有两个原因，一是出于回避心理，选择省略量词；二是将规则"数词为一时，量词可省"泛化。笔者共搜集此偏误语料 4 条，约占总偏误的 1%。如：

（20）他送我一花。

（21）四国有一在日本最美丽的河。

例（20）中，量词"支"遗漏。汉语中"花"的量词是"支"，因为"花"为带枝叶植物。例（21）中，量词"条"遗漏。汉语中"河"的量词是"条"，因为"河"呈长条状。由于运用交际策略或目的语规则泛化，学生在输出时产生了遗漏的偏误。

七、日本学习者汉语形状量词偏误成因

（一）母语负迁移

日本学习者在学习汉语时会受到母语的影响，这种影响既有积极部分，也有消极部分。积极影响表现为日本学习者有量词意识，易于接受量词概念等，这里我们亦可称为"母语正迁移"。而消极影响主要表现为日本学习者误用母语量词和母语语序等，这里我们亦可称为"母语负迁移"。母语负迁移是导致偏误的原因之一，常见于语言学习的初级阶段。这个时候的学习者并未建成完整的目的语体系，对目的语一知半解，故而在面对新知识时，会产生一定的抵触心理且更依赖母语的表达。一旦这种依赖成为习惯，延续至语言学习的中高级阶段，学生将难以纠正，

产生"化石化"现象。

如前文"你好，我想买一本梳子"和"这几枚照片她都很喜欢"，前者将量词"把"误用为"本"，后者将量词"张"误用为"枚"，这两个句子都是由于母语负迁移，学生在输出时产生了误代的偏误。

（二）目的语规则泛化

目的语规则泛化是指第二语言学习者在习得第二语言的过程中将某一目的语的规则推广到超越所能接受的范围之外，从而产生偏误。[①] 这种偏误常见于语言学习的中高级阶段，学生掌握了一定数量的目的语知识，但不够全面。当其学习新语法时，往往会用已学规则类推。

如"六条胡须"，语料中的量词"根"误用为"条"。由于目的语规则泛化，学生在输出时选择了使用范围更广且使用频率更高的"条"，产生了误代的偏误。

（三）为完成交际而采用策略

交际策略是指学习者在与人交流时，会有意避开不熟悉、不确定的知识点，选择有把握的、使用频率高的词代替，以保证表达的完整性和准确性。日本学习者在使用语义语用复杂的形状量词时，采取交际策略，会对输出结果产生一定影响，导致偏误。

如"一张镜子"，语料中的量词"面"误用为"张"。汉语中"镜子"的量词是"面"，因为"镜子"是一个完整的矩形平面，具有功能性，不能被视为一般性扁平状物体。由于运用了交际策略，选择了使用频率更高的"张"代替，学生在输出时产生了误代的偏误。

（四）学习环境的随意性

我们将学习环境分为内部及外部两个部分。内部学习环境是指教材、课堂的输入；外部学习环境是指社会性、生活性输入，而这一点主要是针对来华汉语学习者设计的。

对于内部学习环境，本文主要考察了《体验汉语》系列教材。通过分析发现，教材对形状量词的语义及语用并没有进行详尽描述，而且形

---

① 王建勤. 第二语言习得研究［M］. 北京：商务印书馆，2009.

状量词的分布较为分散，常见处理办法是随文出现。如，《体验汉语（生活篇）》的第 4 课课文中出现了形状量词"张"（书中原文为："请给我一张餐巾纸"）。对此，编者在生词表中是这样解释的：张（zhāng）A measure word for paper，map，etc. 而其余形状量词"支""条"等的解释也与此类似，比较简单。这不利于学习者区分近义形状量词，促使偏误产生。

对于来华的日本学习者来说，汉语知识除了来自书本、课堂外，还主要源于生活。这就说明外部学习环境会影响日本学习者习得汉语形状量词，而且这种影响不容小觑。笔者在日常交流中发现，许多汉语母语者在使用量词进行口语表达时具有随意性。这种随意性主要表现为省略和"个"泛化，如"老板，我要买（5 个/3 斤）苹果""她是我的一个（位）长辈"等。这些句子虽然不符合现代汉语语法规范，但在口语交流中人们是认可的且是能让听话者明白的，所以使用频率很高。但正是如此，才给来华留学生造成了困扰，在学习与输出时产生疑惑。

如，"蛋糕上有 20 个蜡烛"。该例子中的量词"根"被误用为"个"。汉语中"蜡烛"的量词是"根"，因为"根"可以修饰圆柱状细长物，是"蜡烛"的专用量词。由于学习环境的影响，学生在输出时产生了误代的偏误。

（五）认知因素

文丽萍（2013）通过测试与问卷两种形式总结出 3～7 岁儿童量词的习得顺序与习得特点。其结论包含了"年龄越小的儿童，在输出量词时，越容易产生'个'泛化的偏误"这一特点。[1] 由此可见，汉语学习者特别是处于初级阶段的，更容易因为未接触更多量词，而导致出现"个"泛化的偏误。

如"一个香肠"，例子中的量词"根"误用为"个"。汉语中"香肠"的量词是"根"，因为"香肠"是圆柱状细长物。由于认知过程的影响，学生在输出时产生了误代的偏误。

---

[1] 文丽萍 . 3—7 岁儿童量词习得研究 [D]. 西安：陕西师范大学，2013.

八、对日汉语形状量词的教学建议

（一）对教师的建议

1. 熟悉汉语形状量词的概念及搭配

对外汉语教师作为知识的传授者，为保证输入语言的准确性及规范性，应不断完善自身汉语体系，丰富对汉语本体知识的了解。教师应先在备课时查阅相关工具书和文献，充分熟悉该形状量词的语义、语用、与近义形状量词的区别等。同时，可根据习得研究的成果，预测偏误，做好上课准备。

2. 了解日语形状量词的概念及搭配

对外汉语教师的教学对象具有复杂性。他们来自世界各地，有自己的母语，因而在学习汉语时，或多或少会受到母语的影响。日本学习者也不例外，其原属文化虽与中国文化存有渊源，但也有一定差异。这就要求对外汉语教师在对日本学习者进行教学前，先了解日语的独特之处，如本文所述的日语形状量词和语序。这既有利于预测学生的偏误，也有利于解释学生出现偏误的原因，然后进行有针对性的辅导。

3. 针对差异进行教学

对外汉语教师在讲解某一个形状量词时可以进行语内对比和语际对比。所谓语内对比指的是再现学生已学的、意思相近的量词，分析二者的共同点与不同点，并且将其清晰地列出。而语际对比是指调取与目标形状量词意思相近且搭配有重合的日语量词进行对比，从而达到借用熟悉掌握陌生的效果。

4. 多运用直观手段，注意引导学生分析语境

除了进行对比性教学外，对外汉语教师还可以在讲解形状量词时利用图片、实物等教具，调动学生的多种感知觉。这不仅有利于学生在学习时准确把握形状量词，还有助于复习时的记忆再现与记忆保持。另外，针对一名多量的现象，教师在教授形状量词时，还要把不同搭配置于相应的情景语境当中，进一步带领学生充分分析语境和理解不同搭配的差异，从而促使学生养成根据语境选择量词的习惯，提高输出语料的准确

性和得体性。

5. 多对汉字的音、形、义进行辨析

日本学习者存在同音异形量词的使用偏误。故而，对外汉语教师在教授量词时可以考虑将同音异形量词分类，然后引导学生从具体可见的字形入手理解汉字的本义，再结合工具书和课本充分了解该量词在语义和语用方面的知识并积累相关搭配。如此充分的学习更易于同类量词辨析和对比的展开，从而使日本学习者的学习达到事半功倍的效果。

（二）对学生的建议

1. 改善学习策略，增强对比意识

日本学习者在习得汉语量词时，首先要避免因为母语的正迁移而过度自信，忽视母语的负迁移。端正学习态度后，学生还要培养对比意识，学会通过对比找到自己的不足，再针对不足进行重点学习，减少不必要的时间浪费及精力浪费。

2. 增加相关输出，注重归纳积累

学生在课堂上习得形状量词后，除了完成作业和书本练习外，还要在日常交流中提高新知识的使用频率，以延长记忆的保持时间与保证记忆的完整性。除此之外，学习者还要注意归纳积累，汇总课堂知识与生活知识再进行个性化分类，自觉完善目的语知识体系。

（三）对教材的建议

1. 教材国别化

部分通用教材在解释形状量词时只是对其进行简单描写，不利于不同国别的学习者进行有差别的学习。因此，教材国别化是势在必行的，也是未来对外汉语教学与研究的发展方向。关于对日汉语教材中解释量词的部分，还可以加入语内近义量词和汉日近义量词的对比表，促使日本学习者更全面地预习与复习。

2. 明确量词概念及搭配

通过考查常用教材《体验汉语》系列，笔者发现，该教材只是对量词的读音、词性及搭配进行了简单处理，且所提供的范例也仅有一两条。因此，在教材中明确列出量词的概念及常用搭配将有利于学生准确与全面习得。

3. 增加练习量及丰富题目形式

在考查教材时，笔者还发现，关于量词的练习题较少，且形式单一，主要题型包括选词填空题、排序题等。要注意的是，这里所说的选词填空题是针对本课多数生词设计的，即量词在选词框内只占少数，且可选量词间并不属于近义关系。这不仅不利于学生掌握和巩固新学量词，更不利于学生区分近义量词。为了丰富量词练习题的形式，笔者建议可以设计针对量词的选词填空题、判断订正题和连线题，并且在答案中详细地解释原因以加深理解。

4. 书末增设总结归纳

除了针对课文出现的量词进行必要解释外，笔者建议还可以在书末增设总结归纳的章节。总结归纳的内容可包括已学量词的语义及常用搭配等，以便于学生能在无从下手时准确翻到书本的解释页面，从而及时解决疑惑。

九、结语

汉语形状量词的语义及语用规则较为复杂，且与日语形状量词有相似和差异之处，这会造成日本学习者在输出汉语形状量词时产生多种偏误。因此，笔者对比常用教材《体验汉语》《HSK 标准教程（1—4）》以及《新 HSK 词汇等级表》1～4 级词汇和《汉语水平词汇与汉字等级大纲》的甲级词汇，最后确定研究"条、根、棵、支、把、张、块"7 个形状量词。经过对比分析，笔者结合前人的研究成果，总结出 7 个汉语形状量词及其对应日语形状量词的语义和语用规则。在此基础上，统计与分析测试语料，概括出日本学习者习得汉语形状量词的偏误类型和造成偏误的原因。最后，再对教师、学生及教材提出针对性的建议。

综上，汉语形状量词在人们的日常交流中占据重要地位，能使表达更清晰、更准确。笔者通过本文研究，以期促进对日汉语形状量词教学的发展。

印尼三宝垄 UNISBANK 大学
本土汉语教师教学法探析

郭蓓恩 （2016 汉语国际教育）

指导老师：朱淑仪

一、引言

（一）选题背景及选题意义

2013 年 10 月，习近平主席访问印尼，中印两国建立全面战略伙伴关系。同年 5 月，国务院总理李克强在中印工商峰会上提到，两国将进一步密切人文交流合作。五年来，中印关系快速发展，中国与印尼两国的交往日益密切。在"汉语热"的浪潮下，印尼有越来越多的高等院校、中学乃至小学开设汉语课程，也有越来越多的印尼华人、印尼人开始投身汉语教育事业。印尼本土教师队伍的日益壮大为印尼当地汉语教学提供了充足的师资力量和教学便利。但是，从相关调查研究中，笔者发现很多印尼本土教师在教学上，尤其是教学方法上存在很多困惑和难题。刘君清在《印尼泗水普通学校与国际学校的汉语教师现状对比分析》一文中提到了泗水 SDK. YOHANES GABRIEL 普通学校的两位本土教师因为没有受过正式的汉语教育，没有足够的教学经验，汉语知识不足而产生了对教学的迷茫。而且还存在着其他诸多问题，例如教学流程不清晰、忽略学生学习的主体地位和学生学习独特的情感体验、在教学中出现汉语错误等。① 笔者于 2018 年 10 月至 12 月在印尼中爪哇省三宝垄市的一所私立大学——UNISBANK 大学进行了为期两个月的汉语教学实习，深入观察了该校两位本土汉语教师的汉语课堂。同上面提到的 SDK. YOHANES GABRIEL 学校的本土教师一样，UNISBANK 大学的两位本土教师也存在着一些教学上的困惑和难题。

本文拟从 UNISBANK 大学本土汉语教师的课堂教学实际出发，先判定该校本土汉语教师采用何种教学法，再调查和分析该校印尼本土汉语教师采用的教学法的合理性和原因，并找出存在的问题，取长补短，查漏补缺，提出建议，帮助该校本土汉语教师提高教学质量和效率。同时，以局部反映整体，让社会更深入地了解印尼本土汉语教师在汉语教学法上的现状，发现问题，帮助他们解决问题，更好地提高他们的专业素质。

帮助当地汉语教师完善教学方法或找到更适合当地的教学法，有利于提高教师的教学技能与课堂教学效率，提高学生们的学习兴趣和学习效率。因此对这一问题作进一步调查及研究具有现实指导意义。

（二）研究内容

本文从实际出发，具体依据印尼三宝垄 UNISBANK 大学的实际政策和情况，以及笔者所任教学校本土汉语教师的实际教学情况和学生的实际反馈信息对本文进行论证。依据实践中遇到的种种教学案例，以及笔者对 UNISBANK 大学相关学院负责人和本土汉语教师的采访，结合对部分印尼学生的问卷调查，笔者将分析 UNISBANK 大学本土汉语教师采用的教学法的合理性和原因，发现 UNISBANK 大学本土汉语教师在教学法上存在的问题，并提出合理的建议。

（三）研究方法

1. 文献研究法

通过搜集关于印尼学校教学现状及对外汉语教学法的相关文献资料，对印尼三宝垄 UNISBANK 大学本土汉语教师采用的教学法进行研究，为本文的写作奠定了一定的理论基础。

---

① 刘君清. 印尼泗水普通学校与国际学校的汉语教师现状对比分析［D］. 石家庄：河北师范大学，2014.

2. 深度访谈法

笔者根据预定的计划，使用手机录音和即时聊天工具，围绕教师背景、汉语理论知识习得等专门的主题，对该校本土汉语教师进行访谈。同时，围绕学校的汉语教学历史、课程设置、开展汉语课程的原因等方面，对该校外语系的负责人进行访谈。

3. 问卷调查法

笔者制定具有针对性的问卷，对相关内容进行调查。

问卷一：针对印尼三宝垄 UNISBANK 大学三个选修汉语课班级的学生进行调查。调查对象共 50 人，均为该校英语系的汉语课选修生。调查内容包括学生对学习汉语的时间、上课次数、任课教师等方面的意见。本次调查共分发了 50 份调查问卷，实际回收了 35 份有效问卷。

问卷二：针对惠州学院的印尼留学生进行调查。调查对象共 13 人，调查内容包括在印尼学习汉语的方式、教师的课堂用语等。

4. 观察法

笔者通过实地参与印尼三宝垄 UNISBANK 大学本土汉语教师的汉语课堂，观察记录教师们的课堂教学环节和教学方法，为本文的写作提供了第一手资料。

二、UNISBANK 大学本土汉语教师教学法的判定及其介绍

UNISBANK 大学位于印度尼西亚中爪哇省首府三宝垄市，成立于1968 年，是当地一所重点私立大学，也是当地两所开设了中文课程的大学之一。该校并未设置中文相关的学院或专业，但聘请了当地中文教师给感兴趣的学生开设中文课程。该校开设汉语选修课的有两个系，分别是外语系与旅游系，一共开设了五个班。外语系有三个班开设了汉语选修课，学生来自三年级；旅游系有两个班开设了汉语选修课，学生分别来自一年级和二年级。

UNISBANK 大学共有两位本土汉语教师，一位是林老师（Shirley），一位是 D 老师。林老师毕业于 UNISBANK 大学外语系，已通过汉语水平HSK 五级考试，有九年的教学经验。D 老师也毕业于 UNISBANK 大学外

语系，已通过汉语水平 HSK 四级考试，有六年的教学经验。

（一）UNISBANK 大学本土汉语教师教学法判定及其依据

在对外汉语教学的发展过程中，各种教学法流派都是前人经过实践总结出来的，每一种教学法的特点也大都是通过具体的教学实践体现出来的。要判定印尼 UNISBANK 大学本土汉语教师采用了何种教学法，就应该回归课堂实践中，总结出特点，从而进行科学的判定。本文从教学过程、教学特点以及练习题型这几方面入手，对 UNISBANK 大学本土汉语教师采用的教学法进行判定。

1. 基于教学过程和教学特点

笔者在该校实习两个月，平均每周参与五次两位本土汉语教师的课堂。通过参与并观察两位本土汉语教师的课堂，笔者对两位教师的课堂环节分别做了细致的记录，总结出了两位教师的教学过程和教学特点。

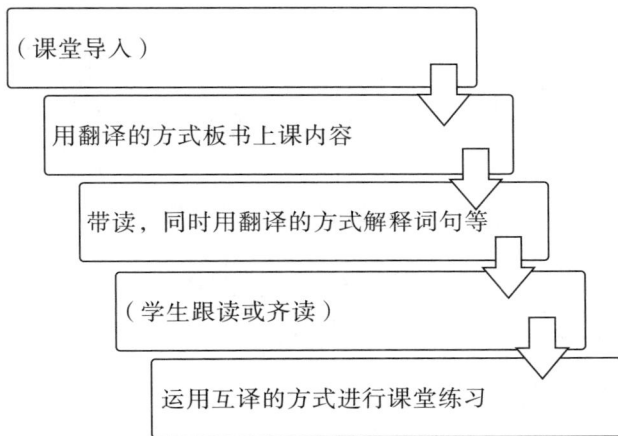

图1　UNISBANK 大学本土汉语教师教学过程

表 1　UNISBANK 大学本土汉语教师教学特点

1	在课堂中以教师讲授为主导
2	课堂用语为母语
3	练习手段为翻译
4	教学侧重点为读和译，教师对学生的语音、听力、口头表达能力要求较低

　　根据两位本土汉语教师的教学过程和教学特点，笔者认为两位教师采用的教学法为语法翻译法。

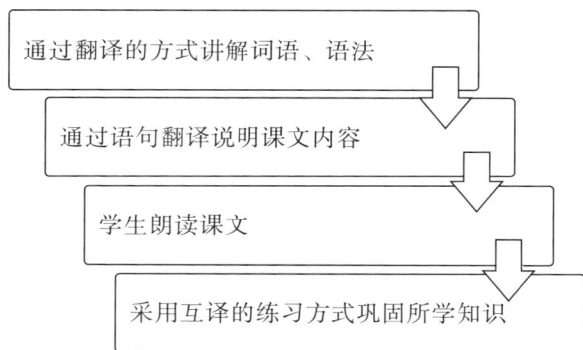

通过翻译的方式讲解词语、语法

通过语句翻译说明课文内容

学生朗读课文

采用互译的练习方式巩固所学知识

图 2　语法翻译法的教学过程

表 2　语法翻译法的教学特点

1	以语法教学为中心，强调系统语法的学习
2	语言材料的内容以能否突出某种语法形式为准
3	使用学生的母语和翻译的手段进行教学
4	教学以阅读和书面翻译为主，对语法练习和口头表达，尤其是听力和会话不作任何要求

　　下面对 UNISBANK 大学本土汉语教师的教学过程和教学特点与语法翻译法的教学过程和教学特点进行对比分析。

表3　教学过程对比

UNISBANK 大学本土汉语教师的教学过程	语法翻译法的教学过程	是否符合
（课堂导入后）用翻译的方式板书上课内容		
带读，用翻译的方式解释词句等	采用翻译的方式讲解词语、语法	✓
	通过逐句翻译，说明课文内容	
学生跟读或齐读	学生朗读课文	✓
运用互译的练习方式进行课堂练习	采用互译的练习方式巩固所学知识	✓

注：表中✓表示符合。

表4　教学特点对比

UNISBANK 大学本土汉语教师的教学特点	语法翻译法的教学特点	符合程度	注释
在课堂中以教师讲授主导	以语法教学为中心，强调系统语法的学习	符合度低	UNISBANK 大学的汉语课堂中"以语法教学为中心"的特点不明显
	语言材料的内容以能否突出某种语法形式为准		
课堂用语为母语	使用学生的母语和翻译的手段进行教学	完全符合	无
练习手段为翻译			无
教学侧重点为读和译，教师对学生的语音、听力、口头表达能力要求较低	教学以阅读和书面翻译为主，对语法练习和口头表达，尤其是听力和会话不作任何要求	基本符合	无

由上述表格对比分析得知，虽然 UNISBANK 大学的汉语课堂中"以

语法教学为中心"的特点不明显，与语法翻译法的符合度较低，但 UNIS-BANK 大学本土汉语教师的教学过程与语法翻译法的教学过程完全相符，UNISBANK 大学本土汉语教师的教学特点与语法翻译法的教学特点也大体相符。

2. 基于练习题型

笔者收集了两位本土汉语教师的自制练习册及期中考试试卷，并对练习册和试卷中的题目进行了归类和分析，如表 5 和表 6 所示。

表 5　UNISBANK 大学本土汉语教师的练习题目分析

内容	总题数	题数	题目	题数	占比
词汇练习	128	85	选择正确的读音并翻译	85	66.41%
句子练习		36	翻译句子	36	28.13%
对话练习		7	根据印尼语提示完成对话	2	1.56%
			完成对话（无印尼语提示）	2	1.56%
			根据给出的日期回答问题（印尼语）	2	1.56%
			完成对话（写拼音）	1	0.78%

注：占比指各部分题数占总题数的比重。

该练习册由本土汉语教师自行编制，用于课堂练习，内容适用于（2018 年）10 月到 12 月的汉语选修课。由表 5 可知，词汇练习和句子练习比重较大，词汇练习占 66.41%，句子练习占 28.13%，而对话练习仅占 5.46%。由此可见，UNISBANK 大学本土汉语教师的课堂练习以机械性练习为主（如词汇和句子的翻译），交际性练习较少（如对话练习）。

从表中还可以看出，词汇练习和句子练习的题型都是翻译题，对话练习中也有 57% 的部分是有印尼语提示的，对学生翻译能力考察的目的性强。语法翻译法流派受 18 世纪的机械语言学的影响，认为一切语言源于一种语言，各种语言的语法是共同的，词汇所表达的概念也是一样的，差别只在于发音和书写形式不同。因此采取机械对比和对译的办法进行教学。[①] UNISBANK 大学本土汉语教师在课堂练习中同样采取机械对比和对译的方法进行教学，符合语法翻译法的语言学理论基础和特点。

表 6　UNISBANK 大学 2018 年上学期期中考试试卷题目分析

大题题目	总题数	题数	占比
排列句子并翻译		5	16.7%
翻译句子		5	16.7%
根据拼音选出正确的汉字并翻译	30	10	33.3%
选词填空 （填"几"或"多少"）		10	33.3%

注：占比指各部分题数占总题数的比重。

从表 6 可得，试卷一共四道大题，其中有三道都是翻译题，整张试卷中需要学生进行翻译的内容高达 66.7%，而课堂练习中的翻译题占比也高达 94.5%。翻译练习是实施语法翻译法的主要手段。[②] UNISBANK 大学本土汉语教师们的练习册及试卷体现了"以翻译练习为主要手段"的特点。从语法翻译法的教学目的来看，UNISBANK 大学本土汉语教师的练习和考察手段也符合"读"和"写"这两个翻译法教学的目的。

综上所述，可以判定 UNISBANK 大学本土汉语教师所采用的教学法主要为语法翻译法。

---

① 马晓文．汉语作为第二语言学习中练习的理据性探索［D］．上海：华东师范大学，2007.

② 董菡．论翻译练习法对英语应用能力提高的作用［J］．湖北广播电视大学学报，2011（4）：39-40.

（二）UNISBANK 大学本土汉语教师的教学法介绍——语法翻译法

语法翻译法是历史上最古老的教学法。当时的人们为了学习古希腊文和拉丁文等古典语言阅读典籍、经文、学术著作等，便开始使用这种传统的语法翻译法。

语法翻译法的语言学理论基础是 18 世纪的机械语言学。按机械主义观点，一切语言源于一种语言，各种语言的语法是共同的，词汇所表达的概念也是一样的，差别只在于发音和书写形式不同。因此教师采取机械对比和对译的办法进行教学符合语法翻译法的语言学理论基础和特点。语法翻译法还以理性主义心理学为指导，以官能主义为主要表现形式。官能主义心理学认为某些学科具有训练一种到几种官能的特殊价值。根据语言的特点，在外语教学方面重视阅读能力的培养和语法教学。① 机械语言学、理性主义心理学、官能主义等理论基础也都在 UNISBANK 大学本土汉语教师的课堂教学法中有所体现。

根据其语言学理论，语法翻译法把逐词直译作为外语教学法的基本原则。但是由于逐词直译时学习者对材料尚未有正确的理解，因此这种翻译只能是两种语言的机械对比和翻译。语法翻译法是一种为了让学习者会"读"、会"写"的教学法，翻译既是语法翻译法的教学目的，又是语法翻译法的教学手段。语法翻译法主要面向有一定第一语言基础和逻辑思维能力的学生，故用于中学以上学生，尤其是大学生的教育。② UNISBANK 大学作为当地的一所重点私立大学，该校的学生基本上都经过中小学十二年的学校教育，已经具备第一语言基础和逻辑思维能力。这就说明语法翻译法对于 UNISBANK 大学的汉语课堂来说有着一定的适用性。

三、UNISBANK 大学本土汉语教师选择语法翻译法的原因

语法翻译法是世界外语教学中运用历史最长的一种教学法流派。我

---

① 马晓文. 汉语作为第二语言学习中练习的理据性探索［D］. 上海：华东师范大学，2007.

② 陈枫. 对外汉语教学法［M］. 北京：中华书局，2008.

国著名教学法专家俞约法教授在评价这一教学流派时指出："在长期的教学实践中，语法翻译法证明自己胜任这一任务，因此一直被当年的语文教育界所广泛采用，而且代代相传。"① 教师采用某种教学法必定受到很多因素的影响，为了解释 UNISBANK 大学两位本土教师为何使用语法翻译法这一教学法，笔者参考相关资料和文献，对两位本土汉语教师选择语法翻译法的原因进行分析。

（一）受印尼的语言政策影响

印尼是一个多民族国家，各民族使用的语言及方言超过400种，地方语言多样性强。从 1928 年开始，印尼语的使用范围才逐渐扩大。1945 年印尼宣告独立后，印尼语成为印尼唯一的官方语言，成为国家统一、拥有共同价值观和意识形态的基础。为推广印尼语，印尼政府将印尼语定为国家唯一的教学用语。虽然印尼是最多华人居住的国家之一，但由于历史原因，印尼历届政府对华人和华语的政策一直较为严苛。"在教育方面，印尼政府阻止华人进入华文学校，并严格限制华语作为交际用语的使用。1959 年初，印尼 1 800 所华文学校仅有 510 所正常开放，并且不断被转化为印尼的国民学校，教学用语为印尼语。"②

课程和教学方法往往会随着国家教育政策及其他相关政策的变化而变化。在 20 世纪，汉语被禁止使用，印尼的华文学校也只可以用印尼语进行中文教学。几十年来，印尼政府都一直推崇以印尼语为课堂教学用语，因此，对于印尼的新老本土汉语教师来说，受国家语言政策这么多年来潜移默化的影响，以印尼语为教学用语已然成为一种习惯。由此看出，本土汉语教师选择使用语法翻译法这一以学生的母语进行教学的教学法有一部分原因是受印尼国家语言政策的影响。

（二）受 UNISBANK 大学的教学现状限制

基于 UNISBANK 大学的汉语课教学现状及教师背景，通过对该校本

---

① 常宏．论语法翻译法在我国长期存在的合理性［J］．黑龙江高教研究，2010（2）：156 – 158.

② 李怀．印度尼西亚语言教育政策探析［J］．世界教育信息，2016，29（21）：9 – 13，19.

土汉语教师进行深入访谈，分析了其选用语法翻译法的缘由，主要有以下两个方面：

1. 学生汉语基础薄弱，以母语为教学用语能降低学习难度

在针对 UNISBANK 大学汉语课学生的调查问卷中，笔者就学生们学习汉语的时间进行了调查和统计。

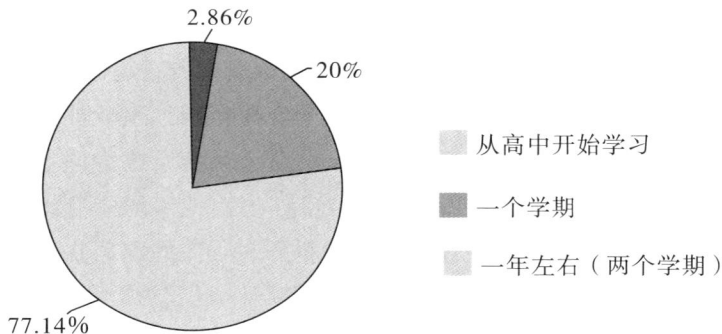

图3　学生学习汉语的时间

从图3可知，在35份问卷中，有77.14%的学生学习汉语的时间是一年左右，20%的学生仅学习了一个学期的汉语，只有2.86%的学生（一个学生）表示从高中便开始学习汉语了。由此可见，UNISBANK 大学汉语课的学生们普遍学习汉语的时间较短，因此学生们的汉语基础也比较薄弱。对于汉语基础薄弱的学生来说，使用目的语作为课堂用语并不现实，因为学生学习到的汉语知识还不足以支撑学生使用汉语来理解教学内容。相反，教师使用母语作为课堂用语可以大大降低学习难度，使学生能够在母语与汉语的对比中发现相同或相似的地方，激发他们的学习兴趣，树立学习汉语的信心。

2. 本土教师专业素养有限，对其他教学法的认知较少

UNISBANK 大学的两位本土汉语教师毕业于该校英语系。两位皆不是汉语专业本科毕业生，没有接受过汉语国际教育本科课程教育。我国对外汉语本科专业的课程设置有五大类型：语言学类、对外汉语教学类、文化类、外语类、实践类。这五大类型的课程有助于学生打好汉语基础、

掌握对外汉语教学技能和扎实的外语基本功、提升综合能力和实践能力，对于一名对外汉语教师的专业素质培养是必不可少的。这五大类型课程的重要性不言而喻，其中便包括了对外汉语教学法这门课程。学习对外汉语教学法有利于教师更深入地了解包括语法翻译法在内的各种教学法流派，将各种教学法融入实际的汉语课堂教学之中，使它们"各司其职"，提高汉语教师的课堂教学效率。UNISBANK 大学本土汉语教师缺乏汉语专业本科相关课程的教育，对对外汉语教学法也一知半解，所以在教学法的选择上存在局限性。

对于外国本土教师来说，他们习得汉语这一门外语的渠道无非家庭、学校和补习班这三种，而学习如何成为一名汉语教师就只有参加培训这一种渠道。相关文献数据显示，"印尼本土汉语教师中经常参加培训的教师比例为 40%，偶尔参加培训的教师比例为 25%，完全没有参加过培训的教师比例为 35%。而且本土汉语教师们参加培训的时间普遍存在时间短的现象。只有 1 位汉语教师参加过时间为 2 个星期左右的培训，10 位教师参加过 7 至 10 天的培训，多数教师参加培训的时长为 3 至 5 天"。① 这说明了印尼相当一部分学校的教师缺少汉语教师教学培训的机会，或者缺乏参加培训以提高自己专业素养的意识。通过访谈，笔者得知林老师分别在 2012 年和 2016 年到中国台湾参加过为期三个星期的培训，2014 年在暨南大学也参加过一次培训，但是 D 老师并没有参加过汉语教师教学的相关培训。从时间上来说，林老师每次培训的时长为三个星期，相比参与调查的印尼本土教师来说是比较长的。但是林老师自 2012 年开始每两年参加一次培训，2016 年至今已有三年没参加过培训了。参加培训的时间间隔较长，且仅有三次，属于偶尔参加培训，次数较少。参加汉语教师培训的目的是了解更多中国以及其他国家先进的教学理念和教学方法，汲取其他成熟汉语教师的教学经验，提升自己作为一名外国本土汉语教师的教学水平。不参加培训或参加次数少、时间短不利于外国本土教师自我汉语专业素质和教学水平的提升，仅仅依靠已有的知识及教

---

① 李萍萍.印尼汉语教师本土化存在的问题与改进策略：以优利联汉语国际学院等学校为例［D］.桂林：广西师范大学，2018.

学方法进行教学太过局限，也难免落后。

综上所述，两位本土汉语教师既非汉语师范专业毕业，又在教师培训方面有所欠缺，对教学法的学习和认知较少，专业素质和教学能力有待提高。理论是实践的基础，没有相应的汉语教师学科理论，那么实际教学就没有了科学性的理论支撑。两位本土教师专业素质的不足导致她们缺乏对多种汉语教学法的认知。本土汉语教师受自身专业素质和教学法认知的限制，选择有限，而语法翻译法作为最常见和使用最广泛的教学法，便受到两位本土汉语教师的青睐。

（三）语法翻译法具有一定的合理性

我们每个人对语法翻译法都很熟悉，因为我们以前学习英语的时候，老师们使用的基本上都是语法翻译法，这是一种最简单、最直接、最常见的教学方法。在实际的汉语课堂中，这种传统教学法也受到了很多汉语教师的青睐，因为语法翻译法本身具有合理性和教学上的优势。

第一，使用语法翻译法可以使学生较快地理解所学内容。UNISBANK大学汉语课的学生汉语水平基本都处在初级阶段，他们学习汉语的时间较短，掌握的汉语词汇较少，教师能够用于教学的汉语词汇也比较有限。尤其在讲解一些比较抽象的词汇时，例如"因为""对不起""谢谢""喜欢"这样的词语，直接用母语翻译过来最清晰了当，学生可以更快地理解这些内容。

第二，使用语法翻译法有助于学生直观地认识到汉语和印尼语的基本特征及异同。因为语法翻译法强调对语言点、词汇和语法的具体教学，本土汉语教师在教学的过程中通过印尼语翻译，将印尼语与目的语汉语的知识点进行对比，使学生在学习汉语的过程中，直观地看到两种语言之间的相同点和不同点。这样一来，学生对该知识点的认识趋于精确，理解就会更加深入、准确。①

---

① 王一尧. 印尼初中生综合课教学法探究：圣道中小学教学实践总结［D］. 武汉：华中师范大学，2014.

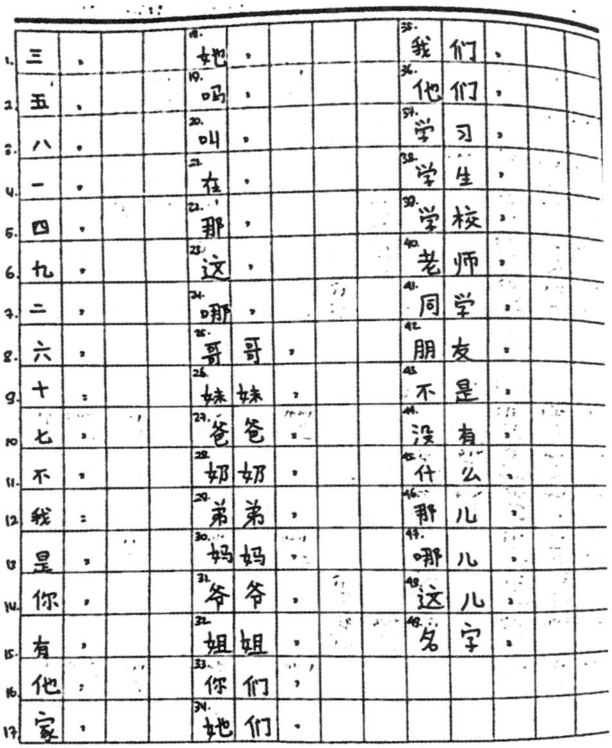
1. 三。
2. 五。
3. 八。
4. 一。
5. 四。
6. 九。
7. 二。
8. 六。
9. 十。
10. 七。
11. 不。
12. 我。
13. 是。
14. 你。
15. 有。
16. 他。
17. 家。
18. 她。
19. 吗。
20. 叫。
21. 在。
22. 那。
23. 这。
24. 哪。
25. 哥哥。
26. 妹妹。
27. 爸爸。
28. 奶奶。
29. 弟弟。
30. 妈妈。
31. 爷爷。
32. 姐姐。
33. 你们。
34. 她们。
35. 我们。
36. 他们。
37. 学习。
38. 学生。
39. 学校。
40. 老师。
41. 同学。
42. 朋友。
43. 不是。
44. 没有。
45. 什么。
46. 那儿。
47. 哪儿。
48. 这儿。
49. 名字。

图 4　词汇翻译练习

第三，使用语法翻译法能简单方便地检验学生的学习效果。UNISBANK 大学的教学设备并不先进，且师资力量薄弱，因此语法翻译法是最方便实施的。而从实际调查我们也得知，两位本土教师无论是在课堂练习还是试卷中都经常采用翻译题来考查学生（如图 4 所示），因为这是最直观、方便检验学生是否理解所学词汇或者语法的方法。

（四）受印尼本土汉语教师和学生的习惯影响

语法翻译法最典型的特点是教师在外语教学过程中使用母语进行教学，且使用频率和目的语的使用频率一样高。为了解印尼国内本土汉语教师的教学用语习惯，笔者对惠州学院的 13 名印尼留学生进行了相关问卷调查。参与问卷调查的印尼留学生分别来自印度尼西亚三个不同的地区，分别是首都雅加达、中爪哇省省会三宝垄以及西爪哇省东部城市井里汶。受调查的印尼留学生年龄在 18 到 23 岁之间，且都在本国接受过汉语教育。

表 7　印尼本土汉语教师的教学用语

选项	小计	比例
全中 all or mostly Chinese	1	7.14%
全印 all or mostly Indonesian	10	71.43%
都有 both	3	21.43%

由表 7 可得，来自印尼东西部三个不同地区的学生中，有 71.43% 的学生表明他们的本土汉语教师的课堂教学用语为母语印尼语，仅有 7.14% 的学生表示本土汉语教师会使用全中文教学，还有 21.43% 的学生表示中文和印尼语在他们的课堂中都会使用到。数据表明，很少有本土汉语教师在课堂中使用中文进行教学，大部分都是采用母语进行教学，同时也说明了除了三宝垄这个城市外，印尼其他地区的本土汉语教师也大多使用母语进行教学。UNISBANK 大学本土汉语教师的采访也印证了这一点。据两位老师所述，印尼的中文老师大部分用印尼语来上课，而两位本土汉语教师的汉语老师也是采用印尼语作为教学用语。可见，印尼大多数本土汉语教师都习惯在汉语课堂中以母语为教学用语，这也是语法翻译法的典型特点和教学手段。

教学方法的选择是双向的，教师选择教学方法有教师个人的主观因素，同时也会受到学生的影响。笔者在对林老师进行采访时，林老师提到，曾经有中国老师尝试过全中文教学，但是效果并不好，学生普遍反映听不懂。因为学生们的听力水平较低，平常上课只能通过看板书和听老师翻译才知道所学内容的意思。为了解在印尼学生的汉语课堂中使用全中文教学的效果，笔者就"当你的老师使用全中文教学时，你感觉如何"这一问题对惠州学院的印尼留学生进行了调查，结果统计如下：

表 8　印尼留学生对全中文教学的感受

选项	小计	比例
听不懂 can't understand	2	14.29%
还可以 not bad	8	57.14%
非常喜欢 enjoy	4	28.57%

　　在笔者对惠州学院的印尼留学生进行问卷调查之前，留学生们已经在惠州学院文学与传媒学院汉语国际教育专业师生的汉语课堂中接受了将近两个月时间的非翻译法教学。在此前提下，数据结果表明，对教师采用全中文教学（即非翻译法教学）表示"enjoy（非常喜欢）"的学生仅有 28.57%，这说明了在接受将近两个月的非翻译法教学后仍有大部分学生不是很习惯这种教学方法。与此同时，笔者还就"当你在学习汉语时，你希望老师使用印尼语还是中文"这个问题向印尼留学生进行了调查。

表 9　学生对汉语教师课堂用语的期待

选项	小计	比例
中文 in Chinese	6	42.86%
印尼语 in Indonesian	8	57.14%

　　数据显示，在接受了两个多月的以汉语为课堂用语的教学之后，有 42.86% 的学生希望教师采用中文进行教学，但仍有 57.14% 的学生希望教师采用印尼语教学。希望汉语教师使用印尼语作为汉语课堂用语的学生比重较大，说明有很多学生习惯教师使用母语上课。综上所述，无论是印尼的本土汉语教师，还是印尼学生，都习惯以印尼语为教学用语。UNISBANK 大学两位本土教师受她们的汉语老师及身边其他本土汉语教师的课堂用语习惯的影响，选择以母语为课堂用语和教学媒介的语法翻

译法进行汉语教学，这也较为符合印尼大部分学生的上课习惯。

四、UNISBANK 大学本土汉语教师在教学法上存在的问题及改进建议

从上文我们得知，UNISBANK 大学本土汉语教师选择语法翻译法既符合国家语言政策的要求，也适合该校汉语教学的现状。同时，由于语法翻译法自身具有一定的合理性和优势，而且语法翻译法本身就受广大印尼师生的喜爱，UNISBANK 大学本土汉语教师使用语法翻译法教学具有合理性，也有据可依。但是，通过笔者的实地调查发现，该校本土汉语教师使用语法翻译法教学也存在一些问题。

（一）UNISBANK 大学本土汉语教师在教学法上存在的问题

1. 语法翻译法的使用与学校设置汉语课的教学目的不符

UNISBANK 大学外语系的院长 Endang 老师介绍道："UNISBANK 大学从 20 世纪 90 年代开始设置汉语课，2000 年之前该校外语系设有 4 个学期的汉语课，后来由于汉语科目难度大，学生考试通过率低，UNISBANK 大学便暂停了汉语课的开展。再后来，随着中国的影响力越来越大，学校认识到了学习汉语的重要性，又重新开设了汉语课。重新开设汉语课程之后，学校将之前设置的四个学期缩短为两个学期，对学生们的要求也相应降低了。学校将教学目的改为了社交教学，不需要学生将'听说读写'都学会，只要求学生会'说'，掌握基本的交流沟通。"

语法翻译法最主要的讲授方式是教师对句子成分进行系统讲授，然后带领学生一起分析句子中的音节、单词和规则。[①] 在这个教学过程中，强调培养学生的阅读理解和书面翻译能力，听力和口语这两项技能并没办法得到很大的锻炼和提升。因此，本土汉语教师采用语法翻译法作为教学法，与 UNISBANK 大学设置汉语课时的教学目的不符。重书写、轻口语是语法翻译法最重要的一个特点，如果一直单纯地使用语法翻译法很难培养学生

---

① 程棠 . 对外汉语教学目的原则方法 [M].北京：华语教学出版社，2000.

的口语交际能力，学生很少有机会在课堂上运用汉语进行口语交际和练习。① 既然学校开设汉语课的目的是要求学生们会"说"，那么教师在教学中应该使用有助于锻炼学生听力和口语的教学方法，增加相应的课堂训练，比如听力、口语的专项训练，从而更好地锻炼学生的听说能力，达到"社交"的教学目的。

据林老师所述，她已经在 UNISBANK 大学任教了半年多的时间了，但是没有领导或者其他本土汉语教师来听过课，也没有人对她的汉语课进行过任何评价。由此看出，UNISBANK 大学缺乏对教师和课堂的监督机制，也没有听课评课的惯例。因为缺乏学校的监管，所以当教师的教学法与学校设置的课程教学目的不符时，没有人发现并指出问题，这也是两位本土汉语教师在这种情况下还一直使用语法教学法的原因。

2. 教学方法的使用单一

"第二语言教学的历史十分悠久。随着第二语言教学的发展，出现了很多教学法的流派。各种不同教学法流派对教学规律的不同的看法影响到教学大纲的制定、教材的编写、课程教学程序和方法的确定，以及测试评估手段的选择等。"② UNISBANK 大学本土汉语教师选择语法教学法必定会对教师的课堂教学方法以及测试评估手段的选择产生影响。

教学法的使用是为教学目标服务的。在通常情况下，要达到预定的教学目标，一种教学方法的使用是不够的。通过观察和分析两位教师的课堂过程，笔者发现，两位本土汉语教师基本上使用语法翻译法这一种教学法贯穿课堂，由于语法教学法主要以翻译作为教学手段，这就导致了课堂教学方法的使用过于单一。最突出的现象就是，两位教师在课堂上并没有使用过除黑板外的其他教学工具。这种现象在 D 老师身上更为明显，笔者在参与课堂时发现，D 老师在课堂中让学生记笔记的时间几乎与授课时间相等，而且除了板书练习和问答这两种方式外，没有采用过任何游戏或者活

① 王一尧. 印尼初中生综合课教学法探究：圣道中小学教学实践总结 [D]. 武汉：华中师范大学，2014.

② 冯希哲，吴妍妍，郐远春. 实用对外汉语教学法 [M]. 北京：中国人民大学出版社，2012.

动来对学生进行操练。由于教学方法的使用过于单一，UNISBANK 大学汉语课的学生们出现了以下几种现象：课堂不够活跃，学生上课积极性不高；逃避学习重难点，学生学习态度消极；练习方式单一，学生开口机会少。

II. 写意思 〈10〉

1. 姐姐 的 耳朵 大 = _____
   jiějie de ěrduo dà

2. 奶奶 喜欢 吃 菜 = _____
   nǎinai xǐhuan chī cài

3. 我 爱 爸爸 妈妈 = _____
   wǒ ài bàba māma

4. 那 不是 我 的 学校= _____
   nà bú shì wǒ de xuéxiào

5. 他 不是 我 弟弟 = _____
   tā bú shì wǒ dìdi

图 5　部分期中考试试卷的题目

图 5 截取自林老师的期中考试试卷，该题目为翻译题。我们可以看到，试卷中题目的测试目的是检测学生能否翻译，能否理解这些句子的意思。这样的题目过于机械性，单单考查了学生对词汇和句子的理解，而没有考查学生能否在实际生活中真正运用到这些词汇和句子。而该试卷中有 75%的题目是以翻译的方式检测学生对词汇和句子的理解能力，缺乏情景对话、阅读理解这样检测学生交际能力的交际性题型。

长期单一地使用语法翻译法进行课堂教学，缺乏多样化的教学方法和操练手段，仅仅依靠单一的中印互译进行练习，会造成课堂枯燥、气氛不活跃、学生上课积极性下降、口语交际得不到锻炼等问题。

（二）针对该校本土汉语教师教学法的建议

1. 营造"社交"氛围——采用任务型教学法和交际法

为了达到"社交"的目的，教师在课堂中应尽量营造一个"社交"的氛围。为使学生们多开口、多实践，建议适当采用任务型教学法和交际法。

（1）任务型教学法。

伯拉胡在 1983 年的时候正式提出了任务型教学法，任务型教学法是一种强调在实践中学习运用语言的教学方法。在我国教育部 2001 年制定的《英语课程标准》中，倡导教师使用任务型教学法，避免使用单纯传授知识的传统教学法。正是由于这种教学法成功应用于外语教学实践并取得了很好的教学效果，对外汉语教学领域对这一种新型的教学法给予重视，并将此方法引入对外汉语教学的课堂。[①]

任务型教学法是以任务为中心，让学生在学习的过程中使用汉语进行课堂交际活动。这种教学方法需要学生提前预习课文，对于课文中不清楚的地方，如词汇、语法等进行简单提问，教师进行简单讲解之后直接进入任务环节。这种教学方法能使课堂既充满活力又富有趣味，可以很好地解决课堂枯燥、学生学习积极性不高的问题。

林老师曾设计了一次唱歌考试，给了学生们一项任务——分组练习并表演 *Can't Help Falling in Love*（台湾版《流星花园》插曲）。众所周知，印尼人非常热爱歌舞，所以学生们对这个任务很上心，都积极地准备这次考试。由此可以看出，学生们对于这种任务型的学习方式接受程度较高，对待符合他们兴趣爱好的任务也尤为认真，因此，笔者认为简单的任务型教学法在 UNISBANK 大学的汉语课堂具有一定的可行性，本土汉语教师们可以尝试设置一些与教学内容相关的任务。如果是针对初级学生的话可以相对降低要求，让学生们在小组活动的过程中学习。这样既可以营造良好的学习氛围，也可以活跃学生的思维，培养学生的想象力和创新能力。更重要的是，学生在完成任务和进行活动的同时，有了更多开口的机会，听力和口语能力都得到了一定的锻炼，在实践中学习，也将学习的知识第一时间运用到实践中。

（2）交际法。

"交际法是以语言功能和意念项目为纲、培养在特定的社会语境中运用语言进行交际能力的一种教学法。"[②] 交际法的教学目的是培养语言交际能

---

① 王一尧. 印尼初中生综合课教学法探究：圣道中小学教学实践总结［D］. 武汉：华中师范大学，2014.

② 冯希哲，吴妍妍，郊远春. 实用对外汉语教学法［M］. 北京：中国人民大学出版社，2012.

力，这弥补了语法翻译法教出"哑巴汉语"的不足。"交际法的教学过程一般为：展示—语言要点提取和练习—语境练习—模拟性交际情景练习。"①教师在运用语法翻译法讲解语法规则后，主要就课文和语法点这两部分设计语境，对该语法规则进行交际情景练习。结合语法翻译法和交际法这两种教学方法来进行语法教学。在学生了解大致的语法规则后，为学生创造一个真实、自然、不脱离实际生活的语言环境，使学生立刻进行有效的语法练习。

例如，D 老师在讲完"数字"这一课之后，仅仅采取了机械练习。实际上教师还可以适当引入一些和数字有关的交际语境进行练习。

表 10　情景练习

教师导入并提问	学生回答
你的电话号码是多少？ 我的电话号码是…… （板书并适当进行翻译）	我的电话号码是…… 例：我的电话号码是 284739284
这个多少钱？ （例：拿起一支笔提问） 这个××元 （板书并适当翻译， 配合图片或实物提问）	这个××元 例：这个 5 元
你有几本书？/ 你有几个朋友？/ 这里有多少个人？ ××＋量词 （板书并适当进行翻译）	××＋量词 例：3 本/2 个/18 个

① 王一尧. 印尼初中生综合课教学法探究：圣道中小学教学实践总结［D］.武汉：华中师范大学，2014.

表中列举出来的都是和数字相关的语言点和交际练习，本土汉语教师可以根据自己的实际教学进度和课文内容采用、编排。表中列举的交际练习都是我们生活中经常会用到的会话，如询问电话号码、问价钱，和我们的实际生活息息相关。教师在导入这类交际语境时，可以采用语法翻译法，适当对学生还没接触过的词汇、语法进行讲解。在进行操练的过程中，教师让学生互相提问并回答，达到交际的目的。这两种方法的结合使用不仅可以使教学环节清晰，紧凑，且有效地进行，还可以使课堂充满活力，使学生的积极性得到大幅提升，同时还可以解决学生逃避学习汉语重难点的问题，也让本土汉语教师对如何锻炼学生的口语社交能力有了更清楚的认识。

2. 丰富课堂教学方法，提高学生学习积极性

"所谓'教学有法'，就是教师要选择恰当、实用、高效的教学方法来开展教学。"[①] 灵活使用多种不同的教学方法对不同的教学内容进行教学，避免反复使用同一种教学方法贯穿始终，可以提高汉语教学的趣味性，使抽象的内容变得更加生动、有趣。学生在课堂中找到学习的兴趣，学习的动力就会随之增加。学生积极投入到课堂中来，学习的效率就会有所提高。因此，针对 UNISBANK 大学本土汉语教师们教学方法单一的问题，建议本土汉语教师学习并尝试使用多种先进的现代教学法，使自己的课堂教学方法多样化。

基于语法翻译法自身的合理性，教师们要学会在恰当的时候正确使用语法翻译法。针对课堂中的语法教学部分，语法翻译法无疑是最简单、方便的一种方法。使用语法翻译法可以使学生很直观地认识到汉语与母语之间的联系，对学生学习词汇、语法有着极大的帮助。但是，笔者认为，语法翻译法是十分重要的教学方法，却不应该作为唯一的教学方法。仅仅使用语法翻译法来进行汉语教学，形式单一，会使课堂趋于枯燥乏味，学生的注意力可能无法长时间集中，学习效率便随之降低。在《印尼初中生综合课教学法探究：圣道中小学教学实践总结》一文中也提到了语法翻译法

---

① 李媛媛. 试论国际汉语教学中语法教学的特点——兼谈汉语国际教师应具备的基本教学能力 [J]. 汉字文化, 2018（17）: 38-40.

的弊端，"语法翻译法这种以教材、教师、语法为中心的传统教学法是一种'填鸭式'教学，课堂教学过程中始终是教师占主导地位，灌输式地完成教学任务"。[①] 因此，要适当地使用语法翻译法，比如在讲解较抽象的词语或语法时使用，课堂效果比利用汉语分析好得多。

在正确使用语法翻译法的基础上，本土教师们还应该尝试将其他先进的教学法融入课堂。

第一，多媒体教学法。尽可能多地使用教学辅助工具。通过实地观察，笔者发现该校虽配备了多媒体设备（投影仪、幕布、多功能电视、音响等），但本土汉语教师们在课堂上未曾使用这些现代技术进行辅助教学。当笔者在上课时使用PPT进行教学以及播放视频辅助讲解时，笔者清楚地发现学生们的目光会聚集在屏幕上，注意力也十分集中。学生们还会就视频的内容进行讨论，也有学生主动提出问题。这就反映了采用多媒体教学法的好处——不仅可以提高教学的趣味性，吸引学生的注意力，还可以引起学生的自主思考，课堂效果明显不同。建议本土教师们可以通过寻求中国朋友的帮助和推荐，找一些和中国文化相关的介绍视频，或者一些与教学相关的电影、电视剧选段，充分利用网络资源，在辅助词汇、语法教学的同时，丰富学生的中国文化知识。除了视频教学外，利用课件教学也是一种有效的方式。在制作PPT的时候，可以利用相关图片，形象生动地展示词汇，尤其是在汉字教学的时候，如果加以图片来解释会更加方便学生记忆。

第二，对比教学法。同样是使用印尼语导入课堂，但对比教学法更能吸引学生的注意力，以便更快地引入知识点。在《在汉语教学中中国与印尼文化冲突克服策略》一文中，作者提出了以下案例对对比教学法进行展示。以汉语中的"白"字作为例子，具体操作如下：

步骤一：教师板书，以印尼语导入教学，引出"白"这个词。

Hatinya seputih kapas.（他的心像棉布一样白。）

---

① 王一尧. 印尼初中生综合课教学法探究：圣道中小学教学实践总结 [D]. 武汉：华中师范大学，2014.

Kulitnya seputih mutiara.（他的皮肤像珍珠一样纯白。）

Bendera Indonesia berwarna merah putih, merah yang berarti berani dan putih yang berarti suci.（印尼国旗有两种颜色：白色和红色，红色是勇敢的意思；白色是纯白、纯洁的意思。）

师：请找出印尼语句中相同的词！

生：putih.

师：putih 是什么意思？

生：白。

步骤二：对比"白"在印尼语与汉语之间的异同点。

中文：白色表示没有效果，如白跑、白忙、白费力气。（还可以扩展"白"在中文里的引申义，如象征着凶丧，也有衰败、腐败、反动、落后等贬义。）

印尼语：白色表示单纯、纯洁。①

在这个例子中，教师先以印尼语导入知识点，然后通过对比这个知识点在汉语和印尼语中的异同点，使学生清晰地了解某个词语在母语和目的语之间的异同处，方便学习者记忆，使其有效地掌握该词语的含义，甚至了解相关的文化知识。虽然课堂主要用语也是印尼语，但是对比教学法并不是单纯的翻译，而是通过两种语言的对比来达到教学目的。在教师循序渐进的引导和清楚的对比之下，学生会进行思考和回答，集中注意力，相比语法翻译法来说，其教学效果更好。

五、结语

印尼本土汉语教师队伍的日益壮大对我国在印尼的对外汉语事业有极大的帮助，帮助印尼的本土汉语教师找到最适合印尼汉语课堂的教学法是

---

① 罗花乐．在汉语教学中中国与印尼文化冲突克服策略［D］．石家庄：河北师范大学，2012.

当务之急。本文在实地观察和采访的基础上，从教师的课堂环节等方面出发，对 UNISBANK 大学本土教师采用的教学法进行了判定，并且以该教学法——语法翻译法的语言学理论基础和特点为参照，对 UNISBANK 大学本土教师选择语法翻译法的合理性及原因进行了细致的分析。通过了解、总结、分析本土教师们在教学法上存在的问题，有针对性地提出了一些建议，希望可以对 UNISBANK 大学两位本土汉语教师乃至在印尼各地投身汉语教育事业的本土汉语教师有所帮助。此外，由于目前教学经验不足，笔者对本土汉语教师在教学法上存在的问题分析得还不够透彻，存在很多不足之处。

第三编
语言学研究

汕头潮阳闽南语中的名量词研究

蔡林婷（2016 级汉语国际教育）

指导老师：孙会强

一、引言

　　汕头市位于广东省东南沿海，下辖金平区、龙湖区、濠江区、澄海区、潮南区、潮阳区与南澳县，共六区一县。本文研究的是汕头市潮阳区方言。潮阳区是汕头市的下辖区，现辖 4 个街道、9 个镇。据《中国语言地图集》（2012）所记，潮阳方言属潮汕小片，划分在闽语中的闽南片。

　　汉语方言量词研究目前有不少成果，闽南语的研究著作也很多，包括厦门闽南语、福州闽南语、潮州闽南语、汕头闽南语等，纵观潮汕地区闽南语的研究，更多地以潮州闽南语和汕头闽南语为主，对其他闽南语（如潮阳闽南语、揭阳闽南语等）的研究较少。对汕头潮阳闽南语研究最多的当属张盛裕：《潮阳方言的语音系统》（1981）、《潮阳方言的连续变调》（1979）等，这些文章大多为语音研究。闽南语中关于名量词的研究亦不少，周长楫（1985）在《略论厦门话量词》中，以《现代汉语八百词》①的附录《名词、量词配合表》为参照，将厦门话量词同普通话量词作对比，全文用数据说话，材料翔实；郑艺芳（2016）在其硕士论文《闽南方言与

---

① 　吕叔湘，李临定. 现代汉语八百词 [M].北京：商务印书馆，1980.

普通话名量词比较研究》① 中研究闽南方言的名量词，以厦门话的量词为基础，梳理出闽南方言名量词的使用情况和特点，全文论述翔实，分析深入，具有参考价值。汕头潮阳闽南语虽属闽南语系，但与厦门闽南语有所区别。张燕芬（2009）在《广东揭东方言的量词"奇"和"爿"》② 一文中，分析了"奇"和"爿"的用法，两者都可指双事物中的一个，但使用上有所不同，该文章举例具体两个量词，并将其进行对比分析，与本文所研究的对象数量上有所不同；陈凡凡和林伦伦（2003）在《广东澄海闽方言量词的语法特点》③ 一文中，分别从量词与形容词、量词的省略等四方面进行分析。在文章最后对澄海话量词特点进行探源，给笔者对名量词的分析提供了思路——对名量词进行溯源。综上，闽南语的名量词研究分为福建闽南语与潮汕闽南语两大地域，对潮汕闽南语名量词的研究，一方面集中在对个别量词进行分析，另一方面集中对各地区名量词的语法特征进行分析。前人的论文成果为笔者的研究提供了大量文献资料，有利于笔者对汕头潮阳闽南语的名量词进行研究。

中国汉语语法研究起点较晚，1898 年出版的《马氏文通》是我国第一部系统的语法研究著作，我国的语法研究由此开始。但由于当时语法研究深受印欧语系语法研究的影响，汉语量词一直不得以正名。"量词"一名是在黎锦熙《新著国语文法》（1936）中出现的，几十年来，汉语量词的研究取得了非常大的成就。由于量词的灵活多样，在量词的分类问题上，不同学者有不同的看法和观点。量词根据构造形式可区分为单纯量词和复合量词，对量词的分类分歧主要在单纯量词的分类上。单纯量词的分类大致有三种。第一种为二分，主要分为名量词和动量词，《张志公汉语语法教学论著选》（1997）和《现代汉语语法讲话》（1961）二书中都是将量词二分。第二种为三分，三分分法便有所不同，《汉语语法教材》（1956）将量词分为名量词、动量词和形量词，张斌主编的《现代汉语》将量词分为物量词、

---

① 郑艺芳. 闽南方言与普通话名量词比较研究 [D]. 济南：山东大学，2016.

② 张燕芬. 广东揭东方言的量词"奇"和"爿" [J]. 中国语文，2009（3）：260.

③ 陈凡凡，林伦伦. 广东澄海闽方言量词的语法特点 [J]. 汕头大学学报（人文社会科学版），2003，19（A1）：70 – 76.

动量词和时间量词。第三种为多分，赵元任在《汉语口语语法》一书中将量词分为九类，朱德熙的《语法讲义》一书将量词分为七类，吕叔湘主编的《现代汉语八百词》将量词分为九类。

本文研究的是名量词。名量词与动量词的分类算是一个得到普遍认可的分类方式，分歧较大的是量词的小类分类，特别是名量词的内部划分。本文采用的是黄伯荣和廖序东主编的《现代汉语》① 中对于专用名量词的分类。该书将专用名量词分为个体量词、集体量词和度量衡量词。个体量词表示个体量，如个、只，集体量词表示集合量，如对、双，度量衡量词表示精确量化，如尺、寸。此外，本文不采用该书中将借用量词划入量词分类体系的观点，认同谭景春② （2001）的看法，借用量词属于临时量词，临时量词只是通过名词表示的实物来表示某一事物的"量"，要理解临时量词的量，须首先理解相应的名词概念。因此，本文不将借用量词划入量词分类体系。

本文研究主要采取实地调查法、文献分析法以及对比分析法。

实地调查法主要用于潮阳闽南语名量词的收集，借用吕叔湘《现代汉语八百词》中的附录《名词、量词配合表》，在汕头市潮阳区贵屿镇、和平镇、铜盂镇、海门镇、棉城镇、西胪镇、金灶镇七个镇进行闽南语名量词的实地调查，通过对话记录收集闽南语名量词，掌握真实的资料。笔者所选的七个镇为潮阳闽南语三个小片的代表，三个小片分别是棉峡小片、海门小片和关灶小片③。经调查，三个小片的闽南语虽语音上有所差异，但量词的用法上基本一致，其中如有差别，本文以关灶小片闽南语为参照。文献分析法是通过阅读文献、专著等资料，将其与收集到的资料相互补充，相互验证。对比分析法是分析对比汕头潮阳闽南语中名量词与普通话的异同，在对比的基础上探寻汕头潮阳闽南语的使用特点。

本文研究汕头潮阳闽南语中的名量词，从个体量词、集体量词以及度

---

① 黄伯荣，廖序东．现代汉语［M］.5 版．北京：高等教育出版社，2011.

② 谭景春．从临时量词看词类的转变与词性标注［J］.中国语文，2001（4）：291－301.

③ 潘家懿，郑守治．粤东闽语的内部差异与方言片划分的再认识［J］.语文研究，2009（3）：55－59.

量衡量词三个方面进行分类描写，对比分析汕头潮阳闽南语中名量词与普通话中名量词的异同，举例汕头潮阳闽南语的常用名量词，以期能对汕头闽南语的名量词研究起到一定作用。

二、汕头潮阳闽南语的分类描写

《现代汉语八百词》① 中关于量词的附录《名词、量词配合表》收录了438 个名词，并且逐一列举了与其对应的量词，该表具有典型性，笔者对其中收录的 438 个名词所对应的汕头潮阳闽南语中的量词进行匹配。该表的收录量词原则为临时量词、集合量词、度量衡量词不收。由于该原则的限定，该表所收录的量词基本为个体量词。因此，笔者在实地调查时以收集集体量词和度量衡量词为主，个体量词的收集为辅。

经收集和整理，笔者所得汕头潮阳闽南语的名量词共 74 个，分别是块、间、件、条、支、阵、丛、份、粒、碗、口、门、滴、句、沿、步、节、扇、顶、家、面、封、包、奇、垑、站、季、个、张、领、道、次、只、首、出、片、副、把、幅、批、股、座、圈、脬、笔、篇、本、点、尾、目、堵、代、梂、撮、套、沓、堆、铺、寻、掠、桥、尺、寸、斤、亩、升、钱、顿、重、摆、爿、下、捻、棚。

（一） 个体量词

个体量词，是相对于集体量词而言的，主要用于计量个体名词，它数量较多，而且运用广泛。学术界对量词的分类方法没有明确的界定，对于个体量词的划分，也没有明确的说明，因此，个体量词既没有既定的归类标准，也没有严格的定义。本文所归纳的个体量词，是基于其所修饰的名词，是表示人和事物的单个量。

经过调查和统计，笔者归纳整理了个体量词 59 个，个体量词与其搭配的名词具体如表 1 所示。

---

① 吕叔湘，李临定. 现代汉语八百词［M］.北京：商务印书馆，1980.

表1 汕头潮阳闽南语个体量词与名词搭配表

个体量词	搭配的名词	个体量词	搭配的名词
块	板、碑、冰、饼干、玻璃、唱片、地、点心、东西、豆腐、肥皂、膏药、骨头、姜、篱笆、墨、木头、柴、肉、伤、石头、瓦、影片	个	办法、比赛、表格、词、故事、理由、矛盾、命令、任务、消息、笑容、意见、原则、灾荒、政策、制度、主张、仪式
间	报社、宫殿、教室、剧院、旅馆、商店、书店、屋子、学校、医院、银行	张	报纸、布告、钞票、地图、票、毯子、梯、相片、邮票、纸
件	上衣、衣服	领	被单、被面、被子、窗帘、蚊帐、席子
条	鼻涕、鞭子、标语、布、蚕、肠、虫、葱、灯管、电线、歌、沟、挂面、管子、河、河堤、虹、黄瓜、剪子、江、街、筋、锯、裤子、蜡烛、路、路线、麻、眉毛、命、藕、桥、裙子、山脉、闪电、伤疤、舌头、蛇、神经、绳子、手巾、隧道、题、铁丝、头发、头巾、围巾、尾巴、弦、线、香肠、香烟、箫、牙膏、牙刷、烟、腰带、乐曲、债务、战线、针、柱子	个	鼻子、手表、布景、车厢、车站、城、窗、岛、耳朵、房间、缸、工厂、工人、鼓、关口、计划、肩膀、角、井、镜、炕、客人、口袋、筐、喇叭、篮子、烙饼、雷、犁、礼堂、锣、麻袋、马达、码头、馒头、门、名胜、磨、碾子、亲戚、人、嗓子、山口、商品、烧饼、尸体、手榴弹、水泵、水库、塑像、算盘、唢呐、锁、塔、台阶、蹄子、图章、碗、味、文件、香蕉、箱子、笑脸、信箱、行李、凶器、牙齿、眼睛、月饼、乐器、运动、水闸、枕头、职业、钟、字、嘴、砚台、影子

（续上表）

个体量词	搭配的名词	个体量词	搭配的名词
支	笔、扁担、铲子、秤、尺、锄头、锉、掸子、刀、灯（煤油灯）、笛子、队伍、斧子、镐、工具、瓜、锅、火柴、火箭、剑、箭、军队、筷子、旗、枪、锹、伞、扫帚、扇子、勺子、梳子、树枝、刷子、丝、武器、香、钥匙、锥子、钻、花、树枝	只	苍蝇、车、车床、船、床（铺）、凳子、飞机、缝纫机、胳膊、弓、狗、狐狸、蝴蝶、火车、机器、鸡、脚、轿子、军舰、狼、老虎、猫、老鼠、驴、螺子、骆驼、马、蜜蜂、鸟、牛、螃蟹、炮、炮艇、琵琶、琴、青蛙、蜻蜓、蛆、牲口、收音机、水车、水桶、坦克、兔子、腿、拖拉机、蚊子、虾、象、鞋、鸭子、眼睛、雁、羊、仪器、椅子、鸳鸯、猪、桌子
阵	冰雹、风、光、霜、雪、雨	次	病、革命、交易、运动、战斗、战争
丛	菜、草、稻草、稻子、麦子、树、秧苗、竹子、棉花	道	菜、工序
份	成绩、礼物、工资、收入	首	诗歌
粒	地雷、电池、钉子、豆子、瓜子、花生、橘子、粮食、露水、轮子、米、棋子、砂子、蒜、糖果、心、星、炸弹、种子、珠子、砖、子弹、钻石、西瓜、鸡蛋	出	电影、电视剧、戏
碗	饭、汤	代	人

（续上表）

个体量词	搭配的名词	个体量词	搭配的名词
口	坟、井	片	风景、叶子、云、霞、心意、森林
门	课、机枪、学问	副	棺材、牌、手套
滴	汗、汗珠、眼泪	把	胡子
句	话、口号	幅	画
沿	灰、楼、皮、土	批	货物
步	技术	股	劲、力量、气
节	课	座	矿山、楼、山
扇	帘	圈	毛线
顶	帽子	脬	尿、屎、痰、唾沫
家	企业、人家	笔	钱
面	墙	篇	日记、文章、小说
封	信	本	书、杂志、账
包	药	点	血、水、雨
奇	筷子、鞋、耳环、戒指	尾	鱼
坵	田	目	甘蔗
站	路	堵	墙
季	稻	顿	饭、酒
重	楼、土	摆	船
爿	西瓜、桃子	下	菜
捻	西瓜、橙	棚	菜、戏

由《现代汉语八百词》附录《名词、量词配合表》的收录原则可知，该表收录的量词大致为个体量词的范围，笔者在将其对应的汕头潮阳闽南语量词整理后发现：

（1）汕头潮阳闽南语的量词与普通话的量词大体上是相近的，这跟近几十年来的普通话推广有很大的关系，该方言中的量词在使用上逐渐与普通话的量词趋同。

（2）汕头潮阳闽南语作为闽南语的一个分支，拥有悠久的历史，自然会有一些特有的、与普通话完全不同的语法系统，这在量词的使用上会有所体现。如："奇"这个字，在普通话体系中不做量词，但在汕头潮阳闽南语中，可作量词："一奇箸"是一根筷子、"一奇鞋"是一只鞋子，"一奇戒指"是一个戒指等。

（3）对同一类事物，普通话中会有各种不同的量词进行修饰，而在汕头潮阳闽南语中，一般只用一个量词便可以表示。如：汕头潮阳闽南语中对动物的量词绝大多数情况下都用"只"，但普通话中会用"只、头、匹、个、条"等量词；汕头潮阳闽南语对植物的量词基本为"丛"，而普通话会使用"丛、棵、株、根"等量词。

（二）集体量词

集体量词也称集合量词，是相对于个体量词而言的，主要用于计量两个或两个以上的同类事物。集体量词可以按照其表示的量是否可知，分为定量词和不定量词。

1. 定量词

定量词是指有固定数量的量词，在汕头潮阳闽南语中，定量词的用法基本与普通话一致，例如"双、对"指的是两个，这与普通话的量词用法一样。有部分定量词所用量词不同，但所表示的含义在普通话中都能找到相对应的，如"一条烟"指的是十包香烟，而"一支烟"才是指一根香烟。

2. 不定量词

不定量词是指没有固定数量的量词，表示概数。表 2 为笔者收集到的少量不定量词及其搭配的名词。

表 2　汕头潮阳闽南语不定量词与名词搭配表

不定量词	搭配的名词
粖	葡萄、鞭炮
撮	人、事
副	家私、碗筷

（续上表）

不定量词	搭配的名词
套	衫、设备
沓	纸、书
堆	土
首	香蕉

在汕头潮阳闽南语的量词体系中，集体量词具有不可缺少的地位。现如今，汕头潮阳闽南语中的集体量词大多与普通话集体量词相一致。用于计量特定事物的特殊的专有量词由于使用者较少，日常使用较少，收集难度大，本文不做详细列举。

（三）度量衡量词

度量衡量词是用来计量物品的长度、重量、面积、容积等方面的计量单位，有其特定的大小。度量衡量词从古至今都存在，但其计量大小有所不同，同一度量衡在不同的时代不同的语言环境下会有不一样的计量大小。统一度量衡一般有两个途径，一是法定的计量标准，二是人们在同一语境下使用过程中所约定俗成的计量标准。现如今，汕头潮阳闽南语所用的度量衡量词基本与普通话相一致，仅有少量特有的度量衡量词。

以下是笔者所整理的少量汕头潮阳闽南语中常用的度量衡量词：

（1）铺：汕头潮阳闽南语中用于计算距离的单位，一铺等于十华里（一华里为半公里），例如：一铺路。

（2）寻：《说文·寸部》："寻，绎理也 ……度，人之两臂为寻，八尺也。"两臂向身体两侧伸直的长度称为"寻"，汕头潮阳闽南语中保留这一古语用法。

（3）掠：汕头潮阳闽南语中的长度单位，一掠为拇指与中指张开的长度。

（4）桥：汕头潮阳闽南语中独特的度量衡单位，专指粿条，一桥粿条为 4 张。笔者在田野调查时了解到，"桥"作为粿条的量词，有象征桥梁之意，但该说法暂无资料记载说明。

此外，普通话中常用的度量衡量词，如"尺、寸、斤、亩、升、钱"等度量衡量词在汕头潮阳闽南语中也很常用，其用法也基本与普通话度量衡量词一致，如一尺为十寸；一斤为十两；"亩"通常用于田地面积的计算；"钱"通常用于重量计算，多用于黄金等贵重物品或中药等重量较轻的物品。

三、汕头潮阳闽南语中常用名量词的个别研究

以《现代汉语八百词》的附录《名词、量词配合表》为参照所统计的汕头潮阳闽南语名量词及田野调查所得的资料分析所得的五个高频名量词，分别是个、只、块、支、条。

（一）个

"个"是一个通用个体量词，不仅在普通话的使用中频率很高，而且在汕头潮阳闽南语的应用中也是非常多的。在以《现代汉语八百词》的附录《名词、量词配合表》为参照所统计的汕头潮阳闽南语名量词中，共有108个名词可以与"个"搭配。可见，"个"的应用是十分广泛的。

（1）"个"用在具体名词前，例如：一个表格、一个手表、一个锁、一个台阶等。

（2）"个"用在抽象名词前，例如：办法、比赛、表格、词、故事、理由、矛盾、命令、任务、消息、笑容、意见、原则、政策、制度、主张、仪式等。

"个"的使用在汕头潮阳闽南语中非常多，绝大部分与普通话一致，但其中有一些具体名词搭配上与普通话有些不同，例如，汕头潮阳闽南语中的"一个职业"，在普通话中用"一项职业"；普通话中的"西瓜、鸡蛋、纽扣"用"个"，在汕头潮阳闽南语中用"粒"。

（二）只

"只"是继"个"之后又一高频的量词，在汕头潮阳闽南语中，"只"的搭配范围非常广，而普通话中"只"这一量词计量的事物非常多，搭配范围则没有汕头潮阳闽南语那么广。

（1）在动物方面，汕头潮阳闽南语中几乎所有动物都可以用"只"来计量，除与普通话一致的"鸡、猪、鸭子、蝴蝶"等外，"狼、虫、马"

等也可用"只"来计量。

（2）在工具方面，绝大多数工具在汕头潮阳闽南语中都用"只"来计量，例如：飞机、船、火车、汽车、摩托车、自行车、拖拉机、缝纫机、军舰、轿子等。

（3）普通话中形容成对物品中的其中一个时，会用"只"来计量，例如"翅膀、鞋子"，但在汕头潮阳闽南语中一般不这样用，一般用"奇"来替代这一义项。

（三）块

在《汉语量词大词典》[①] 中，"块"的用法有六个，一是古代用于土壤，二是用于块状物或某些片状、条状物，三是口语上用于金银币、纸币。另三个为方言用法，其中一个方言用法是用于人，含贬义，这一用法在汕头潮阳闽南语中有使用。此外，两个普通话用法在汕头潮阳闽南语中也都有出现。

（1）用于土壤。例如：一块地。

（2）用于块状物或某些片状、条状物。例如：一块豆腐、一块肥皂、一块饼干等。

（3）汕头潮阳闽南语中用于金银币、纸币的量词并不是"块"。金银币的量词是"个"，而纸币的量词是"张"，在汕头潮阳闽南语中，有一个量词"箍"，其含义与普通话中的"块"相似，都可作货币的计量单位，例如：一箍银是一块钱。

（4）"块"字在汕头潮阳闽南语中还有一个用法，用于人，含贬义，例如：一块懒骨头、一块贱骨头。

（四）支

"支"也作"枝"，两字为古今字，同义。

（1）用来计量花草树木，为"枝"，这用法与普通话一致，例如：一枝花、一支树枝等。

（2）计量绝大多数长条状物品。既包含普通话中"支"所计量的名

---

① 刘子平. 汉语量词大词典［M］.上海：上海辞书出版社，2013.

词，也有汕头潮阳闽南语特有的计量名词。与普通话一致的有：一支笔、一支笛子、一支队伍等；汕头潮阳闽南语中特有的，如：一支扁担。

（3）计量日常使用工具，例如：一支斧头、一支铲子、一支锄头、一支掸子、一支刀、一支斧子。该用法相当于普通话的量词"把"。

（4）计量部分人体器官，例如：一支鼻、一支嘴等。但这一用法带有贬义色彩。汕头潮阳闽南语中有俗话说"个人支嘴嗒嗒滴滴呾无歇"，意思是这个人的嘴巴啰啰唆唆说个不停。

（五）条

"条"在《汉语量词大词典》中，共有三个用法，一是用于细长或长条形的东西；二是用于人或有关人的事物；三是用于某些分条列项的事物。在汕头潮阳闽南语中，这三个用法皆有涉及。

（1）"条"字可计量的事物多为长条事物，但这一长条状事物与"支"所计量的长条状事物有所不同，"支"字大多计量不可弯曲植物，而"条"字所计量的大多为可弯曲、柔软之物，例如：一条绳子、一条头发、一条围巾等。

（2）用于人或有关人的事物，例如：一条命、家人一条心等。

（3）"条"字可计量动物，但可用"条"计量的动物较少。在汕头潮阳闽南语中，动物基本上用"只"计量，可用"条"计量的动物也可用"只"计量，例如：一条蛇、一条虫等。

（4）可计量部分抽象名词，其中包括分条列项的事物，例如：一条标语、一条路线、一条债务等。

四、汕头潮阳闽南语和普通话量词的比较

（一）汕头潮阳闽南语与普通话相同的量词

随着普通话的推广，越来越多的方言用词趋同于普通话，汕头潮阳闽南语中的量词也有很多与普通话相同的用法。两者相同指的是在两种语音系统中都存在且用法基本一致。这一部分的量词有代、滴、出、点、堵、顿、份、季、节、句等。

（二）汕头潮阳闽南语与普通话不完全一致的量词

汕头潮阳闽南语与普通话不完全一致的量词指的是两种语音系统中都

存在同一个量词，但具体用法上存在差异的量词。下文将对部分不一致量词进行辨析。

表3　汕头潮阳闽南语与普通话不完全一致量词

量词	普通话	汕头潮阳闽南语
阵	①用于持续一段时间的自然运动 例：一阵雨、一阵风 ②用于成群的人或动物 例：一阵麻雀、一阵军马	①同普通话①的用法，但所用范围比普通话大 例：一阵风、一阵霜、一阵雪、一阵冰雹、一阵雨 无普通话②的用法
领	①用于长袍或上衣，犹"件" 例：长袍一领、青衫一领 ②用于被、席、毡等，犹"条" 例：一领草席、一领被子	①②用法同普通话 ③用于网状物 例：一领蚊帐、一领渔网
首	①用于诗、文、歌曲等 例：一首诗、一首歌曲	①同普通话①的用法 ②专用于香蕉，一首香蕉指的是一把香蕉
只	①用于飞禽走兽和昆虫 例：一只鸽子、一只鸭、一只蚂蚁 ②用于某些本来成对的东西中的一个 例：一只耳朵、一只眼睛 ③用于船只 例：一只船	①几乎用于所有动物 例：一只鸭、一只蚂蚁、一只牛、一只马、一只狼、一只苍蝇 ②同普通话②的用法，但另一量词"片"更常用 ③用于各种日常工具、交通工具 例：一只飞机、一只船、一只火车、一只拖拉机、一只缝纫机、一只轿子等

（续上表）

量词	普通话	汕头潮阳闽南语
丛	用于聚集生长在一起的花草树木等 例：一丛花、一丛灌木	同普通话的用法，但所用范围比普通话广，不仅用于花草树木，还用于几乎所有植物 例：一丛菜、一丛草、一丛稻子、一丛竹子
间	用于房屋，指房屋的最小单位 例：一间教室、一间屋子、一间房子	指建筑，包含普通话用法，但范围比普通话广 例：一间饭店、一间剧院、一间教室、一间医院、一间银行、一间旅馆、一间书店、一间礼堂
粒	用于小而圆的东西 例：一粒芝麻、一粒药丸	同普通话的用法
爿	劈成片的竹木等 量词田地一片叫一爿，商店、工厂等一家叫一爿	①"爿"是指事物的一半，如：一爿苹果指的是半个苹果 ②"爿"相当于"边"，"只爿"是"这边"，"许爿"是"那边"
下	①动量词的用法，如：敲了几下门	①动量词，同普通话①的用法 ②名量词，如"一下菜"即一盘菜

　　同一量词在普通话中与在汕头潮阳闽南语中出现不同，据笔者推测，原因可能有二：其一是量词在发展过程中的使用范围变大或变小，汕头潮阳闽南语的用法多保留着古代汉语的用法，因而出现虽为同字但使用方法不同的量词；其二是汕头潮阳闽南语的使用者在日常生活中的使用习惯具有地方特色。

（三）汕头潮阳闽南语中特有而普通话中没有的量词

该部分的量词主要总结了汕头潮阳闽南语中区别于普通话特有的量词，分别是：棶、脬、重、目、捻、棚。

1. 棶

"棶"是古字。在《现代汉语词典》中查无此字。《说文·木部》："棶，梾实。""棶"在古义指梾树的果实。"棶"在汕头潮阳闽南语中有量词的用法，相当于"串"，是汕头潮阳闽南语中用于计量串状事物时常用的量词，常用作：一棶鞭炮、一棶葡萄、一棶珠等。

2. 脬

"脬"为古字，《史记》记载："风瘅客脬，难于大小溲，溺赤。"其中"脬"意为膀胱，为名词。在词性变化之后，"脬"字也有作量词之用，即"一脬屎"。在现代汉语中，"脬"同"泡"，现多用"泡"来替代"脬"，但在汕头潮阳闽南语中，依旧保留"脬"的音与义，仅用于"一脬屎、一脬尿"，与"泡"字不同。

3. 重

"重"在普通话中没有量词用法，但在古代，"重"有量词用法，意为"层"，如王安石的诗《泊船瓜洲》中"京口瓜洲一水间，钟山只隔数重山"的"重"就是"层"的意思。在汕头潮阳闽南语中，依旧保留"重"字的量词用法，常用于：一重灰、一重楼、一重皮等。

4. 目

"目"的量词用法相当于"节"，但与"节"又有所不同，多用来计量甘蔗、竹子等。"一目甘蔗"相当于"一节甘蔗"，但"一节甘蔗"也可以指一段，一段中可以包含好几目。植物自然生长的自然分段为"目"。"目"是从"节"的用法中引申出来的，"节目"一词在《礼记·学记》中便已出现，"善问者如攻坚木，先其易者，后其节目，及其久也，相说以解"。孙希旦《集解》："节目，木之坚而难攻处。""节目"意为树木枝干交接处坚硬而纹理纠结不顺的部分。树木枝干交接处为节，坚硬而纹理纠结不顺的部分为目。汕头潮阳闽南语"目"的量词用法源于此。

5. 捻

"捻"在普通话中并无量词用法。在汕头潮阳闽南语中，"捻"指一小块，用法与"瓣"相似。"瓣"的量词用法有两个，一是用于花瓣、叶片；二是用于天然分成的或其他原因分成的块状物。"捻"的用法与"瓣"的第二个量词用法相似，但多用于水果，例："一捻柑""一捻西瓜"。

6. 棚

"棚"的量词义是名词义的延伸，棚是遮蔽日光、风雨的设备，用竹子等搭架子，上面覆盖草席。唱戏所搭的戏台便是一个棚，因此，"棚"在汕头潮阳闽南语中是指戏的量词，用于"一棚戏"。

汕头潮阳闽南语中特有的量词用法多从古代汉语中沿袭，现代汉语在发展过程中取消了其量词用法，因而出现汕头潮阳闽南语中特有而现代汉语所没有的量词。

五、结语

本文主要通过列举、列表、对比与分析等方法，对汕头潮阳闽南语名量词进行分析。汕头潮阳闽南语的名量词分为个体量词、集体量词及度量衡量词，常用高频名量词有"个、只、块、支、条"，汕头潮阳闽南语的名量词跟普通话相比具有一定的不同，其中为汕头潮阳闽南语所特有的有"棵、脬、重、目、捻、棚"。

汕头潮阳闽南语名量词使用现状的特点如下：一方面，汕头潮阳闽南语的名量词用法具有时代性。汕头潮阳闽南语在"推广普通话"的时代潮流之中，不断地更新自身语言体系，与时俱进，融入了很多普通话的名量词用法。另一方面，汕头潮阳闽南语的名量词用法具有历史性。汕头潮阳闽南语中有独特的方言名量词，其中，有些保留着古汉语的表达方式和用法。

因此，本文通过对汕头潮阳闽南语名量词的整理与分析，期望能对潮汕地区闽南语的词汇研究起到作用，同时也为方言名量词的研究提供部分材料，让更多人了解汕头潮阳闽南语名量词。

雷州方言偏正复合词的构词法研究

冯旺廷（2017 级汉语国际教育）

指导老师：孙会强

一、引言

  雷州方言有广义和狭义之分。广义的雷州方言指的是北部湾雷州半岛当地民众口中所说的语言，它属于闽方言中的一种。狭义的雷州方言是指今雷州市前海康县政府驻地雷城镇及其附近村镇所说的雷州话，通常简称"雷话"，当地人又称为"黎话"。① 本文探讨的是狭义的雷州方言。关于雷州方言的源头，可追溯到唐宋时期，当时大量福建的移民向广东迁徙，有的迁徙到潮汕地区定居，有的继续向粤西地区前进，成为部分粤西人的祖先。另外，由于原先住在这里的俚人逐渐被汉化，他们的语言与迁来的闽南人的语言发生融合，逐渐形成了独特的语言——雷州话。宋代文学家苏辙在《和子瞻次韵陶渊明劝农诗》中说："予居海康，农亦甚惰，其耕者多闽人。"这说明在北宋时期，福建闽人已在雷州半岛生活，至南宋时期，雷州半岛地区的闽语——雷州话业已形成。② 伴随着社会的进步和语言的演变发展，其他部分外来方言也传入了雷州半岛地区，雷州方言由一开始的一枝独秀开始走向与粤方言、客家方言三足鼎立之势。由于另外两种方言使

---

① 李荣，张振兴，蔡叶青. 雷州方言词典［M］.南京：江苏教育出版社，1998.
② 吴妹. 湛江闽语动词形容词重叠的研究［D］.广州：暨南大学，2011.

用人口和接触层面相对较少，雷州方言依然是本地通行范围最广、使用人口最多的一种方言。① 雷州方言音系有声母 17 个，包括零声母在内，韵母共有 47 个，声调 8 个。方言工具书有《雷州话实用字典》《雷州方言词典》《雷州话字典》等。

目前学界对于雷州方言的研究成果主要有以下几方面，首先是语音方面，张振兴（1987）以当时海康县雷城话为代表，整理归纳了雷州话的韵调；蔡叶青（1991）指出了雷州话有五种读音，并强调雷州方言文白异读现象突出以及存在较多的古音；林伦伦（1992）将以海康话（即雷州话的代表点）为代表的粤西闽方言与粤东汕头话的语音作了比较，指出了二者的共同特征和区别。随后（1998）他还详细分析了海康话的声、韵、调特点，并与中古音系作了比较。后来朱月明（2006）对雷州话与普通话的声母声调作了比较；之后，林伦伦先后发表的《粤西闽语音变研究》《雷话 b - 声母的变异》《从雷州话看汉语入声消失、阳韵转阴的途径》等论文也对雷州方言语音的研究做出了重要贡献。

其次是关于雷州方言词汇方面的研究，蔡叶青编著的《海康方言志》（1993）中列举了雷州话的分类词表，并对雷州方言中的一些俗语谚语做了举例说明。林伦伦的《粤西闽语词汇的构成特点》（1996）、《广东闽粤客方言古语词的比较研究》（2006），指出了雷州话中保留着一些古语词、借用词、古台语底层词，并将其与汕头话、广州话、普通话作了简要的比较；郑继娥、胡明亮的《雷州话与厦门话外来词的异同及其根源》（2009）对比了两地外来借词的差异及其原因；叶露的《雷州方言词汇研究》（2017）分析了雷州方言单纯词、合成词、外来词、熟语等的结构特点，熟语方面还从文化角度进行了挖掘。

再次就是语法和文字方面，语法方面主要有林伦伦（1992）对雷州话的语法特点进行研究；蔡叶青编著的《海康方言志》（1993）中的语法部分；黎海情的《雷州话中的第一人称复数》（2014）中第一人称复数的三种表达分析，以及与普通话的第一人称进行了比较；吴妹的《湛江闽语动词形容词重叠的研究》（2011）从语法角度专门研究湛江闽方言语法，并与汕

---

① 张振兴. 广东省雷州半岛的方言分布 [J]. 方言，1986（3）：204 - 218.

头闽方言、福建闽南方言进行了语法方面的比较。在文字方面，学界的研究资料相对较少，符小奋的《雷州方言用字研究》（2016）是目前唯一一篇专门研究雷州方言用字的论文，其结论是雷州方言以通字为依托，遇有音无字现象首先考虑训诂和假借两种方式，如二者仍无法解决，再依音义自创生字来表示有音无字的语素。

最后就是从方言与文化的角度方面，詹伯慧、甘于恩的《雷州方言与雷州文化》（2002）一文研究了雷州方言词语体现的雷州海洋文化、山地文化、传统文化等。刘刚的《简论雷州方言与闽南方言的文化渊源——以语音、词汇、语法和古文献为视角的考察》（2012）一文主要从语音、词汇、语法、古文献四方面梳理了雷州方言与闽南方言的文化渊源。

综上所述，学术界对于雷州方言的研究成果还是十分丰富的，在词汇方面的研究，主要有蔡叶青、叶国泉、林伦伦、郑继娥、胡明亮、叶露等人，但其研究方向大多为针对粤西闽语方言同其他方言或地区的比较研究，或是从古语词、外来词等方面对雷州方言的构词特点进行研究，除了叶露的《雷州方言词汇研究》一文对雷州方言中的单纯词、复合式合成词、附加式合成词、重叠式合成词、外来词、熟语从构词法的角度有所涉及以外，目前还没有人针对雷州方言中的某类具体词汇从词法层面进行全面系统的研究。所以，本文将以雷州方言中的偏正复合词为考察对象，利用符准青先生构词分析的五个平面，从雷州方言偏正复合词的构词成分性质；构词成分的关系、结构；构词成分表达词义的方式；构词成分表达的信息量以及构词成分在构词过程中的意义和变异[1]，进行全面系统的研究，并挖掘雷州方言偏正式熟语所蕴含的地域文化内涵。

二、雷州方言偏正复合词的基本面貌及其构词成分的性质

（一）雷州方言偏正复合词的基本面貌

偏正复合词首先属于复合词中的一种，它是由两个或两个以上不同的词根组合在一起构成的。其次是它有别于其他的复合词，它的语法关系是由"偏"的起修饰、限制作用的语素和"正"的中心语素组合而成的。作

---

[1] 符准青. 词典学词汇学语义学文集 [C]. 北京：北京大学出版社，2004.

为方言中的一类偏正复合词，雷州方言偏正复合词同样具有以上偏正复合词类的属性和结构特点，同时也蕴含着独特的地域方言的特点。依据笔者结合《雷州方言词典》一书与自身母语统计的雷州方言偏正复合词达1 800多个，其中双音节偏正复合词居多，达1 400多个，多音节偏正复合词相对较少，达400余个。

（二）雷州方言偏正复合词构词成分的性质

词是由语素构成的，而偏正复合词是由"偏"的起修饰、限制作用的语素和"正"的起被修饰、被限定作用的中心语素组合而成的。① 由于构词成分语素语法属性不同，雷州方言偏正复合词构词成分语素也可分为不同的类型，下面举例进行说明：

1. 名语素为中心成分

（1）名＋名　鼻水、衣车、目镜、面布、衫袋、珠轿、厝主
（2）形＋名　勃牙、餲水、浮糜、薄刀、通日、金链、新妇
（3）动＋名　离界、榨季、定钱、杀手、煎饼、封包、烧水

2. 动语素为中心成分

（1）名＋动　妆扮、话导、梦遗、火落、势逼、浪荡
（2）形＋动　博惜、暗数、反变、饱餲、够载、狂躁
（3）动＋动　拍坐、伏烧、比对、走作、生造、查揽
（4）副＋动　闲成、包管、恶受、晓悟、免致

3. 形语素为中心成分

（1）名＋形　草青、泥纳、柱直、笔直
（2）形＋形　密实、通透、暗毒、狂躁

---

① 赵红. 偏正复合词构词法分析［D］.甘肃：西北师范大学，2008.

（3）动＋形　　闹热、松雄、愁闷、坐硬、沉实

（4）副＋形　　凑巧、猛脆、好恼

　　由上可知，雷州方言偏正复合词中心成分语素可以是名语素、动语素、形语素，偏成分语素可以是名语素、动语素、形语素，也可以是副语素等。首先，以名语素为中心成分的雷州方言偏正复合词中，其中心成分语素可与名语素、形语素、动语素进行组合，如"鼻水"一词，"鼻"为名语素，"水"为名语素，组合的含义是"稀薄的鼻涕"；再如"餲水"一词，"餲"为形语素，"水"为名语素，表示的含义是"人们日常抽取使用的淡水"。其次，以动语素为中心成分的雷州方言偏正复合词中，其中心成分语素不仅可以与偏成分中的名语素、形语素、动语素进行组合，还可以与副语素进行组合，如"妆扮"一词，"妆"为名语素，"扮"为动语素，且为中心成分，表示的含义是"用化妆品进行打扮"；再如"闲成"一词，"闲"在雷州方言中表示的是"轻松、悠闲"的意思，既可以为形语素，也可以充当副语素，在这里其为副语素，"成"为动语素，其整体含义是"轻轻松松地完成"。最后，以形语素为中心成分的雷州方言偏正复合词中，其中心成分不仅可以与偏成分中的名语素、形语素、动语素进行组合，还可以与副语素进行组合，如"草青"一词，"草"为名语素，"青"为形语素且为中心成分，表示的含义是"如草一样的青"；再如"猛脆"一词，"猛"在雷州方言中意为"非常地"，为副语素，"脆"意为"干脆"，为形语素，其整体词义多用于表示食品"非常的脆/容易嚼烂或撕拉"，为形容词，其词性也是由其中心成分语素的语法属性决定的。

　　综上可见，雷州方言偏正复合词中心成分语素既可以与同类语法属性语素进行组合，又可以与不同类语法属性语素进行组合，在构词过程中并不受构词成分语法属性的限制，组合非常灵活自由，可以构造出大量的雷州方言偏正复合词，不断扩充和丰富雷州方言词汇。

三、雷州方言偏正复合词构词成分之间的关系

　　偏正复合词构词成分之间的组合关系，既存在语法上的，也存在语义

上的。语义关系是构词成分之间的组合基础①，对结构关系的区别有一定作用，但并非判断结构关系的标准。偏正复合词的结构类型是依据复合词构词成分的语法关系划分的，所以用语法关系来探讨雷州方言偏正复合词构词成分之间的关系更为准确。我们一般根据被修饰、被限定的成分的性质将偏正复合词划分为两大类型：一类为定中式偏正复合词，即中心语素意义表示事物、现象的一类偏正复合词；另一类为状中式偏正复合词，即中心语素意义表示动作行为或性质状态的一类偏正复合词。在这两种大类的属性下，同时也存在着一部分逆序结构的特殊情况。下面对雷州方言中定中、状中式偏正复合词及其逆序词分别举例说明。

（一）定中式偏正复合词

这类偏正复合词中心成分多为事物和人，修饰成分比较复杂多样。从构词成分之间的位置来看，多数是修饰、限定成分在前，被修饰、被限定成分在后。用 A、B 表示，A 代表修饰成分，B 代表中心成分。那么根据偏成分具体作用的不同，可分为以下几类：

1. B 表示物品，A 表示其用以制成的材料

珠轿、铝罐、珠被、铰刀、纸灰、沙涂、茅厝、漆柴

"珠轿"是指用珠子装饰而成的轿子；"铝罐"是指用铝为原材料制作的罐子。"茅厝"是指以茅草搭建而成的房子。"珠、铝、茅"等分别表示制成这件物品的材料。

2. A 用以修饰、限制凭借此工具或物体所驱动的事物 B

骹球、电管、电罐、水笔、水鞋、火机、火船

"骹球"的"骹"是指用脚部踢，用脚来驱动修饰"球"。"电管"是指日常的长型日照灯，由连接电线通"电"而照明的物品。"水笔"中的

———————————

① 杨锡彭.论复合词结构的语法属性［J］.南京大学学报（社科版），2002（1）：35.

"水"多指墨水,是以墨"水"为依托而能够使用的一种笔。

3. A 表明后面中心成分 B 的特征、性质、状态、颜色、方式等

①尖担、小相、短命、薄刀、长衫
②饵水、浮糜、糖蔗、芳碱、碱水
③冷月、烧水、净头、暖壶
④白饼、白肉、乌面、红涂、红钱
⑤喷桶、激灯、发饼、封包

①组的"尖担、小相、短命、薄刀、长衫"中的"尖""小""短""薄""长"都是修饰、限定后一中心成分,表明中心成分的特征。②组的"饵水""浮糜"等中的"饵""浮"等都是描述说明后一中心成分的性质。③组"冷""烧""净""暖"等词是用以修饰后一中心成分的状态。④组"白""乌""红"等词是用以表达修饰中心成分的颜色。⑤组的"喷""激""发""封"等词为动语素,用以说明中心成分使用操作的方式。

4. A 是 B 的一部分

帽舌、门骹、鼎耳、鼎冚、蔗箪、罐塔、鞋耳

"帽舌"的"舌"是指鸭舌帽前部突出的遮罩部分;"门骹"的"骹"是指房门下面连着转轴的部分;"鼎耳"的"耳"是指炒锅边缘的抓手把柄;"蔗箪"的"箪"是指甘蔗的叶子;"罐塔"的"塔"表示罐上面的盖子;"鞋耳"表示的是鞋带。

5. A 用以说明中心成分 B 存在、生长、活动的场所、方位

水鞋、水鸭、塍鸡、骹镣、窗镜、波板、波门、牀席

"水鞋"中的"水"限定了这种"鞋"活动使用的环境。"水鸭"和"塍鸡"中的"水"和"塍"则是限定了这种禽类生存的场所。"骹镣"

中的"骹"限制了"镣"佩戴使用的地方。"波板"的"板"和"波门"的"门"限定了用于打球所用的器材。

6. B 表示的是人或团体组织，A 是所从事的职业

糖客、海贼、头侬、车贩、佛匠、药童、猪屎客
保丁、护兵、扛铁个、拍铁个、担担个、算花婆

"糖客"表示"从事卖糖职业的客商"；"车贩"表示"从事车辆售卖或转手职业的商贩"；"扛轿个"表示"以扛轿为营生的人"，"个"在雷州方言则表示一类人；"算花婆"表示"从事算命职业的中老年女性"。

7. A 表明中心成分 B 的用途

茶楼、药店、厕塘、嫜馆、戏园

"茶楼"的"楼"是用以喝/卖"茶"的地方；"药店"的"店"是用以售"药"的地方；"厕塘"的"塘"是用以方便、解手的池塘、土塘；"嫜馆"的"馆"是歌女/妓女出卖才艺/肉体的地方；"戏园"的"园"是指用于看戏的地方。

8. A、B 成分都是表示亲属称谓

具体可分为以下 4 种情况：

（1）两个成分中，A、B 都表示亲属关系，但 B 表示的人从属于 A。

妹丈、姨丈、姐哥［kɔɹ］、弟媳

"妹丈"表示妹妹的丈夫；"姨丈"表示妈妈亲姐妹的丈夫；"姐哥"［kɔɹ］表示姐姐的丈夫；"弟媳"表示"弟弟的妻子"。

（2）两个成分中，A 语素表称谓，B 语素表示 A 的辈分。

姆奶、婶奶、妗奶、姨奶、姑婆、舅公、舅翁

"姆奶、婶奶、妗奶、姨奶"中的"奶"表示和奶奶同辈的，例如"姆奶"表示"和奶奶同辈的伯母"；再如"妗奶""舅公"在现代汉语中称为"舅奶奶"和"舅爷爷"。"姑婆"就是"和外婆同辈的姑姑"。

（3）两个成分中，A语素表辈分，B语素表称谓。

祖公、祖婆

"祖公""祖婆"现代汉语的意思是"爷爷"和"奶奶"，但从其构词成分看，"祖"代表的是辈分，表示祖辈的公公和祖辈的婆婆。

（4）两个成分中，A语素表亲疏关系，B语素表称谓。

家翁、家婆、里兄、堂尼兄、外家兄、契妹、后奶

"家翁""家婆"在雷州方言中表示的是媳妇对男方父母的称谓；"里兄"是指具有血缘关系的亲兄；"堂尼兄"的"堂"是指血缘关系不太近的伯伯的儿子；"外家兄"是指媳妇的长兄；"契妹"是指义妹；"后奶"是指继母，继正妻后父亲娶的老婆。

（二）逆序定中式偏正复合词

定中式偏正复合词大多数情况是修饰、限定的偏成分在前，被修饰、被限定的人或事物在后。但也存在着少数的逆序情况，即修饰、限定的成分在后，被修饰、被限定的成分在前，这里用BA表示，B代表中心成分，A代表修饰成分，可分为以下几类：

1. A表示动物的性别，用于修饰、限制前面事物B

猫雄、猫母、牛牯、牛牸、牛阉、马公、马母、鸡角
鸡牸、猪牯、猪牸、猪母、猪哥、鸭雄、鸭母、鸭牸

此类逆序的定中式偏正复合词，代表其性别的修饰成分多放在中心成分动物名称的后面，例如"猫母"表示"母猫"；"鸭雄"、"马公"分别表示"公鸭"和"雄性的马"；"牛牯"表示"雄性的牛"；"牛牸"

表示"雌性的牛"。这种构词法在粤方言和闽方言中较为常见的，有学者认为表示此种动物雌雄性别词序相反的形式是受到苗语和古汉语的影响，并给予了例证，如《说文解字》中有"牡，畜父也"，"牝，畜母也"①，这种形式在汉语中自古就有。

2. A 表示单位，用于修饰、限制前面表事物现象的中心语素 B

草塔、时顿、味项、板片、糖片、面片、雪条、凳条

针对此类词，有些学者认为这种形式属于复合词中的"补充式"，例如黄伯荣、廖东序版《现代汉语》一书中就把此类后一成分用于补充说明前一成分，前词根表示事物，后词根表示事物的单位词归结为"补充式"复合词。② 但目前更多的学者认为其为逆序的偏正复合词，孙继善的《关于复合词的结构分析问题》一文中就认为此类词是由一个名语素和一个量语素按照正偏式的逆序结构组合起来的，表示一个集合概念的名词。③ 本文同理认为，此类逆序词后面的偏成分用于表示前面中心成分的单位，整个词表示一个整体的概念。例如"草塔"表示的是捆绑好的成堆的草；"时顿"表示吃一顿饭的时间；"味项"是指各种味道的总称；"板片""糖片""面片"分别是指被制作成片的木板、糖块、面块；"雪条"和"凳条"分别指成条的冰棍或雪糕和成条的凳子。都是后一成分充当前一成分的单位量词，用于修饰限定前一中心成分。

3. A 用来说明中心成分 B 的形状、功用

①镰钩：像钩子一样的镰刀。
②物配：配饭的菜，菜肴。
③物食：食物。
④袜束：套在袜子上面使袜子固定在脚腿上的橡胶圈。

---

① 叶露. 雷州方言词汇研究 [D].湖北：湖北师范大学，2017.
② 黄伯荣，廖东序. 现代汉语：上册 [M].北京：高等教育出版社，2011.
③ 赵红. 偏正复合词构词法分析 [D].甘肃：西北师范大学，2008.

⑤耳钩：勾戴在耳垂上的装饰品。

⑥肚挂：围裙，挂在上身遮挡污渍物的布。

⑦衫搭：搭在里面的一种贴身衣服。

⑧衫吊：用来撑开衣服方便晾晒的衣架子。

"镰钩"的"钩"是弧形的，表示中心成分的形状，指如弧形的镰刀，是当地人用来割稻子的一种工具。"物配"和"物食"的后一成分"配"和"食"都是表示功用，用来修饰限定前一中心成分，表示"可以配饭/食用的食物、菜肴"。"袜束"的"束"表示束住袜子的一种物品。"耳钩"是指耳环，"钩"是指钩挂在耳朵上的意思。"肚挂"的"挂"是指挂在胸前或者上身的一种物品。"衫搭"和"衫吊"中的"搭"和"吊"同样也是表示中心成分的功用，分别指用于搭配在里面的衣服和支撑挂起晾晒衣服的东西。

4. A 表示颜色、状态，对中心成分 B 进行修饰、说明

韭黄、肉白、粥白、鱼鲞、薯鲞、虾干、糜粕、腊粕、饭疙

"韭黄"是指黄色的韭菜；"肉白"是指白肉；"粥白"指白粥；"鱼鲞"是指"鱼干"；"薯鲞"是指"番薯干"；"虾干"是指渔民在船上把捕捞的大虾生晒成干的虾；"糜粕"是指饭渣、饭粒；"腊粕"是指"猪油渣"；"饭疙"是指煮饭时锅内表里焦了的一层饭。此类词中后一个语素为形语素，表示事物的颜色、状态等特征。如"黄"指叶子的颜色；"白"指肉、粥的颜色；"鲞""干"表示其被成块/条晒干后的状态，"粕"表示除去主要物品后剩余残渣的状态；"疙"表示被烧焦的那层物品的状态，其都是后语素对前语素起修饰、限定作用，与之形成前正后偏的逆序结构形式。

（三）状中式偏正复合词

这类偏正复合词的中心语素主要表示动作行为或性质状态，用 AB 表示的话，B 为中心语素，A 为修饰、限制成分语素。多数情况下，起修饰、限制作用的成分 A 在前，被修饰、被限制的成分 B 在后。下面分类

举例进行说明：

1. A 指动作行为 B 进行的方式、方法

徛泄、暗流、暗数、伏烧、倒流、反变、假做
生造、生捏、赶掠、赶生、话导、偏私、推抵

"徛泄"中"泄"的方式是"徛"，"徛"在雷州方言中意为竖着，其整体词义为竖着倾泻；"暗流"的"暗"表示"晚上来的"的意思，整体词义为"晚上来的潮水"；"暗数"的"暗"表示"数"这个动词的方法，现代汉语意为"心算"；"反变"中"变"的方式是"反"，向着相反的方向变化/改变；"假做"中"做"的方式是"假"，假装地做；"生捏"意为"凭空捏造"；"赶掠"意为"通过追赶的形式捕捉"；"赶生"意为"通过追逐母鸡来交配"；"话导"意为"通过言语来指导"；"推抵"意为"通过推却的方式来抵赖"。

2. A 指动作行为 B 发生、进行的原因

败害、怨悔、放流、枉屈、撞散、必裂、愧耻
妒毒、恼躁、搅乱、耽长、转动、耽缠、势逼

"败害"中的中心成分"害"是"败"导致的，因失败而迫害、残害；"怨悔"意为"因怨恨而后悔"；"放流"意为"因放逐而流走/流逝"；"枉屈"意为"因被冤枉而委屈"；"撞散"意为"因为冲撞而散开/失散"；"必裂"意为"因破损而裂开"；"愧耻"意为"因惭愧而感到耻辱"；"妒毒"意为"因妒忌而捏造事端陷害别人"；"恼躁"意为"因烦恼而急躁"；"搅乱"意为"因搅动而混乱或不安"。

3. A 指动作行为 B 所呈现的性质、状态

闲成、饱饲、狂躁、密实、倾狂、够载、免致、通透、奇巧

"闲成"的"闲"表示"轻轻松松地",前一修饰成分用于修饰后一中心成分动作"成",表示完成一件事的状态是轻松的;"饱餇"的"饱"表示"厌恶地","餇"意为"食用",表示"厌恶地吃,难以下咽地吃";再如"狂躁"表示"疯狂地急躁";"密实"表示"非常紧密地厚实";"够载"表示"满载";同理。

4. A 指动作行为 B 所凭借的工具、物品

妆扮、衫搭、火擦、泵打、火化

"妆扮"中的"妆"是指用化妆品装扮的打扮;"衫搭"是指用一种百搭的内衫配在里面的一种搭配方式;"火擦"表示"用火柴来摩擦(起火)";"泵打"表示"用泵来打气";"火化"表示"用火来烧化"。其前一修饰成分皆为所凭借的材料,中心成分为动作。

5. A 为喻体,B 为本体,用比喻方式构成状中式复合词

草青、泥纳、柱直、笔直、飞快、粪臭、妖野

这些词都是运用了比喻的方式组合而成的状中式偏正复合词。如"草青"表示"如草一样的青","草"作为它的喻体,"青"是其本体;同理,"泥纳"表示"如泥一样的黏";"柱直"表示"如柱子一样的直";"笔直"表示"像笔一样的直";"飞快"表示"像飞一样的快";"粪臭"表示"如粪便一样的臭";"妖野"表示"女生装扮得如妖精一样的野性"等都是运用了前一修饰成分表示喻体、后一中心成分表示本体的形式。

6. A 表示程度副词,B 代表事物的性质状态

好恼、好惜、好苦、全金、猛脆、恶受、得食

此类词语素属性属于"副+形",前一修饰、限定成分为副语素,后

一被修饰、被限定成分为形语素。例如"好恼"中的"好","全金"中的"全","猛脆"中的"猛"以及"恶受"中的"恶",皆为副语素,意为"非常/十分地"的意思,用来修饰形语素,表示事物的性质、状态形态。例如"好恼"意为"（令人）非常恼怒";"全金"意为"十足地含金";"猛脆"意为"非常脆";"恶受"意为"非常难受";"得食"意为"非常给力"。

（四）逆序状中式偏正复合词

状中式偏正复合词也存在逆序的,即修饰限制的成分在后,被修饰、被限定的动作行为或性质状态在前。用 BA 表示,B 代表中心成分,A 代表修饰成分,下面举例说明:

1. A 用于修饰、限定动作行为 B 发生之地,位置在后

①透梦：一种迷信,指灵魂在人的梦中出现并有所嘱托。
②漏空：指从空隙中漏走。
③漏网：指从网中漏掉。

"透梦"一词相当于现代汉语中的托梦,指在梦中托付;"梦"为前一中心成分发生的地点、位置。"漏空"和"漏网"指其漏掉的位置分别发生在空隙和网。

2. A 用于修饰、限定 B 性质、状态的原因,位置在后

臭馊、臭腥、臭尿、臭火、臭菇、翘拱、弃嫌

此类逆序的状中式偏正复合词,A 用来修饰限定中心成分 B 状态、性质的原因,例如"臭馊"一词,意为"像馊掉一样的臭",由"馊"发出的臭味。"臭腥、臭尿、臭火、臭菇"同理。再如"翘拱"意为"因为拱起而变得弯曲";"弃嫌"意为"因为嫌恶而丢弃"。

3. A 用于表示 B 性质、状态的程度

芳沉、厚闹、薄撇、雄抽、臭狼、臭臜、利晃

此类逆序的状中式偏正复合词，表其程度的修饰成分在后，中心成分在前。偏成分"沉、闹、撇、抽、狼、臜、晃"等词都代表"很/非常"的意思。例如"芳沉"意为"很香"；"厚闹"表示"很厚"；"薄撇"表示"非常的薄"，其他词亦然。

综上可知，雷州方言偏正复合词具有偏正结构类的属性和特点，同样具有两种固定的结构，一种为定中式偏正复合词，另一种为状中式偏正复合词。其中，定中式的雷州方言偏正复合词数量较多，其偏成分在修饰或限定中心成分时具有复杂多样性；状中式的雷州方言偏正复合词数量相对较少，其偏成分虽表现不同的具体类型，但相比于定中式偏正复合词的类型还是相对较少，这也表现了雷州人民在对人和物的修饰上对此类偏正复合词的使用与需求状况，展现出雷州人民人与人以及人与物之间朴素、简单、直接的交流习惯。另外，雷州方言偏正复合词在这两种固定结构下也存在着一些逆序结构的特殊情况，即被修饰、被限定的中心成分在前，起修饰、限定的偏成分在后的情况，其数量也占据着一定份额。学界对此类词的分类看法不一，本文认同孙继善等前辈的看法，认为这些逆序词属于"正偏式构词"，并认为是偏正式构词法中的另一种语序类型。

四、雷州方言偏正复合词构词成分表达词义的方式

偏正式复合词具有特定的结构和特点，因此对于此类词的词义理解，人们往往不需要走更多复杂的释意程序，仅依据其构成成分的意义及这种修饰、限制与被修饰、被限制的关系就可以意会。如雷州方言偏正复合词中的"浮糜""草厝"等词，便可直接理解为"稀饭"和"草制的房子"，用偏正结构的简单扩展便能得到。但如"嫦仁"等词，并不能根据语素的语法结构直接推求得出，而需要在解释时进行更多的联想和补充。由此，我们根据雷州方言偏正复合词构词成分之间的语义关系及其

所承载信息量的不同，将其构词成分表达词义的方式分为两大类：一类为构词成分直接表达词义，另一类为构词成分间接表达词义，下面分别进行说明。

（一）构词成分直接表达词义

在雷州方言中，大多数偏正复合词表达词义的方式是直接的，且传达的信息量也是比较大的。因此我们根据构词成分表达词义的直接程度和传达信息量的不同，把能直接表达词义的偏正复合词分成三种情况：

1. 构词成分直接、完全地表达词义

此类偏正复合词能够比较直接全面地反映对象的实质，其词义可以用"A 的/地 B"格式对其进行直接解释，即直接用词中的语素加"的/地"或者可不加（省略）"的/地"进行扩展解释词义。例如：

①草厝：草制的房子。

②厝主：房子的主人。

③赤涂：赤色的土地。

④净头：秃头。

⑤浮糜：稀饭。

⑥烧水：热水。

⑦闲成：轻轻松松地完成。

⑧晓悟：猛然领悟。

可见，这类词构词成分在表达词义时并没有增加任何新的含义，仅是语素义加合而成的词义。例如"厝主"，"厝"作为修饰成分，"主"作为被修饰成分，其词义是二者语素的加合，理解为"厝的主"即"房子的主人"。除此之外，值得注意的是，如米碎、鞋拖、鸡公、猪母等后一词根修饰、限制前一词根的偏正式词语，虽然它们也是直接完全地表达词义，但是其属于逆序的偏正结构，在解释词义时要从后往前进行理解，如"米碎"则解释为"碎碎的米"；"鞋拖"则解释为"拖鞋"。

2. 构词成分直接、部分地表达词义

此类偏正复合词构词成分表达词义的方式也是直接的，但其表意相比于第一类的偏正复合词并没有那么完全，但也同样具有较大的信息量。词义的解释依然可运用偏正结构"A 的/地 B"格式扩展得到，只是需要增加词的语境和语用意义等。例如：

①薯粉：用甘薯的淀粉制成的面条状食品，可解热去暑。
②榨季：糖厂榨蔗的季节，一年中有四五个月。
③饼卡：烘制糕饼的一种模子，常用来骂人笨。
④纸伞：用油纸涂上桐油制成的雨伞，能防湿。
⑤沙涂：指土质含沙成分多的田地。
⑥影处：太阳照不到的地方。
⑦喷桶：浇菜时能倾斜喷出的水桶。

从以上词的词义构成可知，它们的构成成分虽然所传达的信息量仅是事物性状、质料、用途等某一方面特性，但也并未脱离构词成分对词义表达的意义，还是能清晰直观地概括事物的基本面貌。例如薯粉一词，"薯"表示的是雷州方言中所说的番薯，而在这里仅表达的是"番薯制成的淀粉"，没有完全的表现出"薯"的意义内容，通过偏正格式的简单扩展，"薯的粉"，人们依然可以通过"薯粉"一词进行联系补充得到"用甘薯的淀粉制成的面条状食品"的词义。再如"纸伞"的"纸"，"喷桶"的"喷"，分别表达了制作的材质和使用的方式。成分表达的意义不是很完全，但由于其表义灵活，所蕴含的信息量大，依然能对其增补出"用油纸涂桐油制成的""浇菜时倾斜喷出的"这些语素本身所没有传达的意义。

3. 构词成分只是提示词义

此类偏正复合词的构词成分虽然也是直接地表达词义，但其直接程度是最低的，所蕴含的信息量也是较少的，大量的词义信息内容还需要在解释时进行补充。例如：

①涂罐：指用陶泥烧制而成的一种锅，其不易与酸、碱起化学反应，其功能大多用来做菜和熬药。

②封包：一种贺仪。用红纸包上纸币等，在红白喜事时赠送亲友，或作酬谢之用。

③红钱：在喜庆日子里送给亲友贺喜的钱。

④盘底：盘子内底部的菜肴（多指蔬菜和汤汁）。

⑤盘面：泛指酒宴上的菜肴（多指鱼虾、猪肉之类）。

⑥牛车：用牛力推动的车，常用来装运农作物。

⑦暗间：四面严密封避，进行秘密活动的房间。

对于此类偏正复合词，已不能再简单直接地套用偏正格式而得到其全部词义，而是需要在解释时从功能、性质、状态、特征等方面，对其词义进行大量补充和说明才能得到。例如"涂罐"，不能直接扩展成"涂的罐"，这组合并不成立，"涂"仅是起了提示的含义，代表其材质"用陶泥烧制而成的"，其性质是"不易与酸或碱起化学反应的"，其功用是"做菜和熬药等"。再如"封包"，并不能由此扩展"封的包"而得到词义，"封"则是提示了"将钱币用红纸来包裹"，用以"赠送亲友或作酬谢之用"。再如"红钱"的"红"，在这里并不是强调颜色，而是提示突出喜庆之意，用于表达在喜庆日子赠送亲友的贺礼。可见"涂""封""红"等构词成分在表达词义的过程中仅是起到提示词义的作用，其表达词义的信息量是非常有限的。

（二）构词成分间接表达词义

雷州方言中有些偏正复合词表达词义的方式并非直接，例如"破席"等词，如果仅按照其构词成分的字面意义和其成分之间的语法关系去理解，往往不能得到答案，则需要从整体和更深层次意义进行联系与想象，这便是雷州方言偏正复合词构词成分间接表达词义的方式，下面分别进行说明：

1. 构词成分通过比喻方式表达词义

比喻就是打比方，是用本质不同又有相似点的事物描绘事物或说明道理的辞格[①]，以使表达更加形象、生动。雷州方言中有不少偏正复合词的构词成分是通过比喻方式表达词义的，下面分别举例说明：

（1）构词成分完全比喻地表达词义。

①破席：比喻声名坏的人（尤其是指女人）。

②大鼎糜：比喻不分工作价值大小，都拿同样多的报酬。

③涂狗：比喻满身泥泞的人。

④饭桶：比喻笨人。

⑤乌面：原指戏曲中包公的脸谱，现用来比喻不讲情面，铁面无私。

⑥蛮蛇：比喻做事动作迟缓。

⑦蓬狗：比喻劣货、低质货。

由以上举例的这些带有比喻意义的雷州方言偏正复合词可知，其构词成分的字面意义与其词义的联系并不紧密，例如“破席”一词，其字面意思是“破的席子”，但是它已不再是表达“破旧的席子”，而是表达女人的贞洁，在伦理道德层面，用以比喻一个人不好的品行。其原构词语素早已失去了它原来的意思，具有了新的意义，经过重新组合转化为与原来事物具有某种相似性的另一种事物或现象。再如“大鼎糜”一词的字面意思是“大锅的饭”，它不再是表示原始意义上“用大锅煮的饭”，而是用以比喻“不分工作价值大小，都拿同样多的报酬”。可见，这些词的词义并非构词成分语素原有意义的简单相加，而是在构词成分原有词义的基础上，经过与当地社会人文风俗的长期历练和密切结合，形成的一个意义整体，共同代表所要比喻的事物。

（2）构词成分部分比喻地表达词义。

①鼻枪筒：指鼻孔。

②丝粉：指粉丝，像丝状一样的粉。

③铁屎：指生铁煅烧至红赤，外层氧化时被锤落的铁屑。

---

① 黄伯荣，廖东序．现代汉语：下册［M］．北京：高等教育出版社，2011.

④钱穿草：指车前草，由于其形状如吊钱而被当地人形象地称谓。

⑤厝手：指四合院中两旁的厢房，犹如人的双手一样。

⑥瓦饼：板瓦，一种瓦面较宽较薄、弯曲程度较小的瓦。

⑦瓜蛇：一种毒蛇，体型较短，底色青灰，有黄色条纹。

⑧月斧：原指一种古兵器，刃口成弯月形，口语常用来指方法/办法。

这类词的构词成分仅是一部分用了比喻方式，而另一部分还是保留了构词成分原有的意义和特点。比如"鼻枪筒"一词，"鼻"保留了原始"鼻子"的含义，而"枪筒"则是用来比喻鼻子的两个孔如枪筒一样，两者组合而成"鼻孔"的意思。再如"厝手"一词，"厝"表示原始"房屋"的含义，而"手"则是比喻的意义，表示房屋中间两旁的厢房，如同一个人伸出的两只手。再如"瓜蛇"，"瓜"具有比喻意义，表示蛇的外表形如瓜状带有青灰的色调和黄色的条纹，"蛇"保持了原始的语素意义。"月斧"同理，如弯月状的斧头。

可见，构词成分通过比喻的方式表达词义，其表意更加具体生动、别致有趣，同时展现了雷州方言偏正复合词别样的功用和价值。

2. 构词成分通过借代方式表达词义

借代是不直接说某人或某事的名称，借和它密切相关的名称去代替，同时这种替代关系要求二者之间要有认识的共性。① 雷州方言中有些偏正复合词的构词成分并不直接把所要表达的事物现象说出来，而是用跟它相关的事物现象或者动作状态来代替，具体可分为构词成分完全借代所要表示的对象和部分借代所要表示的对象两种情况，下面分别举例说明：

（1）构词成分完全借代表达所要表示的对象。

①喙头：一指说话；二指零食。

②干缸：缸已经见底了，常用来指钱物花完了。

③长毛：长长的头发，常用来暗指女人。

---

① 黄伯荣，廖东序. 现代汉语：下册 ［M］.北京：高等教育出版社，2011.

④骹爪：指代坏人的帮凶。

⑤白鼻：戏剧中饰演调戏妇女的丑角，化妆时鼻梁上都涂上白色，用来泛指好色之徒。

⑥哭包：取自旧俗："有钱人家常置备熟猪肉、面包哭奠死去的亲人。过后，把祭品分送给前往吊唁的人，一般是一小块猪肉和一个面包或米饼。"故说人爱哭为哭包。

雷州方言中"喙头"，字面意义是"口头"，但其真实含义是借指人口头上的话语，或者用以对零食的一个统称。"干缸"一词，"干"为雷州话"干"的意思，"缸"就指常用来装米或者水的陶缸，"干缸了"就是指代钱物已经用完了。再如"长毛"取自女人头发的一个特征，来指代其整体，暗指女人的意思。"白鼻"借戏剧中人物装扮的一个独特的标志和人物的性格匹配来泛指好色之徒。再如"哭包"借代的是爱哭的人，其字面意义"哭的包"并不成立，其真正意义借代自"常以吊哭而获得食物的人"的一个旧俗。可见，这些词都是用构词成分组合的整体来表达实际指代的事物，不能把它们单独拆开只提取部分语素来表达词义。

（2）构词成分部分借代表达所要表示的对象。

①骹镣：套在犯人脚腕上的刑具。
②文笔：文章的写作能力。
③味辣：煮菜时所需要的味料的总称。
④话柄：被人拿来谈论说笑的把柄。
⑤铁猫：一种捕鼠铁器，装有机关，老鼠踩上便被夹住。
⑥猫年：指很久很久以前，已经不记得是多少年前了。

雷州方言中，此类偏正复合词不再是借用构词成分组合而成的整体来表达实际所指代的事物，而是只通过借用其中的一个构词成分来指代、说明事物形成的特点、性质、本源等，另一个语素保持原来意义不变。例如"骹镣"，"骹"是借体，其原意思为"脚"，表示腿的下面，但在这里其指代的是脚腕的部位，而"镣"表示的是刑具的锁镣，其原有含义不变；再如"文笔"一词，"笔"是借体，指代写作能力，"文"指文章，整体词义表示"文章的写作能力"；"铁猫"的"猫"是借体，猫是用来捕鼠的，"铁"保持原义铁笼的意思，整体词义表示"捕鼠的工具"；"猫年"的"猫"同样为借体，在十二生肖中并没有猫，因此借猫来指代忘却的年份以及时间，"年"的含义保持不变。

综上可知，雷州方言偏正复合词构词成分表达词义的方式有两种，一种为构词成分直接表达词义，即构词成分之间有较为直接的语义关系，可根据构词成分的意思直接利用偏正结构关系的简单拓展理解词义，同时其构词成分表达词义的信息量也是比较大的。另根据其直接的程度和表达信息量的大小又可具体分为构词成分直接、完全地表达词义，构词成分直接、部分地表达词义、构词成分仅提示词义三种情况。另一种为构词成分间接表达词义，即构词成分之间的语义关系是比较隐喻的，缺乏直观的和直接的体现，构词成分表达词义的信息量是较少的，甚至没有。具体地可分为比喻、借代两种方式，用事物的相似、相关特征来间接地、隐喻地反映对象事物，以期达到一种内涵鲜明的语言效果。这两种形式下也分为构词成分完全比喻/借代地表达词义以及构词成分部分比喻/借代地表达词义。同时对于此类偏正复合词的理解，不仅要对其字面含义进行把握，而且需要深入本土的语言文化、思维习惯、经验常识等的大背景中，才能把握其深层及整体含义。

五、雷州方言偏正复合词在构词中的一些特殊现象

对整理的雷州方言偏正复合词进行统计分析可知，大多数雷州方言偏正复合词的构词成分是符合偏正式构词成分的结构和语法规则的，但也存在着少部分特殊现象，值得说明。

（一）构词成分在构词中发生的变异

1. 语素义的变异

雷州方言偏正复合词的构词语素往往是相对稳定和形象生动的，但在语言的演变过程中，有些偏正复合词的构词语素也发生了很大的变化，不再是用原来的意义表示词义了，例如：

①面皮：指亲戚来往的礼品，主要是糕饼之类的。

②橘红：指柚子。

③盘面：泛指酒席上的菜肴（多指鱼虾、猪肉之类）。

④盘底：指盘子底部剩下的菜肴，多指宴席上的剩菜。

⑤擦字糕：指橡皮擦。

⑥甜竹：指腐竹，卷紧成条状的干豆腐皮。

这些偏正复合词的词义与语素义已经失去了直观的联系，其语素义在新的词义里已脱落了。例如"面皮"，原指人的脸皮，如果仅凭借其原始的意义是无法与其新的词义"亲戚来往的礼品"进行关联的，但又因其多指糕饼之类，其面皮也就出自饼皮的引申，由于构词语素与之产生的原始环境并不为大多数人所知，因此也导致其语素义的模糊。再如雷州本地人口中的"橘红""甜竹"，其代表的是现代汉语中的"柚子"和"腐竹"，然而"橘"和"柚"本就不属于同一水果类别，界限的不明也使"橘红"的词义与语素义脱节。"甜竹"中"甜"的意义也是模糊的，似乎与词义没有联系，因为腐竹并非甜的。

2. 色彩义的变异

雷州方言偏正复合词的色彩义与语素的色彩义有着紧密的联系，一般情况下偏正复合词的色彩义就是语素色彩义的延续，例如"草厝""红涂"等词，语素义本就是中性的，其词的色彩义也就是中性的。但也存在一些特殊情况，就是有些语素本身没有附带某种色彩义，而在组合构词过程中发生了色彩义的变异，换上了较为突出的色彩义，例如：

①西风：当地炎夏时的主导风向，西风一出现，气温就上升，故当地谚语云：五月透出火（意思：农历五月吹出火）。

②粗官：地位、级别高的官员。

③闲成：轻轻松松地完成。

④反变：指人的思想行为向相反方面变化。

"西风"中的"西"和"风"两个构词语素都是中性色彩，但组合后由于人们对这种天气有不好的印象，因此带上了贬义的色彩，当地人也常常形容西北风为"西北恶"；再如"粗官"，"粗"和"官"都是中性色彩的语素，但二者组合成词后，词义表达的意思是"地位、级别高的官员"，两个中性色彩的语素就带有了尊敬的褒义色彩；再如"闲成"，"闲"本来不带有褒贬、好恶的色彩，"成"也是，但由于受到构词表意的影响，进入"闲成"之后，作为语素的"闲"就立刻带上了贬义的色彩，往往被当地人用来形容那些只会空口说白话的人。

（二）偏正复合词中心成分的语法属性与词性的不对应性

判断雷州方言偏正复合词的词性一般是由中心成分语素的语法属性来决定的，如"厝主"一词，"主"为中心成分且为名语素，所以其为名词，表示房屋的主人的意思。但也存在着一些特殊现象，即词性与中心成分的语法属性并不对应，下面分类举例：

1. 中心语素是动语素而整体是名词

哭嫁、衫吊、尾报、火吹、火擦、鞋拖

2. 中心语素是名语素而整体是形容词

臭火、细个、大样、硬颜、隘班、轻骹、直笔、老脚、倒瓢

3. 中心语素是动语素而整体是形容词

硬坐、生成、轻称、重称、讲究

4. 中心语素是名语素而整体是区别词

头名、尾名、头报、初次、年头、年尾

此类偏正复合词在雷州方言中的占比并不是很多，但也值得提出来

进行描写、分析。首先是中心语素是动语素而整体是名词一类，例如"哭嫁"一词，"哭"为修饰成分，"嫁"为动语素且为中心成分，表达的是词义是"女子在出嫁时边哭边诉说父母养育之恩"，其整体词性是名词而非动词，用于表达一种出嫁的旧俗。其次是中心语素是名语素而整体是形容词一类，例如"臭火"一词，"臭"是形语素且为修饰成分，"火"为名语素且为中心成分，但"臭火"一词整体词性为形容词，用以形容烧焦的味道。再次就是中心语素为动语素而整体是形容词一类，例如"硬坐"一词，"硬"为形语素且为修饰成分，"坐"为动语素且为中心成分，但"硬坐"是形容词，用以形容事物很坚固、稳当。最后就是中心语素是名语素而整体是区别词一类，例如"头名"一词，修饰成分和中心成分都是名语素，但整体不是名词而是区别词，区别词又叫非谓形容词，表示事物的特征和分类，只能修饰名词，不能作主语、谓语和定语。因此"头名"一词雷州本地人往往将其与"状元"搭配，形容取得第一名的人为"头名状元"。

六、雷州方言偏正式熟语的地域文化内涵

"熟语是人们常用的定型化的固定短语，是一种特殊的词汇单位。"①熟语包括成语、谚语、歇后语、惯用语四类，它们都是词汇宝库中重要的组成部分。熟语具有丰富的内容和精炼的形式，熟语的一般特点是：第一，意义的整体性；第二，结构的复杂性；第三，成分和形式的凝固性。在雷州方言中也存在许多熟语，大体也分为以上的四类。本文主要选用了雷州方言中人们习以为常的偏正式熟语，意在分析其构词时的词法结构，挖掘其所蕴含的雷州半岛地域文化内涵。

（一）偏正式成语

（1）"四方石牛"，石牛即碌碡石头做成的轧谷物的农具，本该是圆的，现在却是方的。比喻死板不灵活。

（2）"星斗上依"，旧时指有非凡才能和智慧的人，认为这些人是天上降世。

---

① 黄伯荣，廖东序. 现代汉语：上册［M］.北京：高等教育出版社，2011.

（3）"十番锣鼓"，当地的一种地方音乐，属小牌乐曲，由《春》《夏》《秋》《冬》等十三支曲子组成，故又称《十三支》。旋律轻松活泼，优美流畅，每年元宵节游神赛会，游行队伍都要演奏这种曲目。

（4）"无头胡蝇"，像没脑袋的苍蝇一样，比喻做事不动脑子，乱撞一气。

（5）"净净卵杖"，指男孩不穿裤子，或穿的是开裆裤，常用来比喻一无所有。

（二）偏正式惯用语

（1）"生毛面"，长了毛的面孔，常用来比喻人的品德坏，如禽兽。

（2）"淋漓雨"，雨量大而且时间长的雨，多发生于当地六七月的雨季。

（3）"铁风台"，指当地发生的夹带着暴雨巨雷的十二级以上的台风。

（4）"寒露风"，寒露刮的大风，因正逢当地晚稻抽穗扬花，这时刮大风能造成大量秕壳，是旧时当地农业最忌的灾害天气。

（5）"破篷云"，一种云团，状似破了的篷子。旧时认为是台风将至的征兆。明·万历《雷州府志》："天脚晕若半虹，俗呼为破蓬，不数日则轮风震地，万籁惊号。"

（6）"流鼻侬"，流鼻涕的小孩，泛指年纪较小的孩子。

（7）"半桶水"，比喻对某种知识、技术一知半解的人。

（8）"亲情气"，指有一点亲戚关系。

（9）"食乳力"，全身最大的力气。

（三）偏正式日常俗语

（1）"霸巷鸡母"，比喻泼辣的妇女。

（2）"飞天鸡母"，比喻非常厉害的女人。

（3）"三骹凳子"，三条腿的凳子，口语里常用于比喻给人穿小鞋。

（4）"隔年菜种"，隔了年的菜种子不能用了，比喻过时的事物。

（5）"鬼头刀柄"，形容人长得丑陋而行为呆滞。

（6）"四目"，婉称孕妇。

（7）"嫦仁"，指女子中的佼佼者，有时也用来骂人。

（8）"白鼻"，戏剧中饰演调戏妇女的丑角，化妆时鼻梁被涂成白色，生活中用来泛指好色之徒。

（9）七月节，指农历七月十四日，俗称"鬼节"。

雷州方言偏正式熟语主要表现为以上三种类型：成语、惯用语和日常俗语，一般运用比喻、引申的方式表达词义，致趣幽默、形象生动，具有浓厚的社会生活气息，展现了独特的方言风貌和风土人情。例如反映当地气候文化的偏正式熟语"淋漓雨""寒露风""破篷云""南风歌"等，雷州半岛属于亚热带季风气候，是一种受热带海洋气团和极地大陆气团交替控制，天气非周期性和降水季节性变化显著的气候类型。如"南风歌"的"南风"则是取自当地东南、西南季风的影响而创作的；"淋漓雨"则是取自当地夏季高温多雨的气候特点，用于形容雨量大而且时间长的雨，多发生于当地六七月的雨季。"铁风台"则是取自当地的地理位置和气候条件形成一种特殊气候——台风，它发源于热带洋面，属于热带气旋，一般发生于北太平洋西部，也就是雷州半岛的东部，由于其风力时常超过十二级甚至更高，当地人把它形容为"铁风台"。再如反映当地风俗习俗的偏正式熟语有"星斗上依""十番锣鼓""红钱簿""七月节""贵钱"等，十里不同音，百里不同俗。如"星斗上依"取自旧俗天降文曲星的典故，形容有非凡才能和智慧的人；"十番锣鼓"取自当地元宵节游神赛会的地方音乐名字，具有游神热闹的气息视听感；"红钱簿"的"红"取自红白喜事里办喜事记录份子钱的本子；"七月节"的七月取自俗称七月十四日"鬼节"的七月；"贵钱"取自小孩子带的钱币的雅称；等等。这些都展现了雷州本地习俗文化崇尚避讳，追求善良美好的特点。再如一些展示了雷州本地人民农事、日常生活等的偏正熟语，如"四方石牛""隔年菜种""霸巷鸡母""鬼头刀柄""半桶水""无头胡蝇"等，这些词往往是"就地取材"，如"四方石牛"的"石牛"便是碌磏石头做成的轧谷物的农具；"隔年菜种"就是放置了一年或者几年的还没种的菜种子，比喻过时的事物；"霸巷鸡母"取自雷州本地人民普遍养殖的一种家禽，由于在农村里面是随地放养的，因此随地走街串巷，性格强硬的鸡母往往令别的鸡闻风丧胆而不敢靠近，常被用于比喻泼辣的妇女。再如"鬼头刀柄""半桶水"等词也是非常形象生动，借用日常生活的一些器具引申比喻一些人物特性，如"鬼头刀柄"则是形容人长得丑陋而行为呆滞；"半桶水"则是比喻对某种知识、技术一知半解的人。

通过以上分析，我们可知雷州方言偏正式熟语蕴含着丰富的雷州文化内涵，其与雷州文化具有绝对的不可分割性，无论是从地理文化、风俗习惯，还是从日常实际都展现了雷州半岛地区独特的人文风情和独有的言语习惯。雷州方言偏正式熟语意义的整体性、风格的地域性、结构的凝固性特征也在雷州人民日常的社会生活中不断地渗透、融合、再生。

七、结语

雷州方言偏正式复合词的构词语素在组合过程中相对比较灵活自由，修饰、限定成分的语素与被修饰、被限定成分的语素之间既可以与同语法属性的语素进行组合，也可以与不同语法属性的语素进行组合，展现了极强的构词能力。雷州方言偏正复合词的构词成分结构大多为"偏正式"，即起修饰、限定作用的成分在前，被修饰、被限定的中心成分在后，但也存在着少部分词的构词成分是逆序结构的，体现了雷州方言偏正复合词结构的稳固性及特殊性。雷州方言偏正复合词构词成分表达词义的方式有两种，一种为直接表达，根据直接表达的程度和信息量的不同，又可分为构词成分直接、完全地表达词义，构词成分直接、部分地表达词义和构词成分只是提示词义三种具体形式；另一种为间接表达，主要分为比喻和借代两种形式，具体又可分为构词成分完全地比喻/借代表达词义以及构词成分部分地比喻/借代表达词义两种形式。雷州方言偏正复合词在构词过程中也存在着一些特殊现象，主要表现为构词成分在构词过程中发生变异和中心成分的语法属性与词性的不对应性。本文通过对其特殊现象的分析，雷州方言构词法的面貌展现得更加全面。大量的偏正式雷州方言熟语，也展现了雷州方言偏正复合词和雷州文化的不可分割性。

揭东县玉湖镇闽南语中的亲属称谓词研究

纪曼琪（2017级汉语国际教育）

指导老师：孙会强

一、揭东县玉湖镇闽南语中的亲属称谓词概况

揭东县玉湖镇隶属于揭阳市，位于广东东部沿海，主要方言是闽南语。亲属称谓词是指具有血缘或者姻亲关系的人相互之间的称呼，它是语言的重要组成部分。亲属称谓词一般分为对称和叙称，对称是指当面称呼对方时所使用的称谓词；叙称是叙述到被称呼人时所使用的称谓词，使用叙称时，被称呼人可能在场也可能不在场。① 本文将对揭东县玉湖镇闽南语中的亲属称谓词进行系统描述，主要采用表格形式，分为父系、母系、夫方和妻方四种类型，又分为对称和叙称两个方面来说明。②

（一）父系亲属称谓词

表1　父系亲属称谓词

称呼的对象	对　称	叙　称
父亲的祖父	老公、太爷	老公、太爷

---

① 李树新. 汉语传统称谓词与中国传统文化［J］. 内蒙古大学学报（哲学社会科学版），1990，22（3）：56 - 60.

② 谢珍珠. 新县方言亲属称谓研究［D］. 信阳：信阳师范学院，2020.

（续上表）

称呼的对象	对称	叙称
父亲的祖母	老嫲	老嫲
父亲的外祖父	（外）老公、老外公	（外）老公、老外公
父亲的外祖母	（外）老嫲、老外嫲	（外）老嫲、老外嫲
父亲的祖父的哥哥	老祖伯	老祖伯
父亲的祖父的哥哥的妻子	老祖姆	老祖姆
父亲的祖父的弟弟	老祖叔	老祖叔
父亲的祖父的弟弟的妻子	老祖婶	老祖婶
父亲的祖父的姐妹	老祖姑	老祖姑
父亲的祖父的姐妹的丈夫	老祖（姑）丈	老祖（姑）丈
父亲的父亲	公公（儿语①）、（阿）公、（阿）爷、爷爷（新②）	公公（儿语）、（阿）公、（阿）爷、爷爷（新）、**内公③**
父亲的母亲	嫲嫲（儿语）、（阿）嫲	嫲嫲（儿语）、（阿）嫲
父亲的伯父	老伯	老伯、**伯公**
父亲的伯父的妻子	老姆	**老姆、伯姆、伯嫲**
父亲的叔父	老叔（公）、叔公	老叔（公）、叔公
父亲的叔父的妻子	老婶	老婶
父亲的舅父	老舅（公）、舅公（年老的④）	老舅（公）、舅公（年老的）
父亲的舅父的妻子	老妗	老妗
父亲的姑母	老姑（婆）、姑婆	老姑（婆）、姑婆
父亲的姑母的丈夫	老（姑）丈	老（姑）丈
父亲的姨母	老姨	老姨

---

① "儿语"表示大部分情况下是儿童用语。
② "新"表示新派说法。
③ 加粗字体表示该称谓词主要用于叙称。
④ "年老的"表示被称呼者年龄较大。

（续上表）

称呼的对象	对称	叙称
父亲的姨母的丈夫	老（姨）丈	老（姨）丈
父亲	（阿）父、（阿）爹（老①）、爹爹（儿语）、（阿）爸、爸爸（儿语）（新）	（阿）父、（阿）爹（老）、爹爹（儿语）、（阿）爸、爸爸（儿语）（新）、**父亲、老父亲（年老的）**
母亲	（阿）母、（阿）娘（老）、（阿）嬭、阿奶、（阿）妈、妈妈（儿语）（新）、母亲	（阿）母、（阿）娘（老）、（阿）嬭、阿奶、（阿）妈、妈妈（儿语）（新）、母亲、**老母亲（年老的）**
父亲的哥哥	（阿）伯、伯伯（儿语）	（阿）伯、伯伯（儿语）
父亲的哥哥的妻子	（阿）姆、姆姆（儿语）	（阿）姆、姆姆（儿语）
父亲的弟弟	（阿）叔、叔叔（儿语）	（阿）叔、叔叔（儿语）
父亲的弟弟的妻子	（阿）婶、婶婶（儿语）	（阿）婶、婶婶（儿语）
父亲的姐妹	（阿）姑、姑姑（儿语）	（阿）姑、姑姑（儿语）、**姑母**
父亲的姐妹的丈夫	（阿）丈、丈丈（儿语）	（阿）丈、丈丈（儿语）、**姑丈**
哥哥	（阿）兄、兄兄（儿语）、（阿）哥、哥哥（儿语）	（阿）兄、兄兄（儿语）、（阿）哥、哥哥（儿语）
哥哥的妻子	（阿）嫂、嫂嫂（儿语）	（阿）嫂、嫂嫂（儿语）
弟弟	（阿）弟、弟弟（儿语）	（阿）弟、弟弟（儿语）
弟弟的妻子	（阿）嫂、弟妹（新）	（阿）嫂、弟妹（新）、**弟妇**
姐姐	（阿）姐、姐姐（儿语）	（阿）姐、姐姐（儿语）

---

① "老"表示老派说法。

（续上表）

称呼的对象	对称	叙称
姐姐的丈夫	姐夫（新）、（阿）郎（老）	姐夫（新）、（阿）郎（老）
妹妹	（阿）妹、妹妹（儿语）	（阿）妹、妹妹（儿语）
妹妹的丈夫	妹夫（新）、（阿）郎（老）	妹夫（新）、（阿）郎（老）、**妹婿**
堂哥	堂（阿）兄、（阿）兄、兄兄（儿语）、堂（阿）哥、（阿）哥、哥哥（儿语）	堂（阿）兄、（阿）兄、兄兄（儿语）、堂（阿）哥、（阿）哥、哥哥（儿语）、**叔伯（阿）兄**
堂哥的妻子	堂（阿）嫂、（阿）嫂、嫂嫂（儿语）	堂（阿）嫂、（阿）嫂、嫂嫂（儿语）
堂弟	堂（阿）弟、（阿）弟、弟弟（儿语）	堂（阿）弟、（阿）弟、弟弟（儿语）、**叔伯（阿）弟**
堂弟的妻子	堂（阿）嫂、（阿）嫂、（堂）弟妹（新）	堂（阿）嫂、（阿）嫂、（堂）弟妹（新）、**（堂）弟妇**
堂姐	堂（阿）姐、（阿）姐、姐姐（儿语）	堂（阿）姐、（阿）姐、姐姐（儿语）、**叔伯（阿）姐**
堂姐的丈夫	（堂）姐夫（新）、（阿）郎（老）	（堂）姐夫（新）、（阿）郎（老）
堂妹	堂（阿）妹、（阿）妹、妹妹（儿语）	堂（阿）妹、（阿）妹、妹妹（儿语）、**叔伯（阿）妹**
堂妹的丈夫	（堂）妹夫（新）、（阿）郎（老）	（堂）妹夫（新）、（阿）郎（老）、**（堂）妹婿**

（续上表）

称呼的对象	对称	叙称
姑表哥	（表）兄、（阿）兄、兄兄（儿语）、（表）哥、（阿）哥、哥哥（儿语）	（表）兄、（阿）兄、兄兄（儿语）、（表）哥、（阿）哥、哥哥（儿语）、**表**
姑表哥的妻子	（表）嫂、（阿）嫂、嫂嫂（儿语）	（表）嫂、（阿）嫂、嫂嫂（儿语）
姑表弟	（表）弟、（阿）弟、弟弟（儿语）	（表）弟、（阿）弟、弟弟（儿语）、**表**
姑表弟的妻子	（表）嫂、（阿）嫂、（表）弟妹（新）	（表）嫂、（阿）嫂、（表）弟妹（新）、**（表）弟妇**
姑表姐	（表）姐、（阿）姐、姐姐（儿语）	（表）姐、（阿）姐、姐姐（儿语）、**表**
姑表姐的丈夫	（表）姐夫（新）、（阿）郎（老）	（表）姐夫（新）、（阿）郎（老）
姑表妹	（表）妹、（阿）妹、妹妹（儿语）	（表）妹、（阿）妹、妹妹（儿语）、**表**
姑表妹的丈夫	（表）妹夫（新）、（阿）郎（老）	（表）妹夫（新）、（阿）郎（老）
儿子	（阿）奴（老）、弟団、（阿）弟、*儿（昵①）②*	（阿）奴（老）、弟団、（阿）弟、**大夫団、団、逗団**
儿媳	*（阿）嫂*	**新妇**
女儿	（阿）奴（老）、妹団、（阿）妹、*儿（昵）*	（阿）奴（老）、妹団、（阿）妹、**姿娘団、走団**
女婿	*阿郎、姑爷(旧)*	**姑爷（旧）、団婿（崽）**

---

① "昵"表示亲昵的称呼。

② 加粗斜体表示该称谓词主要用于对称。

（续上表）

称呼的对象	对称	叙称
侄子	（阿）弟	（阿）弟、（内）孙、逗孙、孙弟、（内）侄
侄媳	孙嫂	孙嫂、孙新妇、孙妇
侄女	（阿）妹	（内）孙、走孙、孙女、逗孙（女）、孙妹、侄、（内）侄女
侄女婿	孙郎	孙郎、侄孙婿、孙婿
外甥	（阿）弟	（外）孙、大夫孙、孙弟、外甥、外甥孙、外甥弟
外甥媳妇	孙嫂	孙嫂、孙新妇
外甥女	（阿）妹	（外）孙、外孙女、（外）孙妹、外甥、外甥妹、（外）甥女
外甥女婿	孙郎	孙郎、孙婿
孙子	（阿）弟	逗孙、团孙
孙媳	孙嫂	孙嫂、孙媳、孙新妇
孙女	（阿）妹	走孙
孙女婿	孙郎	孙郎、孙婿
外孙	（阿）弟	（外）孙、外逗孙、大夫孙
外孙媳妇	（外）孙嫂	（外）孙嫂、（外）孙媳、（外）孙新妇
外孙女	（阿）妹、（阿）妹团	（外）孙、（走）孙、外孙女、外走孙、姿娘孙
外孙女婿	孙郎	孙郎、（外）孙婿

（二）母系亲属称谓词

表 2　母系亲属称谓词

称呼的对象	对称	叙称
母亲的祖父	（外）老公、老外公	（外）老公、老外公
母亲的祖母	（外）老嬷、老外嬷	（外）老嬷、老外嬷
母亲的外祖父	（外）老公、老外公	（外）老公、老外公
母亲的外祖母	（外）老嬷、老外嬷	（外）老嬷、老外嬷
母亲的父亲	（阿）公、公公（儿语）、（外）公	（阿）公、公公（儿语）、（外）公
母亲的母亲	（阿）嬷、嬷嬷（儿语）、（外）嬷	（阿）嬷、嬷嬷（儿语）、（外）嬷
母亲的伯父	老伯	老伯
母亲的伯父的妻子	老姆	老姆
母亲的叔父	老叔	老叔
母亲的叔父的妻子	老婶	老婶
母亲的舅父	老舅	老舅
母亲的舅父的妻子	老妗	老妗
母亲的姑母	老姑（婆）、姑婆	老姑（婆）、姑婆
母亲的姑母的丈夫	老（姑）丈	老（姑）丈
母亲的姨母	老姨	老姨
母亲的姨母的丈夫	老（姨）丈	老（姨）丈
母亲的兄弟	（阿）舅、舅舅（儿语）	（阿）舅、舅舅（儿语）、**舅爷、母舅**
母亲的兄弟的妻子	（阿）妗、妗妗（儿语）	（阿）妗、妗妗（儿语）、**母妗**
母亲的姐妹	（阿）姨、姨姨（儿语）	（阿）姨、姨姨（儿语）、**姨母、母姨**
母亲的姐妹的丈夫	（阿）丈、丈丈（儿语）	（阿）丈、丈丈（儿语）、**姨丈**

（三）夫方亲属称谓词

表 3　夫方亲属称谓词

称呼的对象	对称	叙称
丈夫的祖父	从夫称、从儿称	从夫称、从儿称
丈夫的祖母	从夫称、从儿称	从夫称、从儿称
丈夫的外祖父	从夫称、从儿称	从夫称、从儿称
丈夫的外祖母	从夫称、从儿称	从夫称、从儿称
丈夫的父亲	从夫称、**从儿称**	从夫称、大官
丈夫的母亲	从夫称、**从儿称**	从夫称、大家
丈夫的伯父	从夫称、从儿称	从夫称、从儿称
丈夫的伯父的妻子	从夫称、从儿称	从夫称、从儿称
丈夫的叔父	从夫称、从儿称	从夫称、从儿称
丈夫的叔父的妻子	从夫称、从儿称	从夫称、从儿称
丈夫的舅父	从夫称、从儿称	从夫称、从儿称
丈夫的舅父的妻子	从夫称、从儿称	从夫称、从儿称
丈夫的姑母	从夫称、从儿称	从夫称、从儿称
丈夫的姑母的丈夫	从夫称、从儿称	从夫称、从儿称
丈夫的姨母	从夫称、从儿称	从夫称、从儿称
丈夫的姨母的丈夫	从夫称、从儿称	从夫称、从儿称
丈夫	（阿）老	（阿）老、**翁、大夫、大夫侬**
丈夫的哥哥	（阿）伯	（阿）伯
丈夫的哥哥的妻子	（阿）姆	（阿）姆、**同姒**
丈夫的弟弟	（阿）叔	（阿）叔
丈夫的弟弟的妻子	（阿）婶	（阿）婶、**同姒**
丈夫的姐妹	（阿）姑	（阿）姑
丈夫的姐妹的丈夫	（阿）丈	（阿）丈
丈夫的堂兄	（阿）伯	（阿）伯、（堂）阿伯、叔伯阿伯
丈夫的堂兄的妻子	（阿）姆	（阿）姆

（续上表）

称呼的对象	对称	叙称
丈夫的堂弟	（阿）叔	（阿）叔、（堂）阿叔、叔伯阿叔
丈夫的堂弟的妻子	（阿）婶	（阿）婶
丈夫的表哥	（阿）伯、表伯	（阿）伯、表伯
丈夫的表哥的妻子	（阿）姆、表姆	（阿）姆、表姆
丈夫的表弟	（阿）叔、表叔	（阿）叔、表叔
丈夫的表弟的妻子	（阿）婶、表婶	（阿）婶、表婶
丈夫的表姐妹	（阿）姑、表姑	（阿）姑、表姑
丈夫的表姐妹的丈夫	（阿）丈、表丈	（阿）丈、表丈
侄子	从夫称	从夫称
侄女	从夫称	从夫称
外甥	从夫称	从夫称
外甥女	从夫称	从夫称

（四）妻方亲属称谓词

表4　妻方亲属称谓词

称呼的对象	对称	叙称
妻子的祖父	从妻称	从妻称
妻子的祖母	从妻称	从妻称
妻子的外祖父	从妻称	从妻称
妻子的外祖母	从妻称	从妻称
妻子的父亲	从妻称、（阿）伯、（阿）叔	从妻称、丈人（公）
妻子的母亲	从妻称	从妻称、丈婆、丈姆
妻子的伯父	从妻称、从儿称	从妻称、从儿称
妻子的伯父的妻子	从妻称、从儿称	从妻称、从儿称
妻子的叔父	从妻称、从儿称	从妻称、从儿称
妻子的叔父的妻子	从妻称、从儿称	从妻称、从儿称

（续上表）

称呼的对象	对称	叙称
妻子	嬷、（阿）老、老婆（新）	嬷、（阿）老、老婆（新）
妻子的哥哥	*（阿）兄*、（阿）舅	（阿）舅、**妻舅**
妻子的哥哥的妻子	（阿）妗、（阿）嫂	（阿）妗、（阿）嫂、**妻妗**
妻子的弟弟	*（阿）弟*、（阿）舅	（阿）舅、**妻舅**
妻子的弟弟的妻子	（阿）妗	（阿）妗、**妻妗**
妻子的姐姐	*（阿）姐*、（阿）姨	（阿）姨、**妻姨**
妻子的姐姐的丈夫	*以兄弟相称*	**同郎、同门**
妻子的妹妹	*（阿）妹*、（阿）姨	（阿）姨、**妻姨**
妻子的妹妹的丈夫	*以兄弟相称*	**同郎、同门**
妻子的兄弟的儿子	从妻称	从妻称
妻子的兄弟的女儿	从妻称	从妻称
妻子的姐妹的儿子	从妻称	从妻称
妻子的姐妹的女儿	从妻称	从妻称

二、揭东县玉湖镇闽南语中的亲属称谓词的特点

（一）语音特点

揭东县玉湖镇闽南语中的亲属称谓词的音节构成包括了单音节亲属称谓词、双音节亲属称谓词、三音节亲属称谓词和四音节亲属称谓词，现简单统计如下：

单音节亲属称谓词：公、爷、嬷、父、爹、爸、妈、娘、娭、伯、姆、叔、婶、姑、丈、兄、哥、嫂、弟、姐、妹、奴、姨、舅、妗、孙、表、老、翁、嬷等37个。

双音节亲属称谓词：老公、太爷、老嬷、阿公、阿嬷、老伯、老姆、伯公、伯姆、伯嬷、老叔、老婶、老舅、舅公、老妗、老姑、姑婆、老丈、老姨、阿父、阿爹、阿爸、爹爹、爸爸、阿母、阿娘、阿娭、阿奶、妈妈、母亲等108个。

三音节亲属称谓词：外老公、外老嬷、老祖伯、老祖姆、老祖叔、

老祖婶、老祖姑、老祖丈、老姑婆、老父亲、老母亲、叔伯兄、叔伯弟、叔伯姐、叔伯妹、大夫囝、姿娘囝、外甥孙、孙新妇等 52 个。

四音节亲属称谓词：外老祖伯、外老祖姆、外老祖叔、外老祖婶等 12 个。

以上统计结果表明，在揭东县玉湖镇闽南语亲属称谓词系统中，双音节亲属称谓词的数量最多。大部分的三音节亲属称谓词和四音节亲属称谓词都是在双音节亲属称谓词的基础上，添加单音节亲属称谓词或是前缀后缀组成的。

（二）构词特点

揭东县玉湖镇闽南语中的亲属称谓词，其构词方式主要分成单纯词和合成词两大类，合成词包括复合式合成词、附加式合成词和重叠式合成词。①

1. 单纯词

单纯词是指由一个语素构成的词。揭东县玉湖镇闽南语亲属称谓词系统中的单纯词主要有：公、爷、嬷、父、爹、爸、妈、娘、媄、伯、姆、叔、婶、姑、丈、兄、哥、嫂、弟、姐、妹、奴、姨、舅、妗、孙、表、老、翁、嬷等。这些单纯词是构成其他亲属称谓词的词根，大部分亲属称谓词都是由这些词根运用复合、附加或重叠等方式构成的。

2. 复合式合成词

复合式合成词是由两个或者两个以上的语素构成的词，也就是"词根＋词根"的形式。揭东县玉湖镇闽南语中的亲属称谓词，复合式合成词主要有以下几类：

（1）"妻"类亲属称谓词。

称谓词前加"妻"是构成妻方亲属称谓词的一种方式。揭东县玉湖镇闽南语中的亲属称谓词最常见的是在称呼"妻之兄弟姐妹"时前加"妻"，如：妻姨（妻子的姐妹）、妻舅（妻子的兄弟），这些词语一般用于叙称。妻方亲属称谓词前加"妻"是为了与自己的姨妈、舅父、舅妈

---

① 黄伯荣，廖东序. 现代汉语：上册 ［M］. 北京：高等教育出版社，2011.

区分开来，起到强调和区分的作用，避免产生称谓混乱现象。

（2）"母"类亲属称谓词。

为了强调和区别母亲的亲兄弟姐妹，会在称谓词前加"母"，构成部分母系亲属称谓词，如：母舅（母亲的亲兄弟）、母姨（母亲的亲姐妹）。这部分亲属称谓词一般只用于叙称，方便不熟悉家族亲属情况的人区分。

（3）"外"类亲属称谓词。

揭东县玉湖镇闽南语中的亲属称谓词会在母系亲属称谓词前加"外"字，用于表示宗亲和姻亲的区别，这是母系亲属称谓词主要的构词方式。如：外公（母亲的父亲）、外嬷（母亲的母亲）、外老公/老外公（母亲的祖父）、外老嬷/老外嬷（母亲的祖母），这一组称谓词既可以用于对称，又可以用于叙称；外逗孙（外孙）、外走孙（外孙女），这一组称谓词一般用于叙称。不过，在实际的语言运用中，人们为了表示彼此间的亲近，在称谓词中较少加"外"字，而大多用"阿公""阿嬷""老公""老嬷""孙"等进行称呼。

（4）"表"类亲属称谓词。

揭东县玉湖镇闽南语中的亲属称谓词里，"表"类亲属称谓词称呼的对象是父亲的姐妹的儿女和母亲的兄弟姐妹的儿女，一般只用于叙称，不用于对称。揭东县玉湖镇闽南语中的亲属称谓词里的"表"类亲属称谓词没有姑表、舅表、姨表之分，甚至可以直接统称为"表"。

（5）"堂""叔伯"类亲属称谓词。

揭东县玉湖镇闽南语中的亲属称谓词里，"堂"和"叔伯"类亲属称谓词称呼的对象是父亲的兄弟的儿女。"堂"类亲属称谓词等于"叔伯"类亲属称谓词，如："堂兄"与"叔伯阿兄"相同，"堂妹"与"叔伯阿妹"相同等。然而，二者也有不同点，如"堂"类亲属称谓词既可以用于对称，也可以用于叙称，"叔伯"类亲属称谓词则只可以用于叙称。

（6）"公"类亲属称谓词。

揭东县玉湖镇闽南语中的亲属称谓词里，以词根"公"为中心，组合祖辈男性亲属称谓词，如：伯公、叔公、舅公等。这些称谓词所指的对象和"阿公"是一个辈分的，所以用"公"这个语素来组合成词。这类称谓词除了可以在后加"公"外，还可以在前加"老"，这两者的语义是相同的。

（7）称谓词前加排行标志。

在这里，"排行标志"指的是兄弟姐妹的行次。揭东县玉湖镇闽南语中，兄弟姐妹的行次是直接表现在亲属称谓词系统中的。

排行最大，称谓方式是加前缀"大"字，如：大伯、大姆、大兄/大哥、大嫂、大姑、大丈、大姨、大舅、大妗等。对最大的弟弟或妹妹进行称呼时，也可以加"大"，如"大弟""大妹"。父母对自己最大的儿女也可以加"大"，称呼为"大团""大走团"。

排行中间，称谓方式是使用数词作为前缀。比如，当你母亲有五姐妹而她排行老大时，称呼四位阿姨的方式按排行分别是二姨、三姨、四姨、细姨。当家中儿女众多时，父母可以称呼儿女为"二妹""三弟"等，哥哥和姐姐也可以称呼弟妹为"四妹""细弟"等。

排行最小，称谓方式是加前缀"细"字，如：细叔、细婶、细弟、细妹等。称呼最小的哥哥姐姐时，也可以加"细"称呼为"细兄/细哥""细姐"。不论男女，兄弟姐妹中排行最小的，都可以称呼为"老细"。

（8）称谓词前加性别标志。

揭东县玉湖镇闽南语中通常用"姿娘""大夫"来区分性别，这种用法常用于对孩子、孙子、孙女的修饰限定，如：姿娘孙（孙女）、大夫孙（孙子）、姿娘团（女孩子）、大夫团（男孩子）。但是，"姿娘团""大夫团"一般用来表示泛指。揭东县玉湖镇闽南语中，表示特指的是"逗"和"走"，如：逗团（儿子）、走团（女儿）等。

3. 附加式合成词

附加式合成词由附加成分和词根构成，词根承担整个合成词的词汇意义，附加成分对该词的语义类型和词汇意义的一些变化以及表示该词的语法意义（主要是显示词性）有一定的作用。附加成分就是通常所说的词缀，主要是词头（前缀）和词尾（后缀或者类词缀），下面将探讨揭东县玉湖镇闽南语中亲属称谓词通过附加成分造词的情况。

（1）称谓词前加"阿"。

"阿"是从汉魏六朝时保留下来的古语词，在南方方言中经常用作前缀。揭东县玉湖镇闽南语中的"阿"经常用在亲属称谓词之前，对称和叙称都可用，如：阿父（父亲）、阿娭（母亲）、阿伯（父亲的哥哥）、阿叔（父亲的弟弟）等。

此外，在揭东县玉湖镇闽南语中，"阿"还可以用于排行、姓氏或名字之前。

（2）称谓词前加"老"和"祖"。

亲属称谓词前面的"老"和"祖"作为实词性语素，不可以随意在亲属称谓词之前使用。当亲属称谓词只有前缀"老"时，表示的是祖辈的亲属关系，如：老伯、老舅、老叔、老姆等；当亲属称谓词有前缀"老"和"祖"时，表示的是曾祖辈的亲属关系，如：老祖伯、老祖舅、老祖叔、老祖姆等。需要注意的是，在直系亲属称谓中，"老公"称呼的对象是曾祖父，"老祖公"称呼的对象是高祖父。

此外，在揭东县玉湖镇闽南语中，"老"还可以用于排行、姓氏或名字之前。

（3）称谓词后加"囝"。

"囝"是个古老的闽方言词，指的是儿子。后来，词义扩大，在如今的揭东县玉湖镇闽南语中可以泛指儿女。再后来，逐步虚化为一个后缀。称呼的对象年纪小或是小辈，可以在亲属称谓词后加"囝"字，带有喜爱、亲昵的意思，如：弟囝、妹囝等。

4. 重叠式合成词

重叠式合成词由相同的词根重叠构成，一般情况下意义不会发生变化，用于表示亲昵、喜爱的情感，或是属于儿童用语。揭东县玉湖镇闽南语中的亲属称谓词里，重叠式合成词大部分是儿童用语，如：公公、嫲嫲、伯伯、叔叔、姨姨等。

（三）文化特点

闽南语被称为"语言的活化石"，保留了大量的古语词。揭东县玉湖镇闽南语中的亲属称谓词作为稳固性极高的一类词汇，古语词的留存很多，如：

奴，又写作"孥"，指儿女。《诗经·小雅·常棣》："宜尔家室，乐尔妻孥。"《后汉书·光武帝本纪》："诸将见寻邑兵盛，反走，驰入昆阳，皆惶怖，忧念妻孥，欲散归诸城。"《旧唐书·卒替否传》："蓄妻养孥，非无私爱。"宋朝秦观《赠张潜道》："独携三尺琴，笑别妻与孥。"以上例子，"孥"均指"儿女"。明朝王鏊《姑苏志·风俗》："呼小儿曰孥儿；孥，子孙也。"揭东县玉湖镇闽南语中，儿童被称呼为"孥囝"，相当于"孥儿"。《广韵·模韵》："孥，妻孥。《书》传曰：'孥，子也。'乃都切。"音义与揭东县玉湖镇闽南语相合。南北朝时期称儿子为"阿奴"，"奴"与"孥"同音。《世说新语·识鉴》："唯阿奴碌碌，当在阿母目下耳。"在这里，"阿奴"是儿子对母亲的自称。

囝，指儿女，也是一个古闽语词。唐朝顾况《囝》诗："囝生闽方，闽吏得之……囝别郎罢，心摧血下。"原题解："闽俗呼子为囝，父为郎罢。"宋朝陆游《戏遣老怀》："阿囝略如郎罢老，稚孙能伴太翁嬉。"显然，"囝"在揭东县玉湖镇闽南语中指的就是儿女。

同门，指连襟。《尔雅·释亲》："两婿相谓为亚。"晋代郭璞注："今江东人呼同门为僚婿。"《广雅·释亲》："同门谓之婿。"清代王念孙疏证："婿上盖脱'友'字……《汉书·严助传》：'家贫，为友婿富人所辱。'颜师古注云：'友婿，同门之婿。'"明代谢肇淛《五杂俎·人部四》："宋时人谓之连袂，又呼连襟，闽人谓之同门。"正与揭东县玉湖镇闽南语相合。[①] 大家，指丈夫的母亲。这种称谓由来已久，《后汉书·曹世叔妻传》："（班昭）博学高才，……帝数召入宫，令皇后诸贵人师事焉，号曰大家。"这里音义和"大姑"相同，是对妇女的尊称，后来由此引申为女子对丈夫之母的称呼。《宋书·孙棘传》："棘妻许又寄语属棘：'君当门户，其可委罪小郎？且大家临亡，以小郎属君，竟未娶妻，家道不立。'"唐朝赵璘《因话录》卷三："王问曰：'何事？'女对曰：'大家昨夜小不安适，使人往候。'王掷筋怒曰：'我不幸有此女，大奇事！汝为人妇，岂有阿家体候不安，不检校汤药，而与父作生日……'"《太平广记·陈义郎》："大家见之，即不忘息（媳）妇。"由此可知，在六朝时期，"大家"就已经引申出"婆婆"的意义了。需要说明的是，"婆婆"义的"大家"在古代的读音和"大姑"相同，揭东县玉湖镇闽南语中采用"家"的读音，来区分"大家"和"大姑"。

---

① 吴洁.潮州方言亲属称谓研究［D］.广州：暨南大学，2007.

大官，与"大家"相对，指丈夫的父亲。"官"在古代除了解释为"官职""官吏"，还可以用作对君主、尊长的敬称，比如：晋卢循家人称循（《晋书·卢循传》）、南朝梁袁君正称父昂（《南史·袁君正传》）、晋石鉴称其君石虎（《晋书·石季龙载记》）皆曰"官"，以后引申为对"公公"的称呼，与"家（婆婆）"并称。据宋王楙《野客丛书》记载，妇人"称翁姑为官家"。《南唐书·李家明传》注："江浙谓舅曰官，姑曰家。"今天闽南语中的"大官"一词就是源于古时的"官"，并仿照"大家"一词，在"官"之前加"大"而形成。

新妇，指儿子的妻子。"新妇"一词最早见于先秦，本意为"新嫁娘"。《战国策·宋卫策》："卫人迎新妇。"《吕氏春秋·淫词》："惠子闻之曰：'何事比我于新妇乎？'"从汉代起，"新妇"开始被用来称"儿媳妇"。《后汉书·周郁妻（赵阿）传》："郁骄淫轻躁，多行无礼。郁父伟谓阿曰：'新妇贤者女，当以道匡夫。'"又《反汉书·何进传》："张让向子妇叩头，云：'老臣得罪，当与新妇俱归私门。'"《世说新语·规箴》："郭氏大怒谓平子曰：'昔夫人临终，以小郎嘱新妇，不以新妇嘱小郎。'"温庭筠《陈义郎》："（郭氏）启姑曰：'新妇……'"宋朝洪迈《夷坚甲志·张屠父》："新妇来，我乃阿翁也。"明朝瞿佑《剪灯新话》卷三："但愿吾子早归，新妇异日有子有孙，皆如新妇之孝敬。"清朝蒲松龄《聊斋志异·小翠》："女在内含笑而告之曰：'翁无烦怒，有新妇在……'"以上各例，"新妇"都是指"儿媳妇"。

"孙"指孙子、孙女、侄子、侄女，也指外孙、外孙女、外甥、外甥女，一个称谓词跨越了性别、内外、辈分共用，而普通话中这些亲属称谓词是有明确区分的。

三、揭东县玉湖镇闽南语中的亲属称谓词的偏称

偏称，指对称呼对象不按本来的关系称呼，而改以别的称呼。① 揭东县玉湖镇闽南语中亲属称谓词的偏称现象主要体现在对父母的称谓上。在揭东县玉湖镇，有称呼自己的父亲为"阿伯""阿叔"等，称呼自己的

---

① 李新魁，林伦伦. 潮汕方言词考释［M］. 广州：广东人民出版社，1992.

母亲为"阿姆""阿婶""阿姨"等的现象。出现这样的偏称可能是因为部分农村地区十分信奉鬼神，影响了语言的使用。人们为了避免父母与儿女之间"八字相克"，儿女与父母之间不能叫得过分亲密，以此瞒过鬼神，故而采用偏称。

另外，汤云航在《汉语亲属称谓语与传统伦理文化》中指出："在族外婚群中，一群母亲所生的儿女都是一群父亲的儿女，因此，既无后世意义上的亲子、侄子之分，又无后世意义上的'伯父''叔父'之别。父亲们和儿女们只用'伯，仲，叔，季'或'甲，乙，丙，丁'来区分长幼。"[①] 在揭东县玉湖镇，对父母偏称的解释也存在类似的说法。在家族中，当父亲是长子时，则称呼父亲为"阿伯"，称呼母亲为"阿姆"；当父亲非长子时，则称呼父亲为"阿叔"，称呼母亲为"阿婶"。

偏称正在逐渐消失，现在只有部分年纪大的人还在使用，而年轻人学习了科学文化知识后不再封建迷信，再加上共同语的影响，更多的是用相应的亲属称谓词来称呼自己的父母。

四、结语

揭东县玉湖镇闽南语中的亲属称谓词系统在发音上以双音节词为主，有同形异读情况。在构词方面，主要有单纯词和复合词两种形式。从文化上讲，它保留了大量的古语词，并有一种关注男性的文化倾向。然而，与普通话相比，没有明显的重男轻女倾向。对揭东县玉湖镇闽南语中亲属称谓词的语用研究主要包括三个方面：一是民间迷信、远古族外婚习俗的遗存和尊重逝者的文化观念是造成偏称的原因；二是外化与外延情况；三是当代亲属称谓词系统正逐渐简化，向普通话靠拢，并受到各种语言的影响。

---

① 蓝尚如. 潮汕方言中的古称谓词 [J]. 现代交际, 2010 (9)：40-41.

第四编
文学与文学教育研究

葛亮小说中的工匠形象

徐嘉瑜（2018 级汉语国际教育）

指导老师：颜敏

一、引言

作为古代四民"士农工商"中的"百工"一职，古人对工匠群体的评价是"仅次于造物主"的地位。《周礼·考工记》中记载，"知者创物，巧者述之，守之世，谓之工。百工之事，皆圣人之作也"。① 工匠的艺事与用具制造给生活带来方便实用的物质功能，他们在手工创造的过程中对宇宙自然的尊重与皈依也被世人认为是给人类探索宇宙自然、指导社会生活带来启发意义的紧密联结与重要体现。当今时代，随着社会生产方式受到经济全球化与工业机械生产发展的冲击，"工匠精神"在国内社会被重提。"工匠"一词的指向已从古老意义上艺事精湛的手工创造者、地位崇高的谏诚者发生了潜移默化的转变，成为更具普世价值与现代意义的劳动者身份。"工"意味着扎根在实用的工艺器物与入世的精湛手艺中的真实感触；"匠"则指向一群在日常生活中怀有坚持不懈精神与精益求精态度，在乱世与太平中沉心静气从事一项技艺的人。在本文中，"工匠形象"指的是从事与新兴科技领域相对立的传统行业领域，即擅长、专注某一门技艺并以此为职业的人物形象。

---

① 郑玄. 周礼注疏［M］. 上海：上海古籍出版社，2010.

目前，国内学术界对"工匠形象"的论文研究成果并不多，大致可以分为古代文学和现当代文学中的"工匠"形象研究。前者以过常宝发表的《论先秦工匠的文化形象》为代表，其主要将不同学派思想框架内出现的工匠作为人物研究对象，阐述了古代文人阶层及思想差异对工匠"技"与"道"的多元价值宣扬。先秦文学推动了当时的工匠文化形象走向多元化，彰显出工匠的谏诚地位，同时也体现出"匠人"身上具有的超越技艺本身的普世哲理与精神力量。

自新时期以来，由于受到"寻根文学"思潮的影响，小说体裁中的工匠形象再次回到研究学者的关注领域。但研究方向更多以与手工劳作意义产生朴素联系的"手艺人书写"为研究主题，统一集结多部手艺人小说来展开研究，相较于把手艺人题材的作品定义为一种类型化的文学现象和书写题材，个人创作的手艺人形象研究往往备受忽略。2010年丛朝阳发表的硕士学位论文《试论八十年代以来的手艺人小说创作》是最早把"以工匠作为小说题材或描述对象的小说创作"作为研究对象进行整体性研究论述的论文成果。该论文尽可能详尽地整理了二十世纪八十年代至九十年代以后两个阶段的手艺人小说创作及其书写概况，仅从分析文学形象角度切入论述这些人物的共同特点，从人文主义的视域对手艺人小说创作的作品魅力与发展前景进行深入挖掘，一定程度上填补了手艺人小说研究的空白。在此文的结语中，丛朝阳总结了自身对手艺人小说的研究范围在时间与论述范围的局限，并指出在现当代还有许多小说涉及"隐形"的手艺人形象——即"没有描绘出特定的一个手艺人，但作家对其手艺制作的精彩展示，早已使读者心目中勾画了一位手艺精湛、心无旁骛的手艺人了"。① 这些流于民间的依靠一门手艺谋生的形象也不应被排除在外，接纳手艺人形象反倒会为相关的作品创作与研究提供更多启发和空间。

然而很少有学者把研究对象落笔在近现代文学出现的工匠形象身上，挖掘其独立性的品质特点以及时代性的塑造价值。且由于研究对象时间界定范围的限制，对现当代文学的工匠作品研究均未被纳入葛亮小说创

---

① 丛朝阳. 试论八十年代以来的手艺人小说创作［D］.济南：山东大学，2010.

作中出现过的工匠形象。

从《瓦猫》出版以来，不少研究者对葛亮的"工匠书写"给予了高热度的评论和解读。知网搜索的结果显示，在已有的"匠传"小说作品研究当中，绝大部分研究以期刊论文的形式呈现。它们或从"民艺"的角度切入作品，强调葛亮工匠小说情节中的民间性特征与美学价值；或从"地域与文化"的写作角度，探究作品的方言特色与书写背后的家国观念；或围绕《瓦猫》合集中的单部作品展开单独评述。汤俏发表的《匠心独运里的文化志与小山河——从〈瓦猫〉到〈燕食记〉》横亘了葛亮"匠人小说"的其中四部作品，从作者对物的意象运用、地域文化的氛围营造，以及家国与日常同源的历史观这三个角度切入文本，体现了葛亮在创作中挖掘经济文化发展史、守护传统人文、迎接全球化冲击的努力。在文中，他还提出了在全球性的现代背景下，移民身份的工匠是如何在发展技艺中构建某种对异地文化认同的问题，看到了匠人形象的创新性。① 亦有研究者把侧重点落在《瓦猫》对"匠人"的文化身份和匠艺本身，阐释了"工匠在现代性、全球化时代的文化适应中，已经被赋予了符合当代构建的文化身份"。以上这一观点在华侨大学陈庆妃教授刊出的《"游于百工"的诸种可能及其他——评葛亮"匠传"系列小说集〈瓦猫〉》中得以体现。在这篇论文里，陈庆妃教授以综合论述的方式表明了葛亮创造的"现代工匠"为民间工艺在继承传统的基础上带来的创新性，其作品中体现的"工匠精神"更是启示"百工"在当代社会生存的无限可能与百种未来。② 王琨的《传统文化关怀视角下的'匠人'书写——论葛亮的〈瓦猫〉》也同样以《瓦猫》小说集为解读对象，在传统人文视角下，通过对葛亮"匠传"中人物情节的综合论述，彰显出作者的世情关怀和传统文化价值立场。③ 综合以上对已有研究现状的分析

---

① 汤俏. 匠心独运里的文化志与小山河——从《瓦猫》到《燕食记》［J］.海南师范大学学报，2021，34（4）：12－20.

② 陈庆妃."游于百工"的诸种可能及其他——评葛亮"匠传"系列小说集《瓦猫》［J］.海南师范大学学报（社会科学版），2021，34（4）：4－11.

③ 王琨. 传统文化关怀视角下的"匠人"书写——论葛亮的《瓦猫》［J］.粤港澳大湾区文学评论，2022（1）：113－118.

总结得出，学者单从小说集《瓦猫》视角切入的研究结论：人物形象类型的分析通常被作为表现手法来剖析匠人小说的书写意义，缺失对葛亮写作生涯工匠形象题材的类别研究。此外，目前学术界内并没有对葛亮小说中的工匠形象作明确的整体梳理，并产生统合论述的论文成果。

结合"工匠精神"被大肆宣扬的当下现实，对"工匠"这一形象的书写和研究，其本身就是一个非常有意义的文学题材。这不仅是因为一门手艺本身值得描绘，还因为时代潮流对工匠的影响是巨大的。区别于现如今的科技时代，工匠的劳作与创造中，时间的意义被充分赋予。人与物、物与时间的关系总能在以工匠为文学形象的故事中得到时代性的阐释。

由此，本文通过文本细读、文献分析和作品比较的研究方法，旨在重点对葛亮小说中的工匠形象类型进行系统性分析，梳理出三种工匠形象类型：普通而传奇的小人物形象、兼容并包的移民形象、度己度人的传承者形象。围绕作者在刻画工匠形象过程中采取"格物"的书写特点、流动视角的交叉叙事以及特色方言的运用，综合阐释葛亮塑造工匠的书写技巧。最后，通过探讨葛亮刻画工匠形象背后的创作意图，发掘其形象给时代带来的传承性、创新性以及普世价值。结语部分表达了笔者对以葛亮为代表的青年作家在文学创作中"以文学的创新性、创造性实现继承文学传统"的期盼展望。

二、葛亮小说塑造的工匠形象类型

基于对葛亮访谈的研究，可以察觉出，无论是早期的小说还是"匠传"小说中的众多工匠人物，都离不开葛亮对自身成长道路上所遇之人的敏锐观察与灵感取材。因此葛亮故事中的工匠相比于"追求自我"的个人艺术家，更多的是身处秩序社会下，不被焦点瞩目的平凡匠人。此外，这群工匠与落地生根在同一个地方的本土居民有别，他们大部分都有离乡背景。多重的文化身份背景与天性使然的好学心态促使他们能更强烈地感触到 21 世纪全球化语境下的"异文化风尚"。新型工匠的视野变得更开阔，也更包容，对当下的新变化更淡然自若，对"求同存异"深谙其道。匠人的技艺传承一向是现代社会热切关注的议题，然而透过葛亮对工匠之间代际相处的动人叙述，可见工匠传承者秉承着"度己度人"的至善原则，让传承少了几分或封建或僵化的古老制度，多了几分温情与阔朗的自在。

（一）普通而传奇的小人物形象

葛亮对于工匠的体认，一方面是流于民间，可亲可敬的凡夫。他们大多并非天才，精湛手艺也非一蹴而就，只是为养家糊口而疲于奔命的体力劳作者。性格不算标新立异，比起囿于自己小世界的人，他们更多是热心的服务者与奉献者。另一方面，工匠平凡的一生放在历史背景下又是传奇而波折的一生，他们与虚无困境和物欲诱惑作抗争，在危机中敢于冒险。即便换来的结局也许不尽如人意，甚至有抗争失败的下场，但几乎每个工匠在平凡抗争中都带有与当今急功近利风气格格不入的个人魅力，有独属于他们的超然手艺与处世之道。

日本民艺大师柳宗悦指出，真正的艺术之美脱离不开民众日常生活。工匠靠双手劳作，在日复一日的打磨下创造出有情感温度的传世佳作，是美的终极体现。"他们（艺人们）并非缺少文化教养，其中亦有不走正道者，也有盗窃者，还有发怒者、悲痛者、苦难者、愚蠢者、嬉笑者等，一切众生都云集于这个世界。但这些人只有一条工艺的路可走，这就是民艺，是来自民众的工艺。"[1] 相比于个性张扬、只追求外形美、倡导"以个人为中心"的艺术创造者，工匠是备受社会秩序影响的，是从传统中产生、延续下来的芸芸众生的一者。

葛亮在其小说作品中描写了众多与常人无异的普通工匠形象：木工、厨师、泥塑艺人、理发匠、陶艺人……而这些人物的确是作者接触过的，在生活中存在原型的。在葛亮的小说世界里，相比于背负宏大的使命感和责任感，工匠自身与其技艺、器物的羁绊更多的是源自赖以生计与改善生活的需求，而他们灵巧于工艺的双手便是上天赐予工匠在这个世界安身立命之路。《泥人尹》中的尹师傅便是"上天赐予巧手"的一员。本出身于名门望族的尹传礼因一场父辈犯下的政治错误选择而众叛亲离，家道中落。父亲临终把年幼的他托付给一个出产泥塑的艺人世家，却没

---

① 柳宗悦．工艺之道［M］．桂林：广西师范大学出版社，2011．

想到从此发掘出他天赋异禀的泥塑才能，还被称为"铁定要吃这碗饭"的人。往后无论乱世或治世，尹师傅流转都是以泥塑艺人的身份为生计。除此以外，无论是《老陶》中的徽菜馆厨师陶叔叔、《于叔叔传》中出身甚是平凡的外地木工于守元，还是《飞发》里隐藏在北角一处经营生计的理发匠，他们身上的烟火气息都足以表明葛亮对民间手艺人的敏锐体察与尊重。

除了注重刻画善于制造实质器物的手作人外，葛亮还醉心于描绘一些精通传统技艺与民族习俗，具有"表演美"的匠人。如孩童时的毛果第一次造访洪才在城中心里犹如"世外桃源"的家，当他品尝了洪才阿婆制作的酸梅汤，还得知阿婆可以把麦子打成青色的黏稠汁液之后，童真的心灵里油然而生"这个阿婆，一定是个令人崇拜的人"的感叹。此外，《瓦猫》中荣老爹和荣之武两人除了会制瓦猫外，荣老爹还精于操办龙泉镇特有的"请瓦猫"乔迁仪式，荣之武在"喜丧"仪式的表演也常常被"围观"……作者把这些看似新奇而又生活化的乡土民间景象也放置于故事叙述里，可见其对"匠人匠心"的技艺关注并不局限在职业与工种的划分，对匠人精神的诠释也并不专属于传统意义上的工匠行业。"匠心"应该属于每一门技艺、每一个人，同样每一门技艺内部的每一个人也都需要它。

工匠的一生在历史变动的影响下又是传奇的。葛亮在散文篇目《此戏经年》中写道"人生的过往与流徙，最终也会是一出戏。导演是时日，演员是你"。① 当平凡工匠的成功、得意与挫败、遗憾得到放大，种种际遇便交织造就了他们"不凡"的人生舞台剧。戏剧当中有人经受得了岁月磨砺，最终变得淡然而自洽，如在修书技艺引起名声大噪之时不问功名选择隐退的老董；《飞发》中跨越"南北之争"最终冰释前嫌的翟玉成与庄锦明。同时，也有被时代抛弃、下场唏嘘的人，如为人厚道真诚的木工于叔叔。他关爱儿童"毛果"，在创业时期总能凭借自己的勤快和亲力亲为屡屡发现商机。但即使是这样一个尽心尽力、努力融入城市本地的工匠形象，还是抵不过金钱和物欲的诱惑——于叔叔带着让一家人在

---

① 葛亮. 绘色［M］. 杭州：浙江文艺出版社，2018.

城里安居乐业的美好初心而来，富裕后又迷失于情场，最终导致家破人亡。对于他的人生变故，借用毛果的父母所言，"多少是处境的原因"。[①]当社会环境与人不再亲和时，人的美德和与之清贫时相伴的一切美好也将不复存在。

然而，不管是发生在不同行业之间的焕新转变，还是行业内泥沙俱下的变化，这些工匠们都能够为自己的选择负责任。当社会越来越城市化，人物关系越来越碎片化时，工匠们在手艺创造的岁月静好中仍坚守慰借自己的生活方式，保持着卓然独立的君子风度。

（二）兼容并包的移民形象

作为跨域生长的青年一代，作者描写的工匠故事有一个共同的形象特点——匠的出身与发展在葛亮书写的城市场域内都不属于土生土长的本地市民，而是生活在非故土的人。在流动性已成为常态的全球化当下，匠人也为了谋求发展而开始流徙辗转。手艺跟随着工匠流入新驻地，成为当地的"新移民"。在这样的背景下，持有地方性差异理念的工匠之间能够凭借着"求同存异，兼容并包"的开放态度，共同为现代化的城市谱写属于匠传技艺的新篇章。

体会过南京城古典雅致的江南气性与香港城多元混杂，作者在塑造匠人时会不自觉地融注异源的工艺理念相遇后的各种可能性思考，同时行走于世界各地的全球化经验也让他连带着去关注在异域和全球具有风格差异的工匠群体。如果是具有移民性质的匠人，那无疑将会是一个体现多重文化身份以及多元工艺理念的书写对象。

葛亮笔下具备移民性质的匠人形象分为两类，一类是从故乡往东南沿海发达城市迁入的境内移民，他们受户籍制度开放的影响，许多工匠也成了涌入东南沿海发达城市并扎根生活的流散者，其中可分为南来香港的大陆客、流入大城市的边缘底层以及战乱出走步入乡镇的知识阶层。[②]这群离开"根著"的匠人带有他们乡土浸润而来特有的江湖情义，在钢筋水泥的包围之下能够卓然独立，或以"英雄所见略同"般的惺惺

---

① 葛亮 . 戏年［M］.北京：中信出版社，2017.
② 刘淼 . 葛亮的越界书写研究［D］.石家庄：河北师范大学，2019.

相惜吸引同类，或以过人的手艺结识"伯乐"贵人。木匠于叔叔、泥塑艺人尹师傅以及老陶，这群有技艺才能的形象都是远离故乡到城市里打工谋生的劳动底层。贫困与潦倒并没有磨灭他们闪闪发光的独特个性，相反，城市内的急功近利更加反衬出这群匠人十年如一日的忍耐坚持。这一难能可贵的品质也便合理化了匠人能够获得"毛果"一家的真诚欣赏以及信任深交。

在商业化日趋渗透于各个行业领域的当下，同行之间为争夺生意不断拉低底线和尊严的丑态乱象已是家常便饭。然而也许是因为匠人天性使然的仁厚，也许是因为经历过岁月淘洗之后对处世之道的泯然通透，对待行业之间的工艺理念即使存有差异和偏颇之处，他们最终仍然能够带着兼容并包的开放态度，愿意跨越矛盾与偏见，在相互尊重理解的基础上建立互动关系。如此一来，这种互相关照的关系也为他们在"他乡之城"找到一份属于匠人静默美好的心灵归属打下了坚实的基础，促使工匠群体得以抵抗混杂与异化的城市排外风气。《燕食记》中从事饮食行业的大厨师傅就是一群因恩怨与缘分交织而相识相知，又在时移势易的岁月打磨下走向交融言和的性情中人。年少沉稳的陈五举原本是粤港茶楼大按师傅荣贻生的独门子弟，在与"十八行"千金戴凤行一面之缘以后，两人互生情愫，五举为了追求爱情婚姻不得已而违背了他敬重的荣师傅，"净身出户"成为"十八行"的传承人。往后多年他决然信守绝不再沾染粤系菜谱使荣师傅掉失体面的承诺，兢兢业业地为妻家经营打理"十八行"菜馆。然而陈荣两人的师徒情谊依然是温存而坚固的，荣师傅以"同庆楼"的名义一直在暗处关照五举这份隐秘的关情告示，在婚宴中匿名寄赠丰盛囍礼，五举发现遗妻之墓摆放着同庆楼的莲蓉包……更不必说五举离开后每逢时节都要备礼携妻去"同庆楼"门外伫立数小时，只为能够为荣师傅尽弟子之孝。"江南岭南风日好，世道味道总关情。"①荣贻生送戴明义的这段挽联已让人深谙荣生对戴家的尊重和匠心认可，也体会到了他当初栽培五举为大按接班的视为己出，绝非为了培养一只"打雀"棋子，所有皆是出自"关情"罢了。这种匠与匠之间的相望相

---

① 葛亮. 燕食记 [J]. 收获，2021（2）：152－224.

惜，无不是建立在他们自身就有兼容并包的气度和胸襟的基础之上的。

此外，还有一类显现兼容并包特征的移民形象是从境外往国内迁入，在东方传统工艺理念的浸润下或吸收适应或发展手艺的海外来华者。当中包括从欧洲学习书籍修复，技艺成才后回归故里的海归——欧阳简，以及有东南亚移民史的"十八行"新晋徒弟——路仙芝。葛亮书写他们的主场域在香港城，这座繁荣的国际大都市无疑是中西方文化交融之地，巨大的包容性容下了这群外来文化滋养的"异域工匠"。从欧阳简和路仙芝的身上，笔者看不到对中国传统技艺理念的排斥和纠结，反而看到了他们对技艺经验敏锐的感知力和好学心。欧阳简的留学经历让她体会"工欲善其事，必先利其器，这一点英国人和我们一样"。① 无论中西，工匠们都默契地认同一个观点：技艺的发展靠的不应该是精准而冰冷的机器技术，而是自己大脑中毕生积累的修整经验和一对灵巧的双手。多重的地域身份赋予了工匠更注重发掘工艺文化之间的互补、吸收的广阔视野，以此为认同和补充中国传统技艺作反馈服务，方便纳为己用，提升技艺功夫。同时，这个过程也是他们通过包容差异寻求自我身份认同的过程。

（三）度己度人的传承者形象

在现代化机器生产逐渐替代体力劳动的城市环境之下，手工劳作的存在价值俨然变得扑朔迷离。于工匠而言，为生活付出辛勤的体力劳作是第一要义，对自身身份恐怕无暇思考。然而匠人依旧秉持着双手劳作去不懈追求器物与技艺之美的理念，并在此道路上吸引着许多有活力的年轻人前往拜师学艺。其中，不可言喻的魅力在于匠人品质中蕴含着一种"度己度人"的至善至诚。《佛典》里记载着这样一句话，"自未得渡而渡人者，菩萨发心，又自渡生死苦海，而又渡人"。匠人便是借助从民艺里汲取的劳动智慧得以"度己度人"，引领世人到达解脱物欲执念、获得心灵归宿的彼岸。这份永恒不变的精神力量驱使匠人既是对传统生活方式的传承者，也是通往未来生活的"指南针"。

统摄"匠传"创作以来的四篇小说，每个"传主"在过往都曾经历

---

① 葛亮. 瓦猫［M］.北京：人民文学出版社，2021.

过生存艰难与生命痛楚。所幸，对匠艺的虔诚保留了他们依然热爱生活的赤子之心，而匠人的传递也同样慷慨，他们愿意毫无保留地把毕生所学传授给不同身份阶级的人。《书匠》里专注于修复技艺的老董和简就是以仁义济世与世俗关怀作为生活方式的化身。老董和简是两个从年纪、地域语境以及人生轨迹都有迥然差异的古籍修复师，然而两人都在自己的生活中乐于寓艺于义，把修复古籍的过程当作一场个人秀，同时救赎自身和他人于生活苦难之中。老董年少因为政治势力被逼诋毁了对他有提携之恩的"毛果爷爷"，致使"毛果爷爷"积郁而亡。这份错误带来的深刻自责使他痛苦不堪，从此他放弃修书转行为修鞋匠。沉默的修复和一切无言的善行是老董弥补自己"罪过"的方式：他把养女圆子视为己出，把修复技术和书法知识日常教给圆子和毛果。每天雷打不动地坚守修鞋岗位不是为了生计，而是希望圆子的生母能出现，实现母女团聚，最终也在修书界"功成"时默默隐退。这份悲悯至善与另一位古籍修复师简如出一辙。即便经历过创业失败、爱人离世、留英回国后抑郁难熬等挫折，简仍能走向淡然，他接纳的徒弟大部分都是职业身份与修复行业不着边际的"门外汉"。这些弟子唯一的共同点是他们都是爱书、惜书之人。简对毛果说："做这行，何止是医书，也医人、自医吧。"① 众生皆苦，但是工匠能够在"苦"当中更懂得如何发挥匠艺的传承精神，以实现"向善"和"度人"。对"度己度人"的顿悟也是他们度过艰苦、获得幸福的不二之选。

相比于中国古代讲究严格选徒的师承制度，这些匠人在传承之道上形成了一种佛道融合济世的脱俗气质。他们看待传承少了几分或封建或僵化的规则制度，已经不讲究"父技子承"，也不讲究"独门技艺不外传"，更不讲究"传男不传女"的狭隘偏见和传统陋习。如陈五举愿意接纳露露的东南亚菜式融入"十八行"食谱，口硬心软的荣老爹愿意收还是大学生的宁怀远为徒弟，翟玉成最终也接纳了庄老先生教给自己儿子的那一套海派发艺……萍水相逢，只要真正有兴趣和诚心，"弟"都能向"师"学艺，两者甚至是跨越代际鸿沟达成平等与互补的良好交流。工匠

---

① 葛亮.瓦猫［M］.北京：人民文学出版社，2021.

也好，手艺也罢，不会只是"苦行僧"般自我修行，也可以跨越阶级身份界限引导他人，这种精神状态的传递是更为阔朗与自在的。

三、独具匠心的说书人：葛亮塑造工匠的书写策略

添注与"百工"行业相贴合的考据类文本、古代文献或诗歌，以及着力刻画人物关系，两相映照的格物书写是葛亮处理好"匠"与"艺"二者之间形成完美统合的一大书写特色。葛亮笔下工匠形象的写作场域一直都是大陆与港澳两处的不同城市，这也决定了他善于采用流动的视角构架一个长时间跨度的宏大叙述，以此跨越时空限制走进工匠的"多面人生"。工匠具备以故乡之名做手艺代言人的特殊身份，即便是在当下人口流动性如此强烈的城市环境，土生土长的影子依然能够在这群从异域流入的匠人身上略见一二，其中"方音难改"的语言特色便是凸显工匠形象自然性与民族性的重要亮点。

（一）格物书写：匠与艺的勾连融合

匠人精巧的技艺与行业伦理精神如果不借助故事的"个体言说"，不免沦为高深的操作程序解说和道德说教。反之，故事如果不能落实到技艺的微雕匠心，也难以让人体会"匠人"本色的真实。[①] 由此，兼顾"说书人"与"格物工作者"的双重身份是葛亮处理好"匠"与"艺"二者之间形成完美统合的一大书写特色。这集中体现在两个方面：其一，在叙事之外使用"超文本拼贴"的考据穿插。葛亮在虚构"匠传"的基础上，巧妙地添注与"百工"行业相贴合的考据类文本、古代文献或诗歌。作者把这些格物工作熔铸成引文或补文的形式穿插文本，极大限度地强化了"百工"形象的真实感，同时也还原了民俗民艺发展的文化本真。其二，着力书写匠人对器物的珍视。工艺器具在匠人的手里不再是一种客体，而是成为与人对话的另一个主体，两者之间有剪不断的线索勾连。

《书匠》一篇："不遇良工，宁存故物。"（《装潢志》）"借人典籍，

---

① 陈庆妃."游于百工"的诸种可能及其他——评葛亮"匠传"系列小说集《瓦猫》[J].海南师范大学学报（社会科学版），2021，34（4）：4-11.

皆须爱护，先有缺坏，就为补治，此亦士大夫百行之一也。"（《颜氏家训·治家第五》）："叶以补织，微相入，殆无际会，自非向明举之，略不觉补。"（《齐民要术·杂说第三十》）① 葛亮以这些古代文献遗留下的修复原则和补书古法作为叙述的引子，是把自己对古籍修复理解的价值精神渗透到故事文本的方式之一。我们从老董和简的为人处世和技艺钻研上，依然能看到匠人对修复"古法"原则的坚守传承及其"爱物重道"的传统文化教养。

《飞发》围绕着翟师傅和庄师傅两派的"南北之争"，以补文的方式穿插了广府理发业内"飞发"暗语的发展趣闻。旧时行业内部暗语繁多的现象佐证了粤方言语境下的理发师傅对语言运用的灵活和理发师傅之间关系的友好；"三色灯柱"的典故则见证香港飞发行业对待近代西方理发文化的渲染——他们吸收了灯柱文化并加以运用；诗人废名的现代诗歌《理发店》作为插文铺垫故事尾声，是葛亮脱离出小说叙述，寄托理发细碎蕴藏宇宙奥义的诗意表达。

《瓦猫》指向的是宏大与辽阔的革命岁月痕迹。然而，此地无论是在经历战火硝烟抑或平凡安定，将云南独特的民歌德钦弦子放置在每篇叙事的开端，着染了同一片大地上几代传承的瓦猫手艺和制作者。读者除了俯视匠人的沉重命运之外，还可以从荣瑞红悠悠哼唱的"赶马调"里，从荣之武"如黄钟大吕的哭丧"里，感受他们骨骼里流淌着的云南少数民族特有的自然民风与"万物有灵"的人文生态。以上种种"超文本拼贴"的巧妙安插，无不加强人物形象在时间与空间上的立体感，让人不得不认可作家自身对传统民俗风物的浓厚喜爱。

葛亮还注意到了工匠与器物之间与生俱来的必然关联。他拾起在《朱雀》《北鸢》沿袭下来的器物书写，以此来抵抗当今消费文化浸染下人与物之间越来越疏离、短暂的关系。诗人维斯瓦娃·辛波斯卡的《博物馆》"金属，陶器，鸟的羽毛，无声地庆祝自己战胜了时间"是小说集《瓦猫》衍生出匠人形象的取材来源——持剪具的理发匠、制瓦猫的陶艺人以及用翎毛扫做书物除渍的古籍修复师。而《燕食记》中厨师陈五举

---

① 葛亮. 瓦猫［M］.北京：人民文学出版社，2021.

手持的白案刀，是他在同庆茶里做大按时的好帮手，也是他与戴凤行结情缘的联结契机，后来经历生死离别、收徒授艺，白案刀都无一例外出场了，它的存在成为人与物共生关系的一种直观和隐喻的形象化表达。葛亮意识到"人的技艺是会剥落、会弱化的，这是一个不争的事实。但物可以抵抗遗忘，帮助人实现技艺的传承"。器物在惜物之人的生活中如同活物，出席见证匠人的每一个紧要关头，与他们兜兜转转，相依相伴。

（二）平行叙事：流动视角的交叉线索

相较于其他小说家从工匠土生土长的地域角度来突出"乡土性"特点，葛亮更多的是从"城市人"的角度来接触这群来自他乡的工匠群体。难能可贵的是，他不只是停留在展露工匠行业生计现状的困窘与对手艺精巧的赞叹，也好奇这群性格温厚善良的劳动者们从哪里来，往哪里去。作者犹如一个掌镜的导演，通过不同叙事视角的精巧分镜与自如衔接，把工匠的故事放置在更绵长的时间跨度上，期望展示人物的多面性和复杂性。

叙述视角与人称的抉择是文学创作中最基本的表达方式。小说中，如果写作者只把自己放在全然旁观的立场，采用"说书人"式的第三人称全知视角来贯穿情节，读者只是被动地接受故事和讲述，阅读下来便很容易沦入不抗宿命的无力感；而单一的第一人称内视角作品也容易惹人生疑，很大程度上会因为主视角的身份、年龄、生活环境等条件限制所述故事的视野与广度。葛亮在工匠小说中衡量了全知视角与内视角的利弊，在叙事时结合第一人称与第三人称的视角切换。这种流动视角达成了从限制视角到全知视角的一个动态变化。

而作者采用这种方式的视角切换的策略目的，是试图兼顾个体命运的"小家"抗争与"大家"变幻无常的历史架构，浮现出工匠如何在"人命"与"天命"的交织对抗中实现自我抉择、自我超越，以此展示每一个用心做事、以技艺为相伴救赎的工匠在世易时移的时代错位中游走于传奇与日常的豁然独立。

小说集《戏年》和《七声》里，葛亮常把自身化作孩童视角的"毛果"，以内视角的第一人称"我"先展开故事，在一次偶然的相遇营造出工匠非凡独特的第一印象。《泥人尹》里毛果眼中看到的尹师傅是心无旁弩、手艺精湛的典型匠人。同样是以卖商品为生，尹师傅有着与普通商人不一样的"人命"一面：他不像真正的商人一样拥有能说会道的销售口才，即使精湛的捏泥人手艺已经获得了一群年幼拥趸的青睐，也不改在注目之下专注手艺的寡言平静。对待泥人手艺，尹师傅有极致的钻研精神和艺术追求，看不上批量生产又迎合商业需求的"耍货"，认为只有遵循传统取材和手工制作的泥人才是值得追求的"细货"。不过尹师傅也不是一个故步自封的人，他在不破坏自身原则下也会接受毛果的建议，与时俱进地制作孩童喜闻乐见的泥人形象，其严肃的外表下有一颗好学、灵活之心。还有被毛果视为儿时同伴的木匠于叔叔，他有着厚道、待人真诚和勤勉的天性，创业阶段总能依靠自己的"活络"在挫折中再创商机；再有平易近人，时常分享传授书籍修复技术原理给毛果的鞋匠老董……相较于成人视角的伪善、圆滑、成熟冷静，读者透过毛果天真纯洁的第一视角切入文本，更能举重若轻地看到这些匠人身上有信念原则、力求上进的"人命"一面。同时也反衬出童年懵懂的回忆滤镜之外，是城市化与商业化裹挟下正悄然变质的社会风气，以及生产方式的变革对匠人美好品格带来的残酷考验或无奈变迁。

与第一人称的内视角展示匠人"人命"相对，作者还运用全知视角来创造宏大背景下的"天命"裹挟，以此来展露工匠"身不由己"的个体命运。我们可以从尹师傅的大姨姐口中知晓他在生前过往所经受的屈辱和不幸：年幼时家道中落，中年时妻子受到奸污，后为了诞下非亲生血脉的儿子难产去世……在这层叙述中也夹杂着对尹师傅内心描写的全知视角，使读者看到一个立体的、内心顽强挣扎的底层手工艺者的同时，也感受到人命的境况在变革骚动面前就像大漠里的稻草般不堪一击。葛亮在其他书写工匠的小说中，采用这样两相穿插的线索复合进行叙事也一直存在，读者也在不断投入和抽离中感受时代脉络。

正如评论家马季认可葛亮的文字所言："把文字转化成一种衡器，用以衡量时空变迁中人的心灵变化，并将此作为一种指标体系，互为因果地评价时空维度对人的影响。这仿佛科学研究一样的方法，令他的作品充满了历史感。"① 葛亮就是带着"时空流转对个体心灵变化"的衡器，把笔触伸向作为芸芸众生一分子的匠人形象，在全知视角与内视角的交叉运用中构造了一个跨越许多历史"大节点"下的"小匠人"形象。透过书写他们的困境和抉择，葛亮意图探讨底层边缘最本质与最具生命张力的市井生活，感受人间最具原始生态的情感起伏。

（三）语言设置：方言特色隐喻新活力

一门手艺之所以能够具备其多样性和差异性，原因在于匠人所皈依的地域里，水土有东西之分，气候有冷暖之别。在手工业当道时期，人们常言："靠山吃山，靠水吃水。"海边有以海为生的工匠，山林深处有依靠木材制作维持生计的匠人——因而工匠和与之相伴的工艺一样，有着界限明显的区域全民性和区域间差异，如同提"温州"便联想起"皮鞋"制造，提"佛山"便联系到"瓷器"精品。

葛亮对工匠语言方面的出彩描写也起到了点亮人物的关键作用。他将古韵汉语、现代性汉语与地域性方言俚语的精髓吸收融汇于文，自成一家的精巧设置在创作"匠传"的取材过程中也得以体现。透过切身走入这些匠人工作的现场领域，惯用的日常用语凸显出匠人的出身背景，以及其家乡浸润下难以抹掉的地方特性。葛亮实现了在同一部小说作品里，通过从地域风格迥异的工匠人物之间体察出不同语境的自如转换，显示了他对人物方言灵活驾驭的能力。

最显著的论据是方言特色多元的《飞发》一篇，里头的"飞发佬"翟玉成代表的是广府理发风格。翟师傅操着一口流利又直白的广东话，店里的发式与门店装潢也有着广东人一如既往的干练和务实调性——局促的店铺空间里电路交错，漏棉的皮革沙发被"整旧如旧"保留。在毛果初见翟师傅时，他正帮一位老顾客剪发。葛亮在这里通过两个广东人三言两语的对话描写，让读者走进了粤语语境中，仿佛置身于香港电影里地板格子砖装修的老式发廊，体味这些粤语俚语中构成的家长里短。听着顾客夸赞翟师傅"好手势"，从"盛惠二十八蚊"知晓飞发铺惠民实在的经营之道，以及从"丢架""补镬"里透露出翟父对二儿子理发手艺

---

① 这个时代感觉僵死症的疗治者［J］.文学界（专辑版），2009（9）：16-17.

的不以为然……方言对翟师傅形象的建构可以说是栩栩如生的。而与之相对的"温莎"老板庄锦明是代表着追求摩登气派的上海派理发风格残留的上海吴语口音，同样置身在香港多年的他虽然也学了不少广东话，却依然难改乡音，遇到"我"这个新客人也是用着一句"侬好伐"打招呼，与同乡顾客交谈讲的更是"阿拉""适意"等。

值得一提的是，葛亮对这两组语言体系的创造不单只是为了营造两个复杂多面的匠人形象和多元的理发文化氛围，更是为下文围绕着翟师傅和庄师傅两派匠艺在翟康然身上的传承、流转产生交汇融合埋藏伏笔和隐喻。

作为翟玉成的儿子、庄锦明的徒弟，翟康然在潜移默化与拜师学艺中传承了广府与海派两种理发风格的精髓集合，加之在西方把"民艺"视为时尚化与艺术化的生活方式的熏陶，我们可以在翟康然的身上看到这是一位在传统与新潮并举浸染下诞生的新生代"飞发"手艺人。作为翟家的二儿子，翟康然的出场其实是暗藏隐喻。比如葛亮精心安排了一次"乌龙事故"——毛果与翟康然初遇并错把他认成翟健然的情节描述。当"我"说出未预约理发时间的时候，翟康然的一句："不碍事，我正好有个客 cancel 了 appointment。"香港市民独有的"两文三语"的口头习惯赫然显现。紧接着，面对"我"对其理发手艺发出"手势好"的肯定时，翟康然回复的是"谢谢侬"。读者可以从翟康然的话语里常带有中英杂合、粤语俚语，以及从庄师傅处学来的上海口音，洞察出葛亮在语言与叙事技巧中独出心裁的文化隐喻和伏笔设置。

四、葛亮刻画工匠形象的价值衡量

作为一名孜孜不倦的传统文化宣扬者、发掘者，葛亮从小说创作之初便秉持着植根市井民间与怀旧传统的意识去"复活"传统工匠形象。民间手艺在传承中始终不息的生命力，也促使了匠艺传承者在现代社会仍有不可替代的存在意义。同时，通过跨越空间的人物流动与跨越阶级的越界书写，作者刻画的工匠群像呈现创新性的当代建构。此外，以观察者、参与者的叙述视角展开对市井匠人无差别的世俗关怀，体现葛亮对民间人情的普世回望。

（一）立足传统体现传承性

"匠传"小说集围绕了不同地域、不同时代以及不同身份背景的工匠类型，展开其颠沛流离的一生的叙述。在这些故事中，无论来自哪种行业，身处殿堂之外的"野生匠人"依旧需要倚仗世代相传的古老技法来造物处事，从前人经验中吸收精华，由此寻得安身立命之处。他们对手艺、器物寄予纯粹的信任情感，与之相伴相生的共处方式，体现了传统民艺在传承的过程中始终蕴含不息的内在生命力。而这种生命力能够在科技文明和商业文化的共同夹击中抵抗社会的遗忘，也同时证明了工匠作为技艺的传承者，他们的存在与延续具有不可替代性。

在江南篇《书匠》里，我们阅读老董与"修复"命运相伴的一生，贯穿其中的便是葛亮对中华传统修复技艺观的赞美认同。从古籍修复师转变为修鞋匠的老董，即便已经改行，他的手艺也依旧是精湛绝妙、让街坊叫好的。葛亮细致地描写了毛果与老董初次见面时其着装与修鞋过程中的神态：

> 老董把头埋得很低，正全神贯注地用一个小锤子敲鞋掌，一点点地，功夫极其细致。可能是因为视力不好，他戴着厚底的眼镜，眼镜腿用白色的胶布缠起来。胶布有些脏污了。但你又会觉得，他是个极爱洁净的人。他穿着中山装式样的外套，旧得发白，是勤洗的痕迹。围裙上除了作业沾上的鞋油，并没有别的脏污，套袖也干干净净的。①

与书籍修复坚守的道理异曲同工，"整旧如旧"的工作原则与生活态度依然在老董的修鞋工序与日常着装中赫然显露。从"殿堂"跌入市井小巷的职业转变丝毫没有磨损老董在修复古籍年日里的精气神，他对于修复手工的完美追求与一丝不苟的专注态度依旧保留至今。两种职业身份的碰撞反而走向了交叉重叠。

相应地，老董对修复"古法"百年如一日的虔诚坚守，也成就了他后来在"科技当道"的修书界里得以坚持"不遇良工，宁存故物"的原

---

① 葛亮.瓦猫［M］.北京：人民文学出版社，2021.

则。老董不凭借外在的技术敷衍了事，以完美交付任务的结果保留了尊严，同时也为修复古法"正名"。从中也可见葛亮试图表达工匠对技艺的坚守和散发的永恒生命力，其形象的传承性有不可取代的地位。

（二）当代建构彰显创新性

与新时期创作以来描述土生土长的乡土匠人小说相比，葛亮的"匠传"小说并不拘泥于书写工匠在某时某刻的定格人生，而是试图跨越地域、阶级与民族文化，把匠人放置在横亘历史动荡的潮流框架之下，与时代转变一同面临现世的与日俱新，以此实现手艺人在传统印象基础上的"当代诠释"与创新建构。

地域场所之间的"空间流动性"是葛亮刻画工匠群像呈现创新性的首要体现。传统工匠诞生于乡土民间，他们身上淳朴、无识无谋的"乡土气质"一直是手艺人作家笔下形象根深蒂固的人物特点。比如，汪曾祺在《大淖记事》中塑造了一个不卑不亢、以兄弟相称的锡匠团体。汪老对锡匠群体总结描述道："这一帮锡匠很讲义气。他们扶持疾病，互通有无，从不抢生意。若是合伙做活，工钱也分得很公道。"这群锡匠生活的大淖里，还有很多靠手工制作和农田耕耘自食其力、对裁缝针织抑或婚嫁用品制作样样精通的男女老少。他们因需而作，清贫乐道，在隔绝外界的"桃源"村落里融入自己的小群体。① 冯骥才在《泥人张》里塑造的传奇人物张明山，则是一个不受世故权贵束缚，单靠捏泥人手艺就能自得其乐走天津的人。② 汪老和冯老等新时期以来的作家对这些手艺持守者的临摹有一个共同点——诞生、发迹与归根在原始村落，把他们坚守传统非物质文化遗产的遗世精神与传统美德束之高阁。然而，在后工业化生产的语境之下，我们不得不承认，有时候偏于一隅的固执坚守是盲目无力的，势必将引领着工匠和工艺走向现代裹挟下物质与精神层面上的生存窘迫与传承困境。

然而葛亮把目光投向已然度过了艰难转型的民间工匠。结合自己走访国内各个匠人小家的见闻经历，通过流动的空间书写，赋予了匠人脱

---

① 这个时代感觉僵死症的疗治者［J］.文学界（专辑版），2009（9）：16-17.

② 汪曾祺.大淖记事［M］.南京：江苏文艺出版社，2019.

离"空间定格"这一静止状态的新身份，让"地方手艺人"有了都市性质乃至"世界工匠"的能见度。如木工于叔叔们、厨师师傅老陶们和戴氏们、理发匠翟氏和庄氏……随着城市化不断加快，原本留在村落的匠人生存空间也因而受到挤压，促使他们汇入城市寻求发展机遇。在匠人在新空间的适应中找寻新归属的过程中，"匠"与"艺"的内涵也因此而有了新陈代谢。

试图跨越阶级文化的"越界性"渗透也是葛亮刻画工匠群像呈现创新性的突破体现。传统的匠人与受教育的知识分子在近代以来的作品里往往都是处于对立的阶层。前者当中以农民百姓居多，没有沾染过理论知识，大半辈子囿于故土小作坊的封闭空间，沉浸在技艺熏陶中无欲也无求；而后者恰恰走向了反面，往往崇尚理论，缺乏实践。葛亮反思并探讨这种阶级固化的社会认知被打破的可能性，意欲以技艺观达成两种人文传统的惺惺相惜，以此打通民间、广场与庙堂之间的阶级差异造成的文化壁垒。同时也能引起人们对"新型工匠"的重新认识和匠魂的当代理解。

《瓦猫》一篇，当龙头村民帮助西南学子们修建的"清华大学文科研究所"初具规模时，同样参与修建工程的瓦猫匠人荣瑞红喃喃道："这真像你说的研究所。"而当时与她处于恋爱关系的知识分子宁怀远就疑问："你又见过研究所是什么样子？"荣瑞红笃定地回答他："我没见过，可满眼的书，就觉得这是研究所的样子。"① 以小镇陶艺人和"知识分子"出身，荣瑞红与宁怀远的相遇到相恋都是源于互相理解与彼此欣赏。即使他们的背景大相径庭，读者也可以从中看出，葛亮意图通过两者的结合，表达阶层文化之间在许多历史节点都存在交合为一的重叠之处。匠人的谱系发展不仅仅只有传统意义上的农民面孔，还有新面孔的注入，而这无疑为新时期以来小说创作中的传统手艺人形象谱系增添了现代化色彩与新的思想活力。

（三）回望民间表达普世价值

无论是在《七声》里与孩童时期的毛果一家结缘的南京手艺人们，

---

① 葛亮．瓦猫［M］．北京：人民文学出版社，2021．

还是《瓦猫》三部至长篇小说《燕食记》中讲述成年毛果见证过的"工匠"故事，关乎匠人与时代之间的书写，主人公总会面临困境矛盾，需要抉择取舍。而作家葛亮自始至终都不愿站在知识分子的地位，俯视这群为"揾食"而不得已狼狈、不得已委身妥协或走过弯路的匠人个体。他以克制的笔力体现理解和包容，带着普世情怀去看散落在都市井巷的每一个工匠群体，淡笔之下溢浓情。

葛亮曾说："民间对我而言，不是一种题材，更多的是一种立场。你的知识积累可以是知识分子形态的，你可以有独立的文化体系，但你发言的立场可以是民间的。"① 由此，葛亮尤为强化民间的体力劳动阶层与精英知识分子阶层之间的互动和交流。孩童时期，作为精英知识分子的毛果一家与于叔叔、泥人尹、老董这些身处底层的日常相处中，有许多有情有义的温情画面。比如《书匠》中以儿童毛果的视角来看老董，当原本的"有巴掌大的墨水渍浸染的奖状"被复原如初呈现在"我"的眼前时，毛果的母亲称赞老董的修复手艺为"魔术一样""竟然奇迹般地消失了"。故事《于叔叔传》里当"我"为了报复于叔叔告状"我"让其冒充家长签名一事，策划复仇闹剧，却以尴尬收场。在毛果父母准备发怒之时，于叔叔以一阵爽朗的笑声为"我"消解了犯错造成的窘境。从此，"我"对这个豁达、宽容又淳朴的男人产生了不可磨灭的敬意……葛亮一直以孩童毛果的视角，看到工匠身上的聪明、淳朴、可爱、执着和有情有义。他谨慎避免陷入清高冷傲和旁观评判的姿态，用关怀世俗日常的感性书写投入以匠人为代表的体力劳动群体中。透过展现民间技艺在匠人身上所蕴含的人格魅力和生命力，葛亮成功地促使了两个阶层达成一种平等的、相互映照与相互欣赏的存在方式。

同样致力于书写手艺人的作家汪曾祺曾经在《我是一个中国人》一文中称自己为"中国式抒情的人道主义者"。② 无独有偶，葛亮回望民间，

---

① 卢欢.葛亮：尊重一个时代，让它自己说话［J］.长江文艺，2016（12）：112－121.

② 贡子君.论汪曾祺小说中的手艺人群像书写［D］.长沙：湖南师范大学，2020.

在刻画工匠的字里行间竭力不带任何批判情感的朴素色彩。归根体现的是对民间的普世关心，对人的尊重和欣赏，颇有当代文学界内"抒情的人道主义者"之风骨。

五、结语

关乎传统行业的工匠书写一直是葛亮小说创作挖掘和记叙的重要组成部分，也是葛亮走向新的"匠传"书写计划的践行之举。

近年来，中国文学界积极响应国家培养"文化自信"的号召，探讨如何将文学传统精粹注入当代文学，在文学写作中有创造性地复兴优秀传统文化的相关话题。格非等人认为"对传统的继承，一定要基于当时的现实，要进行改造。只有创造性的工作才称得上是继承传统，或者说才能称得上是跟传统对话。对话是创造性的，不是把原来的东西搬过来"。[①] 深受家族古典文化氛围影响的葛亮在近年的文学创作中，都统一地立足于传统文化的核心意蕴。他以文言摘录或古典诗词作叙述引子的复古策略，开创了古韵小说的现代新转变，也无形中为传统书写的现代继承增添了新活力。在当下以光怪陆离题材盛行的后现代主义文学逐渐走向市场和公众主流现象的创作现状下，葛亮异军突起，在大陆文学界内备受文学评论家的肯定。葛亮践行身体力行的写作方式、以群众和民间为主题的人文关怀意识，值得当代小说创作者和读者们对其作品投以关注、期待。

---

① 格非，李洱，吕约. 现代写作与中国传统 [J]. 文艺争鸣，2017（12）：127 – 132.

香港电影的南洋想象

陆琳莉（2018 级汉语国际教育）

指导老师：颜敏

一、引言

20 世纪 50 年代起，香港就成为上海影视圈以外的另一个中文电影业发展基地，由于本地市场较为局限，香港电影一向都以出口为主。其中，南洋就是香港电影的重要出口市场。南洋含义非常广泛，最广义的南洋是印度半岛、马来半岛、马来群岛、大洋洲的总称，南洋可以用来指整个东南亚地区。南洋地区的影院业和发行业较发达，但本土电影制作薄弱。在很长一段时间里，依赖发达经济和文化支撑的香港电影业几乎对南洋的放映市场保持支配性优势，南洋影院的主要片源多由香港的发行公司提供。香港电影对南洋有着重要的影响力。由于香港在经济和文化方面占据优势地位，香港电影将南洋当作弱势的"对象"来看待，南洋本土制片力量的薄弱又使得其形象由香港电影塑造。

因此，笔者认为香港电影创作者为强化港人的自我意识和自我身份认同，对"他者"形象构建起某种"集体想象"，尝试在对"他者"形象建立过程中确立自身的身份。这个"他者"就包含了南洋。因为南洋与香港有相似的殖民历史，与香港一样有着众多华人以及两者都植根于中华传统文化，所以香港电影以南洋作为"他者"构建想象达到强化自我认同的目的。

香港以南洋为叙事背景或叙事元素、题材进行创作十分常见，含有南洋内容的香港电影数目十分多，其中最著名的有《唐山阿嫂》《花样年华》《扫毒》等，这些香港电影不仅构建起南洋的形象，而且香港为达到增强自身的文化认同和将自己定位为"中心"的目的，对南洋的想象呈现为某种对象化的"他者"。

本文所研究的内容离不开对电影呈现异域、构建"他者"形象等研究的支撑。目前，学界对电影呈现异文化的方式研究较为深入，研究成果较为丰富。学者们针对电影、纪录片、电视等传媒如何构建国家形象的问题进行深入研究，相关领域的论文和著作不断发表，如刘辉的《电影国家形象论》、张莉莉的《从好莱坞电影看被西化的东方主义》和郭斐的《中国国产电影与国家形象的建构》等，这些研究都给本研究带来方法以及理论上的启迪。

但是，注目于电影中南洋想象的研究和探讨就较为薄弱。陈亦水的《想象的"第三世界"：论当代中国都市电影中的异域之旅》探讨了 20 世纪 80 年代以来华语电影将东南亚的叙事变化，其中香港电影将东南亚想象为"法外之地"到"疗愈圣地"的变化，并以一些影片进行佐证①；李婷的《漂泊·异域·他者：东南亚元素的香港银幕抒写》探讨了香港电影常见的东南亚元素和意象，明确指出香港电影对东南亚的叙事分为三方面：一是香港电影对东南亚作为"异域景观"的想象；二是香港电影关注生活在东南亚的华人，借用写实主义呈现了东南亚华人在当地的生活；三是香港电影对东南亚移民边缘"他者"的形象进行描绘。② 上述研究为本文研究思路和探讨香港电影南洋想象的内容提供了一定的借鉴，但上述研究只明确了香港影片中南洋想象的部分元素和内容且缺少相关的诠释和批判性，这些研究中也鲜见对香港电影呈现南洋想象的艺术手法进行研究分析。

---

① 陈亦水. 想象的"第三世界"：论当代中国都市电影中的异域之旅［J］. 电影艺术，2015（1）：51 – 57.

② 李婷. 漂泊·异域·他者：东南亚元素的香港银幕抒写［J］. 电影评介，2019（Z1）：115 – 120.

因此，笔者结合文献筛选出 30 部在南洋取景或以南洋为重要题材的香港电影进行研究分析，重点关注电影中的南洋题材、南洋景观以及代表南洋的符号等内容，并进行批判性解读。结合前人的研究和电影文本分析，本文将香港电影中对南洋想象的分析维度划分为视觉形象、情节叙事与人物塑造三个方面，从这三方面对香港电影所塑造的南洋想象进行分析论述，进而关注香港电影塑造的南洋想象中所运用的艺术形式，最后对香港电影所塑造的南洋想象进行总结反思。

经过对所挑选的文本进行分析研究，本文发现香港电影对澳门形象的建构呈现显著的"他者化"色彩，将澳门建构为一种天堂或地狱式的、奇观化的、他者的形象；这些电影塑造南洋想象常使用暴力美学、黑色幽默的艺术形式，最后笔者认为对香港电影中南洋想象的批判性分析研究于香港和南洋电影创作、形象构建都有一定的意义。

二、香港电影的南洋想象

（一）作为异域奇观的南洋

南洋对于香港，可称为异域。而异域对于香港电影而言最为重要的是能够突出其影像奇观和强化相对于香港形象的"他者"的表征性。由于香港和南洋的地理位置相异，因此在香港电影对南洋景观的呈现中，既有写实地再现具有南洋特色的地理景观，也有加入了作者想象的景观。

香港电影往往将南洋塑造为异域风情十足的地区。这一类型的影片摄作团队往往会到南洋实地取景，而且选择象征性、代表性强的地标作为故事发生地。在 20 世纪 50 年代，香港电影为开拓南洋市场，有许多制片公司耗费重金到南洋实地取景拍摄，其中最为著名的就有光艺的"南洋三部曲"（《血染相思谷》《唐山阿嫂》和《椰林月》），这三部影片既有充满热带情怀、头戴小花、穿着娘惹服的南洋少数民族女性，也有热闹繁华的新加坡街景，更有代表热带风光的棕榈树和椰林。近年来，《扫毒》系列影片也是到泰国实地取景拍摄，泰国街头的拥挤和人群流动在影片中出现，以满足观众的好奇心。

虽有到南洋实地取景的香港电影，但也有部分以南洋为叙事背景的香港电影并未到南洋进行实地取景，而是以南洋特色的热带雨林、寺庙建筑物、某个海域等概念来替代南洋，将南洋化为背景符号，它的具体文化意蕴在语境中是消失了的。但无论是实地取景还是只使用了极具南洋风光特征的概念元素，这些香港电影都向观众构建出与香港相异的热带南洋风光，具有增强香港自我形象的"他者"的表征性作用。

此外，香港电影创作者们还将南洋塑造为邪恶巫术亵渎的地区，是落后愚昧、神秘怪诞的。这一想象的塑造是富含意蕴的。由于英国殖民的经历，香港在潜移默化中认同了西方国家的价值观念，出现了身份认同的错位，把自己当作西方。后殖民主义学者爱德华·赛义德提出的"东方主义"理论中，指出西方为了自己的经济、政治、文化利益而建构了一整套对东方的理解。在这种东西方二元对立的"话语—权力"结构下，东方主义视野中的东方总是充满落后愚昧、荒诞无稽、神秘奇诡，而西方则是理性、进步、科学、文明的象征。① 西方身份的显现需要"他者"的衬托，做法往往就是将东方"他者化"，将东方塑造为"他者"。受英国殖民的影响，香港人的生活习惯、行动方式和思维方式等都产生了一定的变化，与东方有所区别。在这样的影响下，香港产生了身份的错位，把自己当作了西方，而将南洋想象为"东方"。在电影创作中，香港电影中含有南洋巫术、降头、诅咒等元素的恐怖片就是将南洋"东方化"的电影。这一类型的电影满足了香港的意图，把南洋塑造为一个诡异怪诞的地区，是能够衬托自己的"他者"。香港电影透过这样的南洋去彰显香港的资本主义成就和制度优势、文化优势，突出香港公民和道德方面的成就远远高南洋一等的意蕴。通过邵氏电影的《邪》《魔》《蛊》系列和其他香港恐怖片，笔者发现该类型电影的叙事和人物塑造似乎都在套用同一个模式：一个香港男性到南洋出差或者旅游，然后出于某种原因，他会与南洋少数民族女性发生性关系或情感冲突，而在回到香港之前，这个香港男性经常会向这个女子做出一些他无法兑现的承诺，比如结婚或者往后相聚。因为这个香港男性往往无法兑现承诺，女子对其恨之入骨，为了复仇，她会向当地的巫师求助，对香港男性施以邪恶的

---

① 姚迪. 迷途与归返：拉康精神分析视域下的主体形象 [D].金华：浙江师范大学，2019.

咒语，使他遭受极度的痛苦、血腥的残害或怪诞的变形，多次寻求医学或其他的科学援助都于事无补，最终拯救他的是另一个善良的巫师。从这条主线情节中可以看出，这些以南洋巫术元素为主的香港恐怖电影将南洋视为落后的、封建的和迷信的。南洋保留着与资本主义相异的封建传统，而且是致命的。透过这个"他者"，照影出香港是西化的、进步的和富裕的。

（二）作为欲望对象的南洋

香港电影偏向于把南洋当作纯粹女性化的"他者"，与男性化的香港对立，将南洋塑造为香港的"欲望对象"。根据拉康的精神分析理论可知，欲望的对象作为缺失者不在现实世界中在场，也正因为它不在场，才被主体所渴望。并且，这个已经是无的对象又经过了镜像（小他者）的中介。[①] 通过欲望，香港是在篡位的大写他者，南洋是小写他者。很多香港电影都把南洋构建为充满着艳遇机会、能邂逅异域美女的地方，把南洋塑造为香港男性猎艳的场所。到南洋实地取景的《星洲艳迹》讲述一对香港父子在星洲的"艳遇"。丧偶商人胡理无心续弦，成年的儿子胡云光也未结婚。远在南洋的姨丈写信邀请他们父子二人到南洋寻觅结婚对象。父子二人都希望觅得妻子，便商量前去南洋。两父子一边看着南洋的明信片，一边进入他们的幻想，想象着他们坐在南洋的沙滩上，椰树摇曳，然后有穿着娘惹服装的婀娜多姿的马来西亚女子，热情地向他们微笑走来。邵氏电影《蛊》除了运用常见的蛊术、降头桥段外，还加入"艳遇"情节。林伟参加旅行团赴南洋旅游，他想的是能到南洋求得一场艳遇，到南洋后的一天他真的在街上遇到了一位异域风情的泰国女郎，便与她玩起了感情游戏，但这也是他不幸的开端。在一些古装片中，青楼以来自异域的女子表演作为噱头来吸引男性消费。穿着戏服的马来西亚西施在台上跳舞表演的情节，营造了性感、暧昧的氛围。这些电影把南洋塑造成纯粹女性化的"他者"，它使得香港人的情欲得到满足。

南洋还是香港电影中的"私奔圣地"。20世纪50年代的香港电影

---

① 汤春华. 拉康欲望理论及其在文学批评中的应用 [D].昆明：云南民族大学，2021.

《私奔》中淑英和邓志坚本是一对十分相爱的情侣，但是当地村主任倚仗自己的权势强娶了淑英，志坚要带她远走高飞，淑英想到自己已经结婚了，应该要守妇道，就拒绝了志坚。但是他们的对话被村主任手下听到，想要借此向他们勒索大笔现金。两人感到压迫重重，就决定私奔去南洋。

电影《花样年华》中，周慕云打算和苏丽珍私奔到新加坡，放弃各自的婚姻，开始新的生活，于是周慕云问苏丽珍："如果我有多一张船票，你会不会跟我一起走？"《自梳》中的自梳女意欢与初恋情人旺成相遇后旧情复燃，为了两人的感情能顺利发展，意欢打算和旺成私奔到南洋。在这些电影中，南洋是香港的情欲对象，香港在强化着对南洋的操控。

（三）作为"犯罪天堂"的南洋

香港电影也将南洋的黑帮、仇杀、枪杀、毒品交易、罪恶、淫欲等恶势力元素作为创作题材，把南洋塑造为法律糜烂、毒品肆虐、黑道横行的"犯罪天堂"。这样的南洋形象多见于香港的警匪片、黑帮片中。体系严密且装备齐全的犯罪组织、腐败无能的政府、随处可见的毒品和枪支交易等都是这些警匪片出现的南洋元素。在香港影片《复仇》中，南洋被构建为一个罪念丛生、无法无纪的"犯罪天堂"。影片中柬埔寨大街上发生枪战，枪手们沿路见人就杀，一路下来没有一个警察出来制止，最终大街上一片寂静，枪手们"成功"犯案。此外，影片中的南洋警方也被刻画为腐败、软弱无能的形象。警察局职员收受香港人贿赂办事，但往往也办不成事，同事之间相互推卸责任，面对上司点头哈腰，而对罪犯凶狠无比，警察们看见黄志恒求救视作闲事，警察局局长也是蠢钝如猪、好逸恶劳的。为了完成上级任务，警察们不顾罪犯生命安全，向其注射禁药。这一情节刻画出权力机构轻贱人民生命、罔顾法纪的一面。

《扫毒》系列影片、《杀破狼》《毒战》等警匪片把"犯罪天堂"置落在泰国和金三角。《扫毒》中三位主人公是扫毒警察，他们的热血豪言是"歃血油尖旺，荡平金三角"，透露出了"金三角"有着最多的毒品，是一个巨大的"毒瘤"，香港警方乃至全球缉毒警察都想铲平它，是破坏世界安定和痛苦的典型代表地带，是"冒险家的乐园"，也是"贪心者的坟墓"。他们三人从中国香港到泰国，为缉拿金三角最大毒枭之一"八面佛"与当地警方合作，这个"八面佛"有自己的独立武装，武器装备配备精良，甚至还有直升机等重火力武器。在毒品交易中，"八面佛"派出自己的雇佣兵兵团把泰国和香港警察歼灭了。毒枭的军火比泰国政府强大，在一次又一次的交战中泰国警方处于下方，而毒枭安然无恙，继续他们的毒品买卖。"犯罪天堂"的形象塑造一定程度上影响了内地电影者的创作，例如《泰囧》和《唐人街探案》等影片也把罪恶之地设置在位于南洋的泰国。在二十世纪七八十年代的警匪片中，香港也被塑造为帮派丛生、罪恶横行的形象，但是在"九七"之后的警匪大片中香港是"犯罪天堂"的形象渐渐褪去，警匪片的"犯罪天堂"就以南洋的泰国和"金三角"为主了。①

（四）漂泊离散的南洋华人

在二十世纪八九十年代的香港电影中，南洋华人多是漂泊离散的状态。离散叙事是很多香港导演乐于表现的主题。20世纪50年代初期至70年代末期的南洋题材香港电影都带有漂泊的意蕴，50年代初的光艺"南洋三部曲"中的主人公们就因探亲、打工、办教育等从唐山远赴南洋。到了80年代，随着"九七"问题浮出，也有许多导演创作了离散题材的影片。前"九七"的香港电影会把对现实飘零的焦虑和担心投射到他人或事物身上，用另一个目标承载本想传达的原意。前"九七"香港电影，香港人对自身身份和未来的担忧焦虑的转投对象是南洋华人。这是因为南洋华人与香港面临着相似的问题，当南洋的国家纷纷脱离殖民统治，开始建立起新的政府时，南洋华人面临国籍的选择和身份的转型问题。随着南洋新政府的身份改造运动，南洋华人便开始被主流社会文化边缘化，使得他们不知去向何方，难以建立自我身份认同。所以这一时期蕴含漂泊意识的香港电影中，其人物形象多是漂泊离散的南洋华人。可以说，这一题材的香港电影既是映照了香港的现实处境，也表达了对南洋华人的关怀。

香港导演许鞍华的作品"越南三部曲"（《来客》《胡越的故事》和

---

① 吕佳. 论陈木胜电影《扫毒》的美学风格［J］. 理论观察，2014（4）：126 - 127.

《投奔怒海》）就是将港人身份危机的探讨转投到了越南华人身上。这三部影片讲述了动荡中越南华人的处境。《来客》中到香港的越南难民尽管难以被香港所接纳，也没有回去自己想念的故乡。《胡越的故事》中"这一辈子都是要偷渡和流亡的中国人"道出了一直处于流徙途上的越南华人胡越和沈青的悲惨命运。从越南到中国香港、菲律宾，胡越都没能扎根下来，因为没能够在这些地方获得认同，所以胡越一直四处漂泊。《投奔怒海》中由于美军撤出越南，新政府建立，祖明由一名美军翻译员被改造为随时会在排雷中牺牲的排雷兵，为了摆脱这样的命运，祖明开始计划自己的逃亡生涯，历经艰险才凑够"买路钱"的祖明以为能顺利逃出越南到能够实现自己宏图大计的美国去，结果踏上难民船后不久，全船人就被军方枪杀，无一人能逃出越南。除了祖明外，影片也塑造出这个时期的越南人民人人恐慌，都有逃离新政权到别处去的想法。影片结尾定格在漂泊于茫茫大海的琴娘抱着弟弟，望向远方的脸部特写上。这一特写不免让观众担忧踏上漂泊之旅的琴娘和弟弟将来的命运。这三部影片都延续了"流徙、漂泊"的主题，这些被迫或主动离开故国、失去家园、无处着落的主人公们常常在不同的城市和空间流转迁移，从空间上来看，该片直接或间接涉及的地方有越南西贡、中国香港、菲律宾、美国，与这种空间的不断流转相联系的是主人公们文化身份的撕裂和认同的危机。导演通过这些影片抒发了自己对社会政治前景黯淡的忧思，并暗喻香港人"东方犹太人"的身份和一代港人去留无定的悲观心理。

在《喋血街头》中，吴宇森也把这一份"九七"焦虑投射到越南身上。影片中在香港贫民区一起长大的细荣、二虎阿 B 和辉仔三人情同手足。为了阿 B 能够顺利和女友小珍结婚，辉仔为阿 B 借来了高利贷，但在回去途中被劫且身受重伤，随后，阿 B 为了帮辉仔复仇而误杀了废强，为了保命，他们三人就到越南开始了他们的逃亡生涯。影片中最蕴含深意的画面莫过于两个场景：一是阿 B 与小珍分别时街头混乱动荡的一幕；二是三人到越南后，西贡的局势也很不稳定，大家的安全都无法得到保障。这相似的画面传达出香港和越南都处于风雨飘摇中。

（五）南洋少数族裔：边缘的"他者"

香港电影对南洋少数族裔的形象塑造为边缘化的"他者"。《柏拉图》

中提及"自我"与"他者"的关系,"自我"的构建一定程度上依赖于对"他者"的否定,"他者"的差异性也昭示"自我"的存在。后根据西方殖民理论的分析演绎,认为"他者"在殖民者和被殖民者对立的语境中,产生了被边缘的含义。① 受殖民的影响,香港这个城市汇集了来自世界各地的移民,其中就包括南洋少数族裔。而香港为构建"自我"的形象会将南洋少数族裔当作"他者"。电影创作者们创作的众多类型电影中,香港黑帮片中的南洋少数族裔是边缘的"他者"形象,多以外来杀手的身份出现在电影中。他们逃难到香港来寻找发财的机会,秉承金钱至上的原则成为香港黑帮大佬的雇佣兵,他们往往是冷血无情的。例如,在《猛龙》中的越南女特工,她们凶残冷血,为了自己的利益不顾情义。

近年来的香港影片《手卷烟》中也认真叙述了南洋少数族裔移民群体作为边缘的"他者"在香港的生活,除了常见的杀手角色外,还加入了其他身份的角色。影片中叙述了南洋少数族裔移民的现象,还将他们作为重要人物进行构建。但与传统黑帮电影中南洋少数族裔移民有所不同,他们对这一群体进行了更细微的刻画。影片中的南洋少数族裔有的是违法乱纪行走在刀刃上的社会渣滓,也有的是想在香港认真生活的善良的南洋族裔移民。如被欺辱的孩童以及被迫行恶但心存善念的文尼,文尼作为影片主体,以东南亚人物的面庞,说着纯正的粤语,但始终被迫生活在幽暗的空间中包装毒品,而当其被迫走出生存空间,走近关超时,两人间随着书卷烟的传递与过命交情的经历,文尼才慢慢开始融入他乡。同时关超作为被英政府抛弃的边缘人,经历股市暴跌、兄弟自杀后,毅然决然走向社会黑暗面,成为社会的底层。

无论南洋少数族裔的身份形象如何编排,他们都是香港电影人眼中边缘的"他者"。这个群体在香港生活中是受港人歧视的底层群体,难以融入香港,难以获得香港本土的接纳和尊重。电影创作者们在塑造这一形象时,会有意识地叙述他们崎岖坎坷的生活,会鲜明地表达出这一群体难以融入香港主流。

---

① 李婷. 漂泊·异域·他者:东南亚元素的香港银幕抒写 [J]. 电影评介,2019 (Z1):115 – 120.

此外，我们需要留意的是在这些南洋少数族裔作为影片的叙事元素中，南洋少数移民群体的演员少有在电影中出现，少有在影片中扮演这一角色。扮演南洋少数移民群体的演员多是香港本土演员。南洋少数族裔演员的缺席不仅降低了演绎南洋移民群体故事的本真性，还使南洋移民群体这一个群体身份消失在银幕中，少了真正的南洋移民群体演员在影片中表达自我的心声。他们无法出现在香港银幕上，他们的形象被香港电影创作者们所勾画想象。

三、香港电影中南洋想象的表现形式

通过对影视文本的梳理和上述分析，笔者发现在香港恐怖片中的南洋被视为被邪术亵渎的地区；在警匪片中的南洋被塑造为"犯罪天堂"，而警匪片的杀手、毒枭等恶势力多是南洋少数族裔，他们在这一类型的影片中是边缘的"他者"。不同类型的电影在风格、题材和价值观念方面各有各的程式。本文主要从香港恐怖片、警匪片等对香港电影中南洋想象的典型表现形式进行归纳分析。

（一）暴力美学

在香港警匪片中，南洋是"犯罪天堂"，为呈现这一形象，往往离不开暴力美学的支撑。"犯罪天堂"是动荡不安、法纪管制不力、罪恶横生的地方，这些特点与暴力美学的展现形式相吻合。

暴力美学在警匪片中塑造"犯罪天堂"来传达南洋形象，通常通过枪战、视听语言和色彩来增加暴力气氛。枪战是警匪片中极其常见的场面，在《扫毒》中除了常见的枪战外，还增加了直升机轰炸的场面，仿佛回到了战火纷飞的年代。从片头警匪双方在庙街对峙，硝烟弥漫，就营造了紧张、危险的气氛。警员们商量好对屋内的毒贩实施爆破时的倒数把观众拉进了场景当中，吸引了观众的注意力。场景转到泰国鳄鱼潭，严防密布的香港和泰国警方包围了毒贩，这时毒枭"八面佛"的几架直升机对着地下的人进行扫射，又向警察们投去炸弹，在这场战斗中，警方全都被毒贩所消灭。影片最后的一幕也是枪战最为激烈的部分。三位主人公被大毒枭的雇佣兵所包围，都难以逃出这座大厦。在张子伟中枪死去后，马昊天挡在了苏建秋前面，帮他承受了所有的子弹，以让苏建秋有机会将"八面佛"击倒。子弹穿过,"八面佛"的脸庞这一慢镜头是有节奏的推进,不是四处溅血的暴力,此刻的暴力给人一种舒缓的节调。

电影音乐有烘托气氛、把握情绪、控制节奏、解释情节等作用。《扫毒》中一曲郑少秋的《誓要入刀山》抒发了豪迈的兄弟情。在歌声中三人曾经相处时的点滴开始浮现。用《誓要入刀山》贯穿剧情,饱满的故事情节与音乐贴合,打斗场面硬朗,感情戏深沉的叙事节奏吸引着影迷。

电影色彩作为视觉性的元素,作为人的第一感觉,最能唤起人们的情绪波动。色彩作为电影艺术造型的一个重要视觉元素,不仅能展现场景自身具有的色彩,还能传递出感情。

(二) 黑色幽默

在恐怖片中黑色幽默的运用塑造了奇异怪诞的南洋形象。黑色幽默是一种反传统的戏剧形式,这一风格的电影给观众恐惧与欢乐并存的体验。在黑色幽默电影中,主要关注三个层面,分别是个体身份、价值判断、社会环境。

电影中移民到香港的南洋少数族裔始终是边缘的"他者",他们无法获得港人的认同,难以融入香港。黑色幽默风格的影片往往利用这一角色,借他们的言行来映射社会现实,表达出创作者对社会问题的看法。

黑色幽默需要社会环境的支撑,人物和社会环境相互作用,使得黑色幽默大行其道。讲述职业杀手 Bart 的黑色幽默电影《买凶拍人》中,影片的故事背景设定在经历了"九七"金融风暴后的香港,回归后的香港经济不景气,貌似往日的光辉不再回来,人心惶惶。影片开头职业杀手 Bart 因为香港经济的不景气,逼得他自己出来寻活。一个雇主在他杀了人之后给不出尾款,要求 Bart 杀了他,因为他受金融风暴的影响而破产了。希望 Bart 杀了他,这样他的妻儿便可以领取保险金。Bart 拒绝了他的请求,提议雇主自己伪装擦窗户跳楼,看上去木讷的雇主真的颤颤巍巍走到窗户前,跳了下去。第二个雇主马太太想雇佣 Bart,她在商场买衣服时大声和他谈起了杀人的事,Bart 问她能不能找个人少的地方谈谈,马太太蔑视道:"你惊咩?杀手也是一个职业来的嘛,我一年雇人杀了几十个。"家庭聚餐的餐桌上,家人也想雇 Bart 杀人,岳母也要求 Bart 帮忙杀掉那个经常在牌桌上赢她的大妈,岳父偷偷找到 Bart 要求他帮忙杀掉岳母。Bart 无奈之下将剩下的大麻加进火锅里，吃下火锅后的一家人尽显癫狂、极乐之态。这部影片透过杀手 Bart 的视角用极其喜剧乃至闹剧的手法，表现了那时香港人人恐慌的现实。

四、结语

本文首先从香港电影与南洋两者的历史发展出发，简要地归纳了香港电影与南洋电影两者发展的差距，提供南洋想象为香港电影所塑造的历史背景。此外，本文结合文献和影视文本，对香港电影所塑造的南洋想象进行了深入的文本分析，接着对香港电影塑造南洋想象的艺术形式进行探讨。

具体而言，香港电影将南洋塑造为异域奇观、欲望对象、"犯罪天堂"的形象，是对南洋进行"他者化"的塑造。香港电影叙述南洋华人群体漂泊和离散以及难以获得主流社会认同的故事，既是对南洋华人的关怀，也是对香港人面临"九七"焦虑的表达。而香港电影中的南洋少数族裔则是被边缘化的"他者"，很少反映他们的真实生活和心声。

基于上述研究，笔者认为香港电影和南洋电影创作都应该对以往香港银幕下的南洋想象进行审视，改进做法，为自己的电影发展开拓新的空间。

第一，对处于弱势和边缘地位的南洋来说，应该要对香港电影塑造的南洋想象作批判式的研究，从而为自己的电影创作提供有利的借鉴。从香港电影文本中可见，南洋的形象被扭曲、被丑化、被边缘化，但一直以来这种被扭曲的想象共同体却被错误认同，香港电影创作者在此基础上进行再创作。对南洋来说，要转变自身文化的弱势地位，要梳理本土文化意识，对这些带有偏见、丑化的影响，要辨认清楚并进行抵制。鉴于香港电影的做法，南洋本土在进行电影创作时，要吸取其中的教训，不应该对其他民族或其他文明的文化做丑化和矮化处理。同时，南洋本土的电影工作者应承担起主动讲好南洋故事的任务，自己塑造南洋想象，构建"真实"的南洋人。

第二，从研究中，我们看到虽然香港的殖民历史已成为过去，但是殖民者对被殖民者的生活方式、文化传统、思维方式的影响依然存在。

南洋和香港有着相似的被殖民历史，但香港产生了身份的错位，进而影响了香港电影创作，其凭借着自身的经济和文化优势，将南洋"东方化"，透过银幕呈现其落后迷信、神秘怪诞的形象。对此进行批判性的考察，各个电影创作者都应该要意识到受殖民主义影响的思维方式需要反思，将"他者"妖魔化、扭曲化处理的做法是不可取的，文化殖民也不可取，当前我们强调构建人类命运共同体，各地区、各民族之间要互相尊重、和谐相处。

李永康与卡尔维诺
微篇小说的寓意比较研究

叶秋语（2018 级汉语国际教育）

指导老师：闫占士

一、引言

何谓寓言？《西方文学术语辞典》解释为："寓言是一种文体。作为一种文学题材样式，它是指在一部作品中寄予着双重的意义，一重是主要的或表层的含义，一重是第二位的或者深层的含义。"① 所以寓言是一个有两种以上含义的故事。艺术手法可以运用到任何一种文学形式或流派，只要在描述一系列有联系的事物和其他相关的含义时，就可以把任何一种文学类型看作一种特别的寓言。简而言之，只要是作者在表达一件事，但实际向读者传达了表面意义和实际意义的时候，都可以看作运用了寓言的表达手法。

李永康与卡尔维诺都是寓言式作家，他们笔下的作品都充满着诗一样的寓言，并且他们的微篇小说都十分倾向于简洁化，不过几百一千字就将一个个形象鲜明的人物和要叙述的事情交代得明明白白。不同于动辄数十万字的长篇小说里有很多勾勒人物形象、表现人物性格的机会，微篇小说受篇幅的限制，作者要在寥寥几笔之内将刻画的人物、交代的事情向读者交代清楚，更是不易。就是在这么简洁的微篇小说中，李永

---

① 方若冰. 卡尔维诺寓言世界的构成 ［D］.哈尔滨：黑龙江大学，2008.

康与卡尔维诺能将自己笔下的人物和想要表达的寓意向读者淋漓尽致地表达出来，并且都极具个人特色。

尽管李永康与卡尔维诺寓言的主题大不相同，但是他们都在自己的作品里表达了人们在艰难生活中对生活的希冀，这也是两位作者寓言式作品的一大突出的相似点。《帕乌拉提姆太太》中，帕乌拉提姆太太从公司回来，看到丈夫拿着一把手枪，打算自杀，她立刻拿出手枪，抵在自己的太阳穴上，告诉他，要是他自杀了，她也会这样做。帕乌拉提姆太太的话让丈夫放下了手枪。卡尔维诺借用帕乌拉提姆夫人的自白来表达一个非常简单的观点：只要人活着，就还有办法和希望，即使日子再艰难。经过多年的奋斗，《路》中的"笔者"终于明白了一个道理：只要你有足够的信心，你就会找到一条通往自己胜利的路途。

李永康和卡尔维诺在微篇小说的表达上有着自己的写作风格，但是在寓意这方面却出奇地一致：笔下小人物的为人处世、被欲望沦陷的人类异化，还有人类的发展。两位作者都用自己独特的不同的寓意风格、写作手法去表达这些寓意。

二、局外人与局内人

这里的"局外人"与"局内人"并不是指李永康与卡尔维诺是否真的生活在笔下人物的世界，参与到他们的生活中，而是作者想要透过人物刻画传达给读者的一种寓意。

（一）卡尔维诺的"局外人"处世观

李永康和卡尔维诺笔下小人物的寓意，在做人观念上有着很大的差别。首先，卡尔维诺笔下的市井百姓有着一种"局外人"的处世观。《烟云》中，"我"对生活、工作没有任何期望和热爱，远离政治敏感话题，不主动和身边的人拉近距离，仿佛已经做好了准备，以过客的身份，随时逃离现在的生活。所以当"我"发现污染空气的罪魁祸首就是科尔达工程师等那些口口声声说"把空气从烟、化学排放和燃烧制品中净化出来"的人的时候，"我"并没有据理力争揭发他们，而是根据他们的意愿修改了自己的手稿，以粉饰太平，做了他们的同谋，而不是充满正义感地解决问题。《房产投机》中的奎因托，对于任何事情都不感兴趣，面对母亲的抱怨和倾诉，他只会"哎呀，哎呀"来敷衍了事，他并不真心实意地想帮助母亲解决问题，只会发出一些毫无意义的叹气或者感慨来掩盖自己的不作为。对自己的弟弟安佩力奥和建筑商卡伊索瓦，他感到十分厌恶，但又不得不与他们打交道。他的内心动不动就烦躁，却又必须摆出一副逆来顺受、听天由命的样子，仿佛他的遭遇都是上天的不公导致的。奎因托在家庭、朋友和恋人面前表现出来的冷漠与陌生，让读者感到惊讶、陌生和怪异。

卡尔维诺自身的经历很大程度上影响了其笔下小人物"局外人"的处世观。卡尔维诺出生在一个动乱的时代，两次世界大战在世界各国人民心目中留下的阴影，以及十月革命在欧洲带来的红色影响，给当时的人们造成了一种普遍的危险、破碎和毁灭感。小人物的生活充斥着恐惧、仿徨，对生存的痛苦想要奋起抗争却又实在无可奈何。

卡尔维诺的寓言创作的主要特征之一就是鲜明的具象性，他的寓言小说中描绘了带有强烈寓言色彩的人物形象。这种意象通常产生在一个超脱的历史与社会层面上，或在作家所创设的虚拟情境中运行。尽管这种形象似乎是真实的社会实体，但在更深层上，则是作家对人或民族群体中的某些伦理概念或道德规范的隐喻。[①] 表面上看，刻画的人物和与之抗衡的外部力量来自作者创造的某种具体的生存环境，而究其根源，却是一种相互对立着的社会伦理观点或道德尺度上的矛盾。卡尔维诺的真正高明之处还在于，小说生动形象的人物形象传达深刻的思想哲理，将内心的矛盾表现出来，呈现出一种非常个人风格的寓言式风貌。因为卡尔维诺跳出了给自己设定的"圈"，作品大部分以第三人称叙述，这就使得读者感觉卡尔维诺的笔下人物都是抱着一种"局外人"的心态在生活。但事实上，卡尔维诺已经将自己想要表达的深刻哲理寓意都寄托在了这些"局外人"身上，通过研究这些"局外人"，我们才能读懂卡尔维诺想要传达给我们的真实意图。

（二）李永康的"局内人"处世观

相比于卡尔维诺身处的动荡时期，李永康在 20 世纪 80 年代开始发表

---

① 方若冰．卡尔维诺寓言世界的构成［D］.哈尔滨：黑龙江大学，2008.

小说，那个年代国家刚刚走出急剧动荡的噩梦，很多历史问题相继得到纠正；随着改革开放，人民思想开始觉醒，不少人开始渴望物质和财富，但还没有发展成为唯钱至上和彻底的享乐主义；那时两岸关系也走向缓和，随着中苏关系走向正常化，中国与西方主流国家的关系正处于"蜜月期"，和日本也是；人们的心态走向开放、平和、理性。最主要的是，80年代出现了一种好的征兆，经济发展与政治发展、文化发展之间，物质文明、政治文明、精神文明之间，都处于相对协调的程度。可以说，80年代是一个苏醒的年代、启蒙的年代，是一个充满理想、激情和希望的年代。李永康在经历了这样一个"黄金岁月"后所创作的小人物与卡尔维诺"局外人"的小人物当然截然不同。

在《生命是美丽的》中，"我"面对"举目远眺，没有绿色，天是黄的，地是黄的，路两边的蒿草也是焦黑的"[①] 如此恶劣的自然环境，面对饭桌上看到几条鱼就像是过节的同学们，"我"并没有对教书的任务敷衍了事，反而被这些在大山里仍热爱求学的同学们感动得"留下了热泪"。在得知班上有一位经常迟到的学生，"我"热心地了解学生的家庭情况，还亲自家访了解情况。在知道学生是害怕自己尿床会被同学笑话而不敢住校后，"我"和另一位老师每天早上去摸这名学生的床褥，如果是湿的，就悄悄拿到自己的寝室里烘干。尽管"我"会因为这名学生没有当面道谢而觉得自己十分自私虚荣，但是"我"仍认为这是"我"的责任。[②] 这就是一种"局内人"的处世观，热爱自己的工作和生活，为身边的人解决问题，与他人和谐共处。这种"局内人"的处世观在《盲人与小偷》中也有体现。《盲人与小偷》写的是社会最底层人的故事，一个小偷准备进屋盗窃，却发现房子的主人是位盲人，盲人则误以为小偷是姐姐请来的哑巴保姆，便用热情洋溢的话语友好地接待了小偷，最后感化了小偷，是一个浪子回头金不换的故事。在这个故事里，小偷大可以当着盲人的面偷掉屋内所有值钱的东西，一走了之，一个盲人又怎么会知道呢？但是小偷并没有，或许是不忍心对一个盲人下手，也或许是被

---

① 方若冰. 卡尔维诺寓言世界的构成 [D]. 哈尔滨：黑龙江大学，2008.
② 方若冰. 卡尔维诺寓言世界的构成 [D]. 哈尔滨：黑龙江大学，2008.

盲人"用自己劳动挣来的钱生活，是人世间上最美的享用"所感动，小偷最终没有偷东西，而是把自己仅有的"三张十块、四张五块"清洗后放在茶几上。这种和卡尔维诺"局外人"完全相反的处世观，让我们看到了李永康在处理笔下小人物时与卡尔维诺完全不同的态度。李永康笔下的小人物热爱自己的生活、工作，即使是暂时误入歧途也会浪子回头，李永康始终坚持以人民为中心，用老百姓的眼睛，用老百姓的话语，写老百姓的故事。正因为李永康拥有这种"平民观"，他作品中的小人物才能显得如此鲜活生动，仿佛就是我们身边生活的真实人物，其作品表达的寓意也就显得更加有说服力，这两种处世观也可以看作一个正面衬托和一个反面衬托，向人们传达了一种积极乐观、热爱生活、热爱自己的处世观。

相比于卡尔维诺利用人物形象寄托深刻寓意，李永康作品的寓意风格也极具个人特色。李永康是一位非常善于运用修辞的作家，无论是比喻、隐喻还是明喻。然而，李永康与其他擅长修辞的作家不同，他的修辞是一种悄悄的"拒绝"，他不描述修辞，而是通过字里行间揭示修辞。《两棵树》中以两棵松树来暗喻人生的两种境遇，是李永康运用修辞非常典型的一篇文章。整篇文章没有"像""好似""如同"等类似的字眼，但是读者一读完整篇文章，马上就会懂得作者的用心。李永康的作品中，不仅有第三人称叙写的，还有很大一部分是以第一人称"我"的角度讲述故事的，这就让读者很轻易地把自己代入故事中，而且其"平民化"的写作风格更会使得读者有一种李永康笔下的人物都是自己身边真实生活的人物一样，显得格外真实。

三、人类异化的正面描写与反面描写

异化，是卡尔维诺与李永康作品中的主题之一。所谓"异化"，就是把剩余价值美化成经营利润，把劳动变成商品，把劳动者变成资本家、机器和机器的奴仆。本文主要讨论的是李永康和卡尔维诺作品中人与人之间关系的异化。在人类异化的表现上，李永康多是正面描写，而卡尔维诺则多是反面描写。

（一）人类异化的正面描写

一把自动电热开水壶出了点小故障，主人拆开后重装仍漏水，只好去街上找修理铺。师傅三番两次推诿扯皮，无非就是想多收费用。面对不菲的修理费和置买新壶的费用，主人公颇费思量："是修还是不修呢？我真的没了主意。"《修壶记》文字简练，强调语言的张力和题旨的多义性。善于思考，在广阔生活的想象空间里，聚焦市井百态。一件寻常小事，写得波澜起伏，意味丛生，折射出对某种社会现象的无奈与讥讽。人生此类进退无据的两难境地，又何止一次小小的"修壶记"呢？李永康以小见大，以日常生活中再常见不过的一件小小的"修壶记"来衬托出当今社会人与人关系的异化，似乎在这个追求物质的社会里，人与人之间都只会臣服于金钱、权力、利益和异化，没有温情，有的只是无尽的无情。

在李永康的笔下，人不仅被物质主义所操控，在被调侃时，也只有失去尊严，遭到嘲笑，对于人们的荒诞和荒谬，李永康不遗余力地讽刺。[1] 当读到荒唐的人身上发生的荒谬的事情时，读者往往会对照自己。李永康想要表达的教化之意就在其中。在本文看来，《证据》便是李永康笔下最为荒诞的一篇文章，刻画的人物形象也最为成功。在没有任何"证据"的情况下，玉成嫂就一口咬定金二嫂家的猪就是她家的猪，最后还是在金二嫂提议把这头猪给开膛破肚后才顶不住压力，"偷看了金二嫂一眼，脸色惨白地挤出人群"。[2] 这现代版的"假亦真时真亦假"，向世人揭示了一个事实：这世间多少荒唐人，多少荒诞事。李永康就是用这么简单直接刻画人物形象的手法来正面表达自己对被物质主义操控的人的讽刺。

当然，李永康的作品并不都是直接正面地表达其寓意的，有时也会通过"典故""双关""象征"来体现。李永康善于运用修辞手法，达到"窥一斑而知全豹"的效果。《两棵树》中的两棵松树，在它们都还是种子的时候，它们都盼望在好的土壤中扎根，长成大树。不幸的是，它们

---

① 方若冰. 卡尔维诺寓言世界的构成 [D].哈尔滨：黑龙江大学，2008.
② 任静茹. 论卡尔维诺的寓言式写作 [D].济南：山东师范大学，2015.

一棵倒在了良田里，一棵长在了悬崖上。尽管它们都以顽强的生命力从如此艰苦的环境中存活了下来，但在某个漆黑的暴雨之夜，生长在良田里的如水桶般粗壮的松树却匍匐在地，而生长在峭壁上的松树却在暴雨中挺立。作者通过两棵松树向读者表达的寓意十分简单：生活就像这两棵松树，逆境与繁荣，从来都没有一成不变的永恒。只有在土地上扎根，我们才能永远仰望群星。[①]

（二）人类异化的反面描写

在卡尔维诺的微篇作品中，一些以动物比喻人，从反面衬托出对人性的异化的描述堪称神来之笔。《人们中没有一个知道这事》中长着"一张貂一般冷笑的脸"的扎乌迪，心里冷酷无情却装作表面心平气和；《在路上的害怕》中战争"就像一条想咬自己尾巴的狗"，反反复复不知何时停止；《美元和老妓女》中水手对女人的触摸"可以感到无垠和无数的大腿在四处滑动，就像一只巨大珊瑚虫的触须，一些腿伸进另一些腿之间，在大腿和小腿的撞击中像蛇一般地游移着"[②]，令人感到下流、恶心。正是这些源于日常生活中的感悟，以通俗、形象的方式，达到了卡尔维诺想要达到的极其巧妙的隐喻效果。

在卡尔维诺《阿根廷蚂蚁》中，"我们"一家三口被无处不在的蚁灾逼得喘不过气，只能躲到码头喘口气，但周围人对蚂蚁却不以为意，甚至还有依靠蚂蚁生存的官员，蚂蚁越治越多，却标榜着专业治蚁二十年。文中的蚂蚁寓意着生活中无处不在的压力、琐碎和罪恶，并且由此带来的恐惧、焦虑和痛苦。卡尔维诺赋予了作品更深刻的内涵，使其充满了寓意性，反写生活中异化的人类，并且表达了自己对异化人类的厌恶和憎恶。

在卡尔维诺生活的时期，经历了两次世界大战、经济危机、多元的社会思潮，社会处于急剧动荡不安之中，人们的精神世界也不再是世界大战前的朴实、善良了。世界大战让人性中最阴暗的一面暴露出来，而

---

① 杨晓敏．小小说事业的民间推动者——李永康小小说印象［J］．文学港，2013（1）：146－148.

② 方若冰．卡尔维诺寓言世界的构成［D］．哈尔滨：黑龙江大学，2008.

经济危机更是使人们的生活陷入困顿不堪，五花八门的社会观念又使人们感到悲观绝望。在现代世界中，深受欲望控制的人丧失了自身的人生信仰和行为准则，完全变成了欲望、金钱的附庸，而人与人之间最可怕的敌对情感、冲突则填充了每个人的心理生存空间。

相比之下，卡尔维诺在批判荒诞世界时的寓意则更要隐晦一点。在卡尔维诺的后期创作中，其聚焦的目光转入了对社会、世界这些本体生存境遇的考察，揭示了当代后工业社会催化出来的破碎又荒诞的世界，并且将这种无序上升到对宇宙秩序的探索中。卡尔维诺笔下描写的埃乌多西亚城："宇宙的真正地图就是埃乌多西亚城，一片不成形状的污斑，其中有曲折蜿蜒的街道，有灰尘中乱成一堆的破房子，有火灾，还有黑暗中的尖叫声"，隐喻了作者身处荒诞、随意、破碎、不稳定的混乱世界。

总体来说，同是写人类异化这个主题，李永康和卡尔维诺的寓意风格大体上是相反的，虽然两人都会正面或侧面描写人类异化，但是李永康大部分是正面描写，卡尔维诺多为侧面描写。从寓意风格来看，卡尔维诺的寓言更为丰富一点，经常带有魔幻感，现实与魔幻夹杂，更是使得作品充满了象征色彩，寓意丰富。李永康笔下的人类异化，因为作者是从平民的价值观、伦理观来叙写平民的故事，因此他的作品也更"接地气"，更多地从现实的角度去刻画人物，传达深刻寓意。

四、不同时代人类的不同期盼

卡尔维诺和李永康虽然生活在不同的时代，但是每个时代都有每个时代的使命，每个时代都有每个时代的"战争"。卡尔维诺和李永康在自己的微篇小说作品里都通过自己独特风格的寓言式写作，向大众传达了属于自己这个时代的"战争"，并且号召大家在生活中不要失去希望，要认真努力生活。

（一）动乱之中盼和平

卡尔维诺生活的时代，是一个可怕的、焦虑的、令人绝望的时代，人性中的"恶"被无限放大，人性变得复杂而扭曲。早在十九世纪，德国哲学家尼采就在《查拉图斯特拉如是说》里提到："当人强大起来时，上帝就不再被需要。上帝应当被杀死，并已经被杀死，他死于对人类的怜悯，怜悯是钉死爱人类者的十字架。"① 原有的秩序崩塌了，新的价值体系却仍未构建起来，现在人民感受到了前所未有的精神危机，卡尔维诺战争题材的短篇小说里，这种荒诞感处处皆是。卡尔维诺笔下战争题材的短篇小说，虽然很少直接向读者表达出自己的反战思想以及对和平的向往，但字里行间都有和平的影子。

在《不可信的村庄》中，游击队员为意大利的解放和独立进行了浴血奋战，他在一个曾经受到热情接待的村庄里身受重伤，忍饥挨饿。令他没想到的是，曾经热情善良的村民们竟然无动于衷，甚至背叛了游击队员。要不是他警觉，他早就被敌人围困了。幸运的是，在故事的结尾，有一个善良的小女孩给他指了路，并给了他一个红苹果。这一举动对游击队员来说无疑是这荒谬世界里的一道光。还有《雷区》中，"我"行走在边界地带的山里，地下埋着数不清的地雷，最荒诞的是这些人类制造出来的地雷却被称为"反人地雷"。卡尔维诺笔下战争题材的微篇小说，集荒诞、可笑、无序于一身，卡尔维诺一生的作品中，寓言式的参照物最关注的是对秩序感的追求，这在他早期的《通往蜘蛛巢的小路》中有所体现，而在他后来的后现代实验小说中更是变化多端。这种秩序感结合了卡尔维诺对宇宙物理科学的好奇心，并上升到对世界存在的认识论层面，形成了卡尔维诺独特的时空概念，反映了卡尔维诺所看到世界的碎片化、复杂的相互联系和相互参照关系。卡尔维诺的作品中随处可见这种世界无序感的表达。

卡尔维诺"动乱之中盼和平"，李永康"和平之下盼发展"，从本质上来看，都是希望得到好的发展，只是两位作者身处于不同的时代，各自面对的时代问题不一样，表达的诉求、方式和风格自然也各不相同。卡尔维诺的时代，动荡不安，社会充斥着虚无、破碎、恐惧，精神文明受到极大冲击。卡尔维诺想要通过一种现实与魔幻相结合的方式去"抗诉"这毫无秩序可言的社会，这也是贯穿卡尔维诺整个创作生涯的主

---

① 张天忆.卡尔维诺短篇小说主题意向研究［D］.哈尔滨：哈尔滨师范大学，2021.

题——重建"秩序"。对于卡尔维诺而言，只有重建秩序，才有生存下来的可能。

（二）和平之下盼发展

这是这个年代卡尔维诺的期盼，而身处于"黄金岁月"的李永康则不同，李永康通过笔下人物传达给读者的寓意，已经跨越了对和平的渴望，上升到了精神文明的层面。

《失乐园》短短两千多字，意境高远，哲思尖锐，充分体现了李永康想要传达给读者的警醒。篇名"失乐园"，所谓"乐园"就是蚂蚁小黄和它的同类们在自然怀抱里那自得其乐、悠然自得的生活。然而，人类来了，要将蚂蚁的家园"大树"移栽到城里。这一逐利举动，让蚂蚁"失"了"乐园"。透过文字深入探究下去，人类何尝不是"欲望"的代名词？蚂蚁小黄和它的同类们又何尝不是人类最初淳朴与纯真的象征？"悲剧总是把美的东西毁灭给人看"，这"看"的目的，就是李永康的忧心所在，就是李永康试图带给读者的当头棒喝与猛然警醒。在《红樱桃》里面，李永康对于倡导人性中的"善"也描写得十分别出心裁。樱桃沟附近的少数民族有一个特殊的邀请客人参加樱桃节篝火晚会的方式，那就是把樱桃式的红色玛瑙放在一筐樱桃中间，出售给外地游客，哪位游客吃到了这棵"樱桃"，哪位游客就是被邀请参加篝火晚会的幸运儿，而游客在购买樱桃时是完全不知情的。在大多数情况下，为了这么一个小小的饰品，大多数人不会离开了樱桃沟之后又再特意折返回去，有的是怕麻烦，有的也许是想把这么好看小巧又精致的饰品"收入囊中"。小说中的"儿子"善良、纯真，他在看到这个樱桃饰品后第一反应就是要专门返回去把饰品送还给人家，直到最后，才知道原来是樱桃沟居民的刻意为之。这些少数民族的人们能想到以这样的方式来选择被邀请的客人，自然希望被邀请来的客人是善良诚实的。整篇文章没有任何说教的意味，但它把小事当作理所当然的事，着力提倡诚信诚实。用红玛瑙做的樱桃饰品价值虽然不大，但其中所体现的诚实美德的价值却是无价的。李永康虚写樱桃，实写人心，他将所有的歌颂激情、倡导都集中在一个孩子身上，向世人昭示：孩子的心代表着洁白与单纯，也透露着作者希望世人都能像孩子一样洁白、纯真。

作品《善与真》中，李永康抓住一位老人的同一个故事的两种截然不同的交代与结局，作为小说的叙事焦点。老人家敢于修正自己的讲述，是一种勇气，一种坦然，一种真，更是一种追求善与真的对子孙后代负责任的精神，小说的可读性就在于此。善与真是人性的光辉，作家断言："唯有'善与真'这两个字才能支撑你将你的故事讲得更完美。"李永康就是这么不加掩饰地把人性的"真""善""美"加以歌颂，向读者传达了当代人类应该具有真善美品质的美好期盼。

在李永康的时代，人们的诉求从安全需要逐渐上升到了尊重需求和自我实现需求，温饱已不再是人们追求的目标。这时，李永康把创作的主题转向了呼吁人们保持"真善美"，其中最经典的作品莫过于《生命是美丽的》和《善与真》，作者直接从题目就表达了自己对于"真善美"的追求，并且希望通过自己的作品唤起读者的共鸣，促成一个"人人向善"的和谐社会。卡尔维诺通过抗击这个"虚无缥缈"的社会，试图得到内心的安定和想要的安稳，从而促进人类的发展。李永康通过"惩恶扬善"，大力宣扬"真善美"来促进人类的发展。两位作者在表达人类发展这一寓意的出发点是一致的，但是受限于身处时代的不同，采取的方法和寓意的风格也就各不相同了。

五、结语

"阅读好的文学作品，能够给读者带来心灵的震撼、思想的洗涤和精神的愉悦。在现代快节奏和高压力的生活下，倘若静下心来，阅读一部好小说，可以体会到情节之感人、知识之丰富、思想之深刻。通过阅读可以获得全面的知识，可以开阔视野、陶冶情操、启迪人生，培养自立、合作、勇敢、乐观、进取等积极的心理品质，发挥自己内心的正能量。"[①]"读者对一篇（部）文学作品要努力理智认识它，深入发掘它的实质。这样，它的珍贵含义就会展现出来。"一部优秀的文学作品往往能够引起读者的共鸣、引发读者的思考。

卡尔维诺的小说总是触及社会现实的核心问题，但又并非单纯地描

---

① 方若冰.卡尔维诺寓言世界的构成［D].哈尔滨：黑龙江大学，2008.

写它。他常采用寓言手段来反映、对照真实社会上的各种现象，而他的作品尽管在结构上复杂得如晶体一样，但又没有累赘或烦琐，在内容上饱含了寓言性质，但又不晦涩难懂、不说教，内容往往直指当时人们的生活境遇，富有独特的寓言式风貌。

李永康的小说作品一般不是一个完整的叙事，也不是剧情发展的链条，而多是通过截取日常生活中的某个片段，甚至是某个场面，来表现某种情绪和心情。吸引读者的并不是整个事件的曲折，而是作者想要在小说中传达的真诚、朴实、深刻的情感和深刻的寓意。

卡尔维诺在大多数小说作品中都用非常经典的寓言形式表达哲学，他的作品也擅长利用生动的人物形象表现抽象的哲学思想，并突出鲜明的人物形象特点。他所创造的自由叙述风格突破了传统小说的禁锢，从形式、片段、思想等不同层次上都反映了寓言式创作的典型特点。

李永康的小说作品没有传统寓言小说的复杂说教，也没有华丽的修辞，更不注重"卡夫卡"式的结局，也无意制造情节的突变。他用强烈的文学风格对日常生活作出了详尽的描写，对普通人物形象作出了描摹，产生了巨大的现实感。相反，他大胆地开拓了艺术上的相似性，为作品构筑了一种现代寓言文本，并展现了小说体裁上创新发展的诸多可能性。

导读法在初中语文阅读教学中的运用研究

——以惠州为例

谭妙君（2017 级汉语国际教育）

指导老师：颜敏

一、引言

我国语文教育界的著名特级名师钱梦龙、靳家彦二人先后创立了富含各自特色的导读法。20 世纪 80 年代，钱梦龙首次提出了语文导读法这一概念，明确指出导读法是以培养学生自主阅读的意识、能力、习惯为目标的语文教学体系。① 其基础理念是"三主"（以学生为主体，教师为主导，训练为主线），其一是在教学过程中确立学生是学习的主体、认知的主体、发展的主体；其二是限制和描述教师在教学过程中的地位，因势利导，启发学生；其三是教学过程中师生互动交流的基本形态。"三主"在操作层面体现为"三式"，即自读式、教读式和复读式，三主三式共同构成了语文导读法的整体框架。而靳家彦的导读思想则为"三主四式"，三条主线同是以学生为主体，教师为主导，训练为主线，四式则为引导预习、指导细读、指导议读和辅导练习。② 学生在反复朗诵课文中进

---

① 钱梦龙. 语文导读法的昨天和今天 [J]. 课程·教材·教法，2014，34（8）：3 – 11.

② 任春晓. 钱梦龙、靳家彦语文课堂阅读教学方法比较 [D]. 烟台：鲁东大学，2017.

行预习，教师设置问题引导学生边预习边进行思考，在这过程中针对疑问进行讨论，最后辅导学生进行知识的巩固和应用。钱梦龙和靳家彦的体系结构均冲破了以文本为主体的藩篱，在语文教育界产生了巨大的影响。由此可见，导读法不仅适应语文课程改革的需要，而且契合语文阅读教学实际的需要。

从搜集的文献来看，目前国内的研究较为丰富和完善，许多学者对导读法都有独到的见解，并在不断的实践中总结经验，从而使导读法得到了更好的发展。

从研究的领域来看，导读法主要运用于语文阅读教学模式上，但随着时代的发展和变迁，也有不同的领域开始运用导读法，主要体现在图书馆的书籍导读以及除语文外的其他学科的阅读中，如郭洪典等在其《"嫁接"语文教学中的"导读法"与高校图书馆的导读》（2009）中指出"导读"有助于图书馆工作人员引导读者了解、选择文献信息。[①] 另外，张炜在其《读者导读与书评刍议》（2010）中指出导读可提高读者的阅读能力，指导读者更好地在日常学习中利用图书馆[②]；在数学教学上，陈秀春在其《中学数学导读法与阅读能力培养的教学研究》中认为学生数学阅读能力需要教师良好指导和常态化的持续导联，并提出了"问题激发—品读转化—问题诱导—联想思考—问题激励—迁移表达"的教学模式[③]，这一模式与钱梦龙的导读法存在极大的共性。由此可见，导读法具有较强的包容性和适配性，也从侧面印证了导读法所具有的优势。

从研究的内容来看，关于导读法的教学研究，目前主要有三个区域。一是对导读法进行综合的论述，诸如钱梦龙的《钱梦龙与导读艺术》与《钱梦龙经典课例品读》，这两部专著详细介绍了"三主三式"导读法的前世今生以及钱梦龙在课上运用导读法的精彩实录。与此同时，杨兴刚

---

① 郭洪典，唐妮．"嫁接"语文教学中的"导读法"与高校图书馆的导读［J］.文史博览（理论），2009（8）：68 – 69.

② 张炜．读者导读与书评刍议［J］.科学大众（科学教育），2010（7）：116，147.

③ 陈秀春．中学数学导读法与阅读能力培养的教学研究［J］.中学数学教学，2020（1）：1 – 5.

所写的《钱梦龙导读教学思想的理论与实践》、张茜的《钱梦龙导读法的教学艺术研究》及韩聃的《从导读派"以学生为主体"思想看当下语文教育——以钱梦龙为例》等都从其他不同的角度对钱梦龙的导读法进行了深入的二次研究。二是在不同的文章体裁上对导读法进行研究，例如导读法在文言文、小说、名著阅读运用中的相关研究与论述，具体有李杰斐的《教贵有术导而弗牵　学贵得法自主探究——钱梦龙语文导读思想在文言文教学中的应用》、秦萍的《二课改背景下的初中文言文教学》、李梦博的《钱梦龙导读思想在小说教学中的应用》、程道明的《四步导读法：让诗歌教学落在实处——以〈一颗开花的树〉为例》等论文。三是语文阅读教学中教育名师教学观的比较研究，比如兰钦的《于漪、钱梦龙语文教育思想及课堂教学实践研究》、权晓亚的《魏书生与钱梦龙语文阅读教学观比较研究》等。以上主要以钱梦龙的"三主三式"导读法为主要研究对象。不可忽视的是，靳家彦也对语文导读法做出了重要贡献，但从相关文献来看，对于靳家彦的导读法专门研究相对来说较少，主要有李蝶兰的《靳家彦与语文导读法》、周颖的《靳家彦语文教育思想研究》以及吴忠豪的《靳家彦经典课例〈跳水〉第二课时评析》等。这两位前辈在导读法的运用研究上具有较多的教学实录与经验总结，其教学实录与经验总结为本文和后来者的研究均提供了巨大的帮助。

综上所述，当前对导读法的研究内容大都为研究导读法理念的内涵、特点、形成原因等，较少集中研究关于导读法在不同年级、不同文本类型和不同地区的运用情况，因此有必要就导读法在初中语文阅读教学中的运用情况进行深入探讨。基于上述认识，且为了在初中语文阅读教学中更好地运用导读法，本次研究以惠州地区为研究点，以惠州地区使用的部编版初中语文教材中的阅读篇目为研究对象，主要探讨有关导读法的三个问题，包括导读法在不同年级学生中的运用情况、导读法在不同文本类型中的运用情况及导读法在不同地区（本文主要选择了以惠州市惠城区为代表的城市以及惠州市偏远地区的农村）的运用情况，再结合实际的教学案例对导读法的运用进行全面而系统的研究。

二、导读法在不同年级学生中的运用

为研究导读法在不同年级学生中的运用情况，笔者收集了惠州市内三位分别教授初中不同年级的语文教师的教学案例，并且对他们的教案进行了分类整理，以钱梦龙导读法中的"三式"即自读式、教读式及复读式的操作方法为归类方向，发现教师在面对不同年级的学生时，对"三式"的选择也存在不同程度的差异。

从钱梦龙的《语文导读法的理论设计与结构模式》[①] 中可得出其提出的教读法有四大特点，一是教读法在形式上与自读式并行，教师可先教后读、边教边读或先读后教。二是强调教师应充分发挥自身的主导作用，充分调动学生的学习积极性。第一，教师在训练之前先提出适合学生学情的目标，使学生在训练过程中有明确的方向感，且在训练结束时有切实的达标感；第二，善于运用各种激励的手段，例如打分、表扬、鼓励等，对学生训练的结果作出及时、积极的评价；第三，坚持打"相对分""进步分"，肯定及鼓励每个学生的进步，让学生们相信自己有获得理想成绩的能力；第四，通过组织竞赛、话剧、辩论等形式，适当引入"竞争机制"；第五，创造愉快的学习氛围，建立和谐的师生关系。三是加强阅读方法的指导。讲授有关阅读的方法，包括概括大意、赏析语句、表达手法等，并结合学生的阅读实践，相机指导，加以点拨。四是帮助学生解决难题，主要运用点拨法、讨论法等。而在自读法上，操作步骤主要分成五步：第一步使用工具书或是通过朗读、扫读的方式进行认读感知，第二步通过扫读的方式进行辩体析题，第三步通过符号助读、随手批注、精读等方式回答老师提出的问题，第四步深思质疑，第五步通过背诵、跳读、抄读等方式进行复述整理。钱梦龙明确指出教读是为了引领学生自读，从而达到"教是为了不教"的理想目标。

（一）七年级：教读为主，自读为辅

小学语文阅读图文结合，文字浅显易理解，文体种类相对较少，故

---

① 钱梦龙.语文导读法的理论设计与结构模式［J］.中华活页文选（教师版），2008（12）：4－10.

事性也较强，因此容易激发学生的阅读兴趣。但到了七年级，难度就会有所上升，教师如何帮助学生过渡好由小学升入初中这一阶段就显得尤为重要。

以七年级教师陈老师所提供的《散步》的教案为例，该教师在讲解课文时以点拨教学为主，以学生自读为辅。首先，教师以"百善孝为先"这一俗语导入新课，调动学生的学习兴趣，接着再次明确学习任务，要求学生要流利、准确、有感情地朗读课文并且揣摩句子含义，感受文章清新质朴的语言。感知环节过后，陈老师加强了阅读方法的指导，例如在引导学生理解"我和妻子都是慢慢地，稳稳地，走得很仔细，好像我背上的同她背上的加起来，就是整个世界"一句时，明确指出该句是以小见大的写作手法，通过描写生活中的小事情——散步，反映出了尊老爱幼的社会大主题。与此同时，教师还重点讲述了分结构、分段落、概括大意、赏析语句、表达手法等阅读方法，并结合学生的阅读实践，相机指导，有意识地引导学生，并帮助学生找到适合自己的学习方法。其次，陈老师在教学时还会根据学生水平的不同，适时调整授课方法。若学生基础较为扎实，则会多引导学生自学，通过不断进行"自读"训练培养和提高学生的自学能力。例如在《散步》一文中，陈老师会先让同学们用自己喜欢的方式朗读课文，从而进行整体的认读感知，读完后让学习小组间互相用简洁的语言复述课文。然后引领学生思考以下几个问题：在这篇课文中散步的人有谁？在哪散步？散步的时候是什么季节？散步过程中发生了什么事情？从题目出发，发散学生的思维；解题后则开始定向问答，让学生对课文内容有更深层次的体会与感悟。围绕"这一家子四口人中，谁的权力最大，谁有真正的决定权？这是一个怎样的家庭，你有什么感受？本篇课文有许多美的地方，美在哪里？"这三个问题展开讨论。最后，再深思质疑，共同体会文中人物的优秀品质。鉴于大部分七年级学生基础较弱，陈老师表示，在七年级阶段以自读法为主的教学效果不太理想，因此在课堂上主要还是由教师循序渐进地引领同学们理解课文。

从该教学案例中，我们可以得知导读法在七年级学生的运用中应以教读法为主，自读法为辅。这不仅与七年级阶段的学生是由小学过渡到初中这一特殊性有关，更与学生的水平差异有关。由此可见，教学方法不是一套古板的公式，"导读法"中的"三式"可以由教师依据学情灵活地选择侧重。

（二）八年级：自读与教读相结合

八年级学生已经拥有了一定的阅读基础，故此阶段的语文教师应慢慢放手，让学生逐步过渡到自学阶段。那么在八年级的语文阅读课中，如何实现自读法与教读法的结合呢？

以八年级教师李老师所提供的《生于忧患，死于安乐》的教案为例。八年级学生已经学习了一些文言文，有一定的文言文学习能力，能够借助注释和工具书理解字词含义，并且在预习过程中能大概梳理文章脉络及内容，故在阅读时，通过自读法可解决课程目标一半的内容。但除了让学生自读外，教师在某些重要知识点上的引导也同样重要。学生需要在教师的引导下进一步学习说理论证的方法，品味排比、对比等修辞手法的表达效果，认识孟子"生于忧患，死于安乐"的观点，理解孟子的政治主张，具体运用如下：

首先，在教师上课前，学生需通过"自读五环节"提前熟悉课文内容。在认读感知上，课前要求学生预习并自主解决生字注音解词，了解通假字的本字和意思、词类活用及古今异义词。教师可以通过提问进行自读检测，采用分组抢答的答题方式，调动课堂气氛，并采取积分制方式给予学生奖励。自读检测内容如下：（1）关于作者的文学常识。孟子是____时期的思想家、教育家。____家代表人物，被后人尊称为"____"，名"轲"，字"____"。课文选自《孟子》，是孟子讲学游说言论的记录，与____合称四书。（2）到讲台上写出文中通假字的本字和意思。（3）学生到台上讲述词类活用的用法，教师在一旁加以指导。（4）学生继续抢答文中的古今异义词。同时采用诵读法，帮助学生更加深刻地理解课文。在辩体解题上，认识作者，了解作者当时所处的时代背景。在定向问答上，先引导学生讲解文章内容，翻译全文，然后比较六位古代贤人的异同，并提问学生"孟子运用六位贤人的事例想要说明什么道理，除了列举六位名人的事例外，还做了怎样的论述？"在深思质疑上，让学生自由讨论"在学习完课文后，自己有什么样的感想，对以后的学习生活有什么指导作用?"并在课后让学生以故事的形式讲述这篇课文,在学习小组里互相分享,由此增强对课文的理解以及提升口语的表达能力。

其次,为了让学生更深入地理解文本,教师需带领学生去挖掘和深思文章中的其他内容,并继续加强在阅读方法上的指导。李老师在课堂上给学生们讲述说理论证的方法时,先向学生提问"文章最后一句的作用是什么?"然后继续引导学生思考文章论证的中心论点,运用了何种手法。在之后的阅读拓展方面,就"议论文的论证方式有哪些?"这一问题对学生进行提问,并要求学生比较论证方式的异同,明确了论证方法有摆事实、讲道理、对比论证、归谬论证、比喻论证、因果论证等。最后,再邀请学生用文中所运用到的论证方法论述"忧患意识"这一主题。李老师循序渐进地引导学生思考,让学生在思考的过程中无形地锻炼思维,提高学生的阅读能力。

从该教学案例中,我们可以得知八年级学生在学习阅读的过程中应将自读法与教读法相结合,这样的方式有利于学生利用已学的知识进行自主学习,加深对课文的理解,并通过教师的点拨从而更上一层楼,充分学习如何正确地进行阅读。

(三)九年级:自读为主,教读为辅

九年级的学生已经有了两年的初中阅读学习经验,基本能够自读课文,完成基本的学习目标。据九年级语文老师反映,多数学生在九年级阶段更喜欢诵读和阅读诗词,该考点在中考中也占据了一定的比例,因此学生会比较重视。但大部分学生对于词作内涵的理解存在一定的困难,因此教师在授课过程中需要加强在诗词学习方面的点拨,帮助学生理解和体会诗词的美妙之处。在此阶段可让学生以自读为主,学生先自行去感悟深思,遇到无法解决的再向教师求助。

林老师作为初三语文老师,她所写的《沁园春·雪》的教案也与钱梦龙先生"三主三式"中的"自读法"尤为契合,虽然其中带有"教读法"的内容,但比例已大幅下降。在学习目标的设置上,林老师主要通过引导学生运用"自读法"体会词作的情感,以读促思,抓住领起诗句内容的关键句,品味其意义和作用,再通过"教读法"进行探究,学习词作中借景抒情的写法。学生在"自读五环节"中,先是通过朗读吟诵,感受诗歌的音韵美进行"认读感知";再通过了解"沁园春"是一个词牌名，又名"东仙""寿星明""洞庭春色"等，对毛泽东等率领红军东征抗日先锋军东渡黄河、突破防线后，踏雪向官道山行进，顺利到达山西省，在此写下描绘乍暖还寒的北国雪景的诗，并将该诗命名为《沁园春·雪》等信息进行"辩体解题";然后在课堂上提出由学生在进行自读时汇总问题："上阕写了哪些内容？哪个字在上阕中起到引出主要内容的作用？'望'字在文中领起了哪几句话？作者是抓住哪些具体的事物来描写的？词人是怎样将上阕的写景与下阕的议论结合起来的？这句话在词中起了什么作用？作者在评论帝王时又用了哪个字？下阕中，有没有作者直接抒发自己观点的句子？"以"定向问答"的形式让学生深入理解诗歌的深层含义。学生以沙龙的方式为主，自由发言。当学生理解出现分歧或者偏差时，教师再进行点拨。之后学生再次齐读全词，教师引导学生体会并学习词作借景抒情的表现手法，以此进行"深思质疑"。最后再跟小组成员一同概述该词的内容进行"复述整理"。

以上的教学案例深刻体现了学生自读，教师在旁边适时点拨，将学生完全当成课堂的主人，通过之前的自读训练，学生自己已经可以对文章进行深入的剖析，而教师只是充当了课堂上的解惑者。由此可见，在具有较强阅读基础的九年级学生中，"自读法"已经可以被学生游刃有余地运用，教师可以完全放手让学生自学，如若遇到较难解决的问题则先同学之间讨论，解决不了时再向教师求助。其实"自读法"不仅是一种学习方法，还是一种以新知检验旧知的方式。在九年级这个阶段，让学生充分运用"自读法"进行自学不仅可以强化学生独立思考的能力，而且学生可以联系过往的知识对一篇文章进行更深入的剖析，让自己的思维得到锻炼，并且加深对课文的印象。此外，"自读法"能够更高效地利用好时间，毕竟九年级除了基本的学习任务外，还要考虑学生需应对中考繁重的复习压力。

三、导读法在不同文本类型中的运用

为研究导读法在初中语文阅读教学不同文本类型中的运用情况，笔者以部编版初中语文阅读篇目为例，并对其进行了分类整理，以写景抒情类散文、文言文及记叙文三种文本类型作为归类方向，在初中语文阅读篇目中，总计写景抒情类散文共十篇，文言文三十篇，而记叙文数量居多，一共六十四篇。

（一）写景抒情类散文："三主三式"导读法

在初中语文阅读篇目中，写景抒情类散文一共有十篇。在七年级阶段，学生将学习朱自清的《春》、老舍的《济南的冬天》、刘湛秋的《雨的四季》、宗璞的《紫藤萝瀑布》；在八年级阶段，学生将学习汪曾祺的《昆明的雨》、茅盾的《白杨礼赞》、梁衡的《壶口瀑布》、马丽华的《在长江源头各拉丹冬》、马克·吐温的《登勃朗峰》以及阿来的《一滴水经过丽江》；而在九年级阶段，在课文的阅读篇目中并未出现写景抒情类散文。由上所述，在部编版初中语文教材中，写景抒情类散文占总篇目的比例不大，但由于每篇都是经典，因此它们极具审美价值。

有学者归纳总结出写景抒情类散文的三大特征，分别是个性化的语言表达、特定化的描写对象以及线索化的情感表达。[①] 但是在访谈多位初中语文教师后发现，在当前初中写景抒情类散文教学中，普遍存在学生阅读兴趣低下的问题。当然，在这背后可能也存在教师阅读方法指导欠缺以及教师缺乏一定文本研读的创新精神等问题。但钱梦龙的语文导读理论"是经过积极、有序的引导，培养学生自主阅读的意识、能力和习惯"。[②] 因此其所提出的语文导读理论，对解决目前初中写景抒情类散文教学中出现的教师"教"的困境和学生"学"的困境具有重要意义。

首先，兴趣是学生学习最重要的老师，导读法"三主三式"中由"教读法"提出的"能级适应和适度超前"原则对于提高学生学习的阅读兴趣有很大的作用。其次，教师在讲解写景抒情类散文时，应该创新文本解读，这极为考验教师的文本解读能力。以七年级学生必学文章《紫藤萝瀑布》为例，教师应在讲授课文之前结合学生的生活体验，整合教

---

① 路正杰. 试论钱梦龙导读理论在初中写景抒情散文教学中的应用 [D].淮北：淮北师范大学，2019.

② 钱梦龙. 导读：从"教"通向"不教"之桥 [J].语文教学通讯，2017（8）：7–12.

学资源及思维过程，由浅入深地引导学生理解课文。授课开始时使用多媒体放映"紫藤萝花"的视频，然后采用诵读法，让学生在听读、朗读的过程中感悟、理解课文，对课文有一个整体的感知。此外，教师在诵读过程中可以告诉学生自己是怎样读，怎样获得感受的，将自己学习的过程教给学生，让学生掌握学习的方法。接着，提出几个关键性问题，引导学生交流讨论，从而让学生理解文章内容并赏析文章美的地方。如让学生找出作者在描写紫藤萝的树和花运用拟人和比喻修辞手法的语句，并让学生分析这样写的好处。教师在课堂上通过多问学生"是什么""为什么""怎样写"这三个问题，让学生从文中的主要内容、写作目的和写作方法这三个角度对文章进行进一步的概括，以达到定向问答的目标。随后，教师通过自由讨论及自由发言的阶段让学生对所学内容进行"深思质疑"，思考本文在写作方面给予的启示，如本文以"紫藤萝瀑布"为题，文章的主要内容仅仅是描写紫藤萝瀑布吗？从哪些内容可看出文中所表现的思想感情是深沉而含蓄的？从文章哪里可以看出景中有情？最后，再引导学生以讲故事或者提交读后感等方式进行文章的"复述整理"。① 以上也是钱梦龙在导读法"三主三式"中的"自读式"在写景抒情类散文中的运用形式，实践证明该形式的运用极其有利于打破教师教的困境和学生学的困境，从而达到理想的教学效果。

以自读五步骤对文章进行解读，在解读过程中注重方式方法，增加趣味游戏，增强学生之间的互动，让学生在欢乐中学会自行解读文章，提升学习文章的乐趣。

（二）文言文：五步导读法

一直以来，文言文教学都是语文教学的重要内容。在部编版教材中，文言文一共有三十篇，其中包括七年级的《世说新语二则》等十篇，八年级的郦道元《三峡》等十一篇，九年级的范仲淹《岳阳楼记》等九篇。在文本数量上，文言文的阅读量也超过了写景抒情类散文的数量。但通过诸多研究发现，在初中语文阅读的教学中，文言文的教学现状不容乐

---

① 李浩，王林发. 中学阅读教学设计方案 40 例［M］.北京：中国轻工业出版社，2012.

观，当下许多学生仍持有"不想学"及"学不会"的态度。故在文言文阅读教学中，很多学者不断寻求解决该难题的新路径。其中"初中文言文教学五步导读法"经过课堂实践，取得了较好的效果。

"初中文言文教学五步导读法"，顾名思义，共由五个部分组成，分别为"初读背景""多样朗读解其意""再读知文义""复读明内涵""读中积累"。① 从多个课例来看，"五步导读法"非常有助于培养和提升学生在学习文言文时的理解和领悟能力。接下来结合课例《三峡》在"五步导读法"中是如何运用的，展开分析解释。

在学习文言文之前，学生都在学习现代汉语的内容，故学生在学习文言文时会感觉非常有难度，所以学习文言文的第一步是通过学生的课前预习及课程的开始阶段由教师引导课堂互动，带领学生阅读该文的背景资料，了解文化常识、文学常识、写作背景和作者生平经历等。如在《三峡》一课中，教师要给学生创设情境，在课前介绍三峡美丽的自然景观和丰富的历史沉淀，从视觉入手让学生充分感受三峡的神奇。第二步是"读"，为活跃课堂气氛和培养学生的文言文朗读能力，在班上进行"赛读"环节，让学生相互点评与交流学习。第三步是在教师的引领下进行再读，以翻译课文的形式开展，在翻译过程中可借助课文的注释以及工具书辅助阅读。此外，教师也应在学生学习过程中教会学生翻译文言文的基本方法，让学生积累文言词汇，能正确解释"自、虽、或、襄"等文言词语，并指导学生直译课文，让学生在学习过程中可以通过借助工具书解决翻译的问题。为了让学生能够深刻掌握该课的知识，教师还需要对学生出现的问题进行点评，如学生在分析三峡美在哪里时可能出现问题，教师就可从三峡的山是延绵高俊壮美的、夏水是迅疾壮美的、春冬是清荣峻茂秀美的、秋天是凄凉凄美的四个维度去展开分析，给学生展现一个立体的思维。第四步是"复读明内涵"，文言文之所以经久不衰，主要原因是蕴含在文章里的闪光思想，这也是对学生而言影响最大的。在《三峡》一文中作者表达了对三峡的热爱与赞美之情，展示了祖

---

① 李凤娥. 初中文言文教学五步导读法初探［J］. 内蒙古教育，2015（11）：29－30.

国山河雄伟瑰丽的景象。① 因此授课教师也应高度意识到文言文教学的关键在于引导学生体悟思想内涵。课文选中的文言文文本都会给学生带来积极的影响，如周敦颐"出淤泥而不染"的洁身自好，刘禹锡"无丝竹之乱耳，无案牍之劳形"的安贫乐道，杜甫"安得广厦千万间"的济世情怀。② 最后一步是"读中积累"，初中生文言文的阅读能力不是一蹴而就的，因此教师需要不断地引导学生积累古代文学常识、常用句式及常见的文言实词和文言虚词，长此以往才能够厚积薄发。

综上所述，在初中文言文阅读中运用"五步导读法"可以最大限度地调动学生的学习兴趣，学生既学得轻松愉快，又可打牢基础。最为重要的是，在文言文课堂的交流、合作、展示、评价中，师生共同探讨文章内容，可建立融洽的师生关系，整个课堂也将充满收获的满足与快乐。

（三）记叙文：四步导读法

初中语文阅读教学无法脱离记叙文，它占了很大的比重，在初中语文阅读篇目中，记叙文一共有六十四篇，其中七年级的莫怀戚《散步》等二十九篇，八年级的《首届诺贝尔奖颁发》等二十一篇，九年级的鲁迅《故乡》等十四篇。对于初中记叙文的研究有很多，本文就"四步导读法"在记叙文的运用中进行深入的探讨。

张新艳在其论文中进一步解析了"四步导读法"，主要包括：一是整体感知、把握文意；二是结合语境、品味赏析；三是分析综合、探究手法；四是鉴赏评价、拓展提高。③ 那如何把这"四步导读法"具体运用到教学中呢？以《中学阅读教学设计方案 40 例》④ 中的教案 21《皇帝的新装》教学设计为例，对"四步导读法"进行详细展示。

---

① 李浩，王林发. 中学阅读教学设计方案 40 例［M］.北京：中国轻工业出版社，2012.

② 李凤娥. 初中文言文教学五步导读法初探［J］.内蒙古教育，2015（11）：29－30.

③ 张新艳. 初中记叙文"四步导读法"解析［J］.语文天地，2018（26）：59－60.

④ 李浩，王林发. 中学阅读教学设计方案 40 例［M］.北京：中国轻工业出版社，2012.

《皇帝的新装》这一课是对记叙文的巩固，同时也要求学生进一步学习拟人、夸张等修辞手法在作品中的运用。本教案随处可见"四步导读法"，在整体感知、把握文意上，教师通过课堂提问让学生把握好记叙文的六要素，即时间、地点、人物和事件的起因、经过以及结果，并通过线索图把文中的人和事有机地连在一起，皇帝爱新装—骗子制新装—君臣夸新装—游行穿新装—揭穿假新装，使得文章条理清楚、层次清晰。与此同时，把课文分成五个部分，就故事的引子、开端、发展、高潮和结局深入分析课文，结合语境，品味赏析；之后再分析记叙文的表达方式与分析表现手法，引导学生结合课文具体分析其作用；最后一步即是鉴赏评价、拓展提高，通过对不同人物的刻画，了解文章的内涵，让学生们深刻体会到真话实话随时有，最重要的是要有敢说的人。作为一个真诚的人，要敢于面对现实，保持天真烂漫的童心，抨击社会现实中的假丑恶现象，让真、善、美充满人间。在该教案中，授课教师十分注重鉴赏评价这一方面。为深入感知人物形象和该文的语言特点，授课教师设计了两大环节，分别为"讲述故事，展示辩才"和"角色朗读，演绎故事"，并且结合班级分组互评和公平竞赛的方式使课堂更为生动活泼。①通过这样趁热打铁的方式，学生不仅可以对课文进行深入的理解，还可以增强对记叙文的学习兴趣。

记叙文作为初中语文阅读中重要的一环，教师如何把记叙文讲好，让学生把记叙文写好就显得尤为重要，而从上述的教学案例中可看出，在初中记叙文的教学中引用"四步导读法"不失为一个绝佳选项。

四、导读法在不同地区的运用

导读法作为当前语文阅读领域中比较热门的教学方法，它无论在初中各个年级，还是在各类文本中都有可圈可点之处。但是，这一方法是否可以打破城乡的壁垒，在不同的地区都能够发挥其亮眼之处，尚还存疑。故本文在此节将着重以导读法在不同地区（主要分为农村和城市地

---

① 李浩，王林发. 中学阅读教学设计方案 40 例 ［M］. 北京：中国轻工业出版社，2012.

区）的运用情况展开讨论，并且试图挖掘出在不同地区导读法的运用特点及优势。

（一）导读法在农村学校的运用策略

随着我国经济的发展，我国的教育事业也在快速发展，但是不置可否，农村学校与城市学校相比，无论是在软件方面还是在硬件方面都还存在着较大的差距。实际上，农村教学还存在着诸多的问题，除了教学设施的落后外，还在于教学方法的滞后。因此，有学者提出要改善农村学校的教学质量，务必从教学方法上着手改革，要多注重学生的主体地位，改变一直由教师讲解的传统课堂模式。而导读法充分强调了学生的主体地位，因此，这是一种有利于提升农村教学质量的教学方法。[①] 在学生与教师的双向沟通与交流中，导读法有助于语文课程的学习，由于农村地区得天独厚的优势，可以借用自然这一天然的教学工具，借其实物实事实现切身感受，教师通过合理运用导读法，可以更好地培养学生的学习兴趣，收获更为轻松有效的语文课堂。

在农村地区的语文课堂中，教师在课堂上运用导读法时，不仅可以让学生互相之间进行朗读训练，同时，还可以根据相关的课本材料信息进行相关的情景演练，情景的再现有利于学生更好地理解文本及融入课堂氛围。[②] 实际上，阅读和生活是息息相关的，文本源于生活。因此，教师可以利用农村的风土人情，让学生回到生活中去，教师也要把自己的教学放在生活实际中去，寻找学生阅读和表达生命体验的能力。回归生活可以让学生在最原始的生活体验中拥有一个有趣、高效、生动的学习过程。将阅读与生活经验相结合，可以让学生在阅读中寻找生活，在生活中体会阅读表达带来的乐趣。长此以往，必然可以改变在农村地区初中语文课堂常见的单一和陈旧的教学模式。以七年级下册课文《台阶》为例，教师在课前通过自读法让学生提前预习课文，通过小组谈论探究

---

① 周双玉. 探讨农村初中语文教学中导读教学法的重要性 [J]. 中国科教创新导刊，2013（30）：93.

② 闫文娟. 农村中学初一年级"先学后导"语文阅读教学初探 [D]. 呼和浩特：内蒙古师范大学，2015.

得出该文的线索，然后在课上带领学生去附近较有历史感的台阶，让学生实地想象小说里的画面，并提出问题，让学生深入思考：例如，父亲为什么要造一栋有高台阶的新屋？为了达到自己造新台阶的目标，父亲做了哪些事？建造新台阶时，父亲有什么表现？在讨论探究的过程中，让学生模仿父亲的心理活动，深刻体会为何台阶建成后，父亲却变得颓唐。回到课室后，再让学生从文中找出描写父亲的语句，并说说作者用了哪些手法，刻画出父亲一个怎样的形象。让学生回归大自然，实现真实的情景再现，从而可以在感官上给学生带来更大的触动，让学生更加深入地思考作者所引发的关于物质理想与精神追求的错位现象。

同时，农村地区还存在一个突出的问题，那便是学生的自卑心理。有研究指出，农村地区的学生多呈现"知识面窄，学习被动，畏事胆怯，不愿沟通"的特点，部分学生自卑心理非常严重。[①] 所以为了真正让学生能够参与进来，就必然要在课堂上实现平等交流沟通，这也是学生"先学"的必要条件。为打破学生的自卑心理，从"不敢参与""不愿参与"中解脱出来，融入集体学习中，导读法中倡导的建立和谐的师生关系、创造愉快的学习氛围的教学方法也可以起到作用，如教师采用鼓励式教学法，对稍有进步的学生进行鼓励讲评，充分调动学生的主观能动性；在日常的阶段测试中，按照先易后难的思路，通过降低试题难度增加学生的分数，学生分数的普遍提高能激发学生学习热情，培养他们的主动性和自信心。这些都是"导读法"的一部分，都有助于学生进一步提高初中语文的阅读能力。

（二）导读法在城市学校的运用策略

与农村不同的是，城市具有许多农村较为欠缺的资源，如丰富的网络教学资源、教学经验丰富的教师、完善的教学设施等，不管是学生或是教师都可以接受更多的新鲜信息与教学方法，且城市地区强调课程创新，这也要求城市教师需具备较强的创新能力，以带领学生提升综合素质。

---

① 周双玉. 探讨农村初中语文教学中导读教学法的重要性 [J]. 中国科教创新导刊，2013（30）：93.

导读法在城市的运用中，为达到真正提高学生阅读能力的目标，仍然不可脱离导读法的内核，即培养学生认读释词的能力、分析概括的能力、质疑探究的能力、推断联系的能力。① 为培养学生认读释词的能力，城市教师提倡多利用教学工具，让学生上课时带字典、词典，教给他们翻检的方法，让学生能自己借助工具解决问题；给文章分段、概括段意、编写课文结构提纲、为文章各部分拟标题等也可以提高学生分析概括的能力；与此同时，当学生在课堂上向教师提出问题时，城市教师多善于肯定和鼓励学生，有时还会再进一步，针对学生中普遍存在的疑难问题，抓住理解课文的要害之处，组织课堂讨论，由此培养学生自己动手解决问题的兴趣和习惯，提高他们的质疑探究和自学能力；在授课过程中，城市教师也习惯在课上以旧知带新知，引导学生在学习新知识时，与过往的知识相联系。

除了以上所讲的教学方法外，农村教师与城市教师在运用导读法时，还有一个显著的差别，那就是城市教师更加注重当堂巩固分层训练。② 此处的分层指的是在授课过程中根据学生学习进度的不同，让不同学习水平的学生以小组合作的方式调动学生的学习积极性，同时也注重当堂巩固练习以加深学生对知识的掌握。这一方式不仅可以活跃课堂气氛，还可以根据教学内容的不同，在开展教学过程时，随时调整课堂练习的内容。

以鲁迅先生的《从百草园到三味书屋》为例，教师采用诵读法，让学生在听读、朗读中体悟、理解课文。然后让学生们自行给文章分段，概括段落大意，编写课文提纲，为文章各部分拟一个小标题。在上课时，请学习小组讨论并提出不懂的问题，然后让其他组的成员在思考后回答，培养学生互相解惑的能力，在讨论和质疑中碰撞出思想的火花。此外，在进行课堂练习时，教师多采取抢答激励、趣味游戏（如接龙、报数字）

---

① 武国屏. 运用导读法培养学生的综合能力 [J]. 中华活页文选（教师版），2012（9）：30–32.

② 舒文婷. 初中语文"三环五让"课堂教学模式探索 [D]. 上海：上海师范大学，2017.

等方式，让学生在玩乐中快乐学习。比如"少年鲁迅在雪地捕鸟的时候，他是怀着怎样的一种心情？课文描写捕鸟这一情景的是哪一自然段？鲁迅回忆了三味书屋生活的哪些场面、哪些细节、哪些人物，有何种心情？"[①] 教师抛出几个问题让学生彼此之间快问快答，学生提问学生回答，从而实现自主加分、自主激励，加速学生的思考，提升他们的阅读效率。

为了巩固导读法指导下的教学成果，城市教师还会通过提出开放式问题检测学生的理解状况，特别是在每节课最后五分钟进行课后小测试，通过设计针对性的题目，检测学生的理解状况，接着收集学生在理解活动中的成果。[②] 检验学生的学习成果可采用许多方法，比如使用卡片以关键词的形式进行检验、设计一套契合文章主题的方案、写一封信给阅读文章的主角、以调查报告的形式对文章的内容进行深入挖掘等，通过这些成果的分析，评量学生的理解状况。同时，城市教师指出利用思维导图，让学生画出知识网络图、结构图或人物关系图等，可以更好地检测学生的理解状况。在《从百草园到三味书屋》中，可引导学生按照自己对课文的理解画出知识网络图，巩固学生对该课文的认识。如果教师持续不断地推进当堂巩固理解活动，不仅能得到更有效的反馈和启发，还能促进学生更深入地理解文本，激发学生学习的积极性。

这些都和导读法中的"练习式"不谋而合，"练习式"强调学生要学会举一反三，让学生在课堂上掌握吸收的方法并能将其迁移到其他内容中，以达到巩固加深的效果，由输入转移为输出。因此可得出在城市的语文阅读教学中应更注重训练，在训练过程中不断提升学生的思维和阅读能力。

五、结语

导读法是语文课程在随着时代不断改革而发展出来的产物，也是众

---

① 李浩，王林发.中学阅读教学设计方案 40 例［M］.北京：中国轻工业出版社，2012.

② 舒文婷.初中语文"三环五让"课堂教学模式探索［D］.上海：上海师范大学，2017.

多学者的智慧结晶，它已经不再是局限于钱梦龙提出的"三主三式"，而为适应不同年级、不同文本类型和不同地区学生的需要，扩充了更多的内容。本文在前人对导读法研究的基础上，着重地对导读法在不同年级学生、不同文本类型和不同地区的运用情况进行总结研究。研究发现，"导读法"在面对不同年级学生时确实存在差异：七年级学生以教读法为主，自读法为辅；八年级学生自读法与教读法相结合，而九年级学生在有了前两年的阅读基础后主要以自读法为主，教读法为辅。教师在面对不同的文本类型时，也不应孤立地照搬钱梦龙的"三主三式"，而是因地制宜、量体裁衣地做出相应的改变。本文列举的三种文本类型包括写景抒情类散文、文言文和记叙文，它们分别对应钱梦龙导读理论的"二次运用""五步导读法"及"四步导读法"，它们承接着"导读法"的初衷，但又更为丰富多彩。同时，本文认为，当今导读法在不同地区的运用方式存在差异，针对城市与农村各自的优势，导读法也要相应作出改变，为学生获得更佳的学习效果添砖加瓦。

鉴于个人学术水平和经验不足等原因，关于导读法的运用还不够深入全面，有待在将来的教学实践中进一步完善优化。

后　记

　　不知不觉，我到惠州学院已经第十八个年头了，没有想到的是，在这个专业即将告别惠州学院的历史舞台时，我会编写这样一本书。或许世事无常，可又处处见善缘。我的确与汉语国际教育有缘。在暨南大学求学时，曾在华文学院兼课，见过不同国籍的外国留学生；入职惠州学院后，为对外汉语专业开设了我的第一门选修课"海外华文文学"，该课程颇受学生欢迎；而后，作为教学副院长，分管汉语国际教育专业多年，出了不少新招；到后来，则是主动请缨做了三四年的专业负责人，一心谋求发展；两年前，本专业停止招生，我却仍在为"省级特色专业"的建设上下求索；虽然明白只能顺势而为，但在这未走完的路上，我仍旧相信，几代人对专业的耕耘与守护，总要留下些什么，而绝不是风吹云散，雁过无痕。

　　这本属于汉语国际教育专业所有学生的优秀毕业论文选集，将为我们记住每一段即将成为过去的历史，记住那些课堂上的沉默与笑声，记住每一场读书会上的沉思与争执，记住每一位优秀的任课老师，记住那些个性鲜明、充满幻想，如今也功名不凡的毕业生们，记住我们一起有过的青春岁月。

　　感谢朱淑仪老师为整理这本书所做出的努力，她是惠州学院汉语国际教育专业历史的见证者和耕耘者，一点一滴地开拓着专业发展的领域，我们虽然有过争执，但更多的是相逢一笑的释然与相互支持。刘志生老师、黄伟老师、闫占士老师、陈楠老师、陈送文老师、冯爱琳老师、孙会强老师，还有新来的张继荣博士，都为这本书付出过努力，谢谢你们！当然，还要感谢学校教务处及文学与传媒学院的各位领导们，没有你们的支持，这本书就没有出版的机会。

最后，感谢本书的策划编辑曾鑫华老师，这么多年来携手走过，深知出版人的责任与荣耀都在字里行间，谢谢！

颜敏

2022 年 11 月